上海市台湾同胞联谊会

“原乡杯”台胞青少年征文菁华集

（2003 - 2012）

序

十年学子路，万里原乡情。凝聚数百位台胞青少年拳拳深情的《“原乡杯”台胞青少年征文菁华集(2003~2012)》终于在甲午岁末付梓了。

“原乡杯”台胞青少年征文竞赛是在时任中共中央候补委员、中华全国台湾同胞联谊会副会长、上海市台湾同胞联谊会会长林明月女士亲自倡办下，由上海市台湾同胞联谊会主办的面向台胞青少年的作文竞赛活动。在沪台多校的支持与广大乡亲的厚爱下，该赛自2003年首办至今，已连续举办十二届，在上海及周边地区台商子弟学校师生中产生深远影响，并日益受到两岸关注。一至十届优秀来稿正式结集，既是对本活动十年筚路蓝缕之路的回览与纪念，更是铭记着青春时代的希望与活力。

当我们轻启扉页、一览篇什，尽管字里行间不无稚气，但真挚的情感、瑰丽的想象、灿烂的憧憬，跃然纸上，扣人心弦。值得一提的是，全体作者都是未成年的台胞小朋友，在两岸生活与求学的独特经历使他们将创作主题更多地聚焦于台海关系、桑梓之情、两岸交流、文化融合等独特视角，在林林总总的中小学生习作中展现了中华传统与台湾特色的水乳互融，清新之风喜人。

两岸关系的和平发展，基础在民间，动力在民众，希望在青年。“原乡杯”征文竞赛如同一棵根植两岸的树苗，伴随了青少年朋友的茁壮成长，见证了合作交流的历史脉动。今天，我们尤其感念林明月女士当年的远见与过传忠、金志浩两位沪上教苑耆宿的精心指导，使得“原乡杯”在各界的关爱下开枝散叶、浓荫蔽人。

两岸一家亲，中国梦共圆。我们期待通过更多的青少年交流，让沪台小朋友的手牵得更紧、心贴得更近,接过发展两岸关系的接力棒,更加踊跃地投身到两岸交流合作中来,共同谱写中华民族的美好未来。

上海市台湾同胞联谊会会长　卢丽安

二〇一四年十二月

目录 CONTENTS

第一届 （2003 年）

第二届 （2004 年）

第三届 (2005年)

第四届 (2006年)

第五届（2007年）

第六届 （2008年）

第七届 (2009年)

第八届 (2010年)

第九届 (2011年)

第十届 (2012年)

"原乡杯"台胞青少年征文菁华集

第一届

（2003 年）

我的集体

虹口区第三中心小学　邓延玮

“同学们,今天我班转来一位新同学,”清晨,黄老师领着我来到教室里,郑重地对全班同学说。话音刚落,全班同学的目光聚集在我身上。“他来自我国宝岛——台湾。”说完,老师笑着向我点点头,示意我作自我介绍。我羞涩地站在讲台边,红着脸,低着头,紧张得心都要跳出来了。正在这时,教室里响起一片热烈的掌声。望着大家友善的目光,我心里轻松多了。我清了清嗓子说:“我叫邓延玮……”

“当当……”下课铃响了,同学们纷纷来到我身边,仔细打量着我,一双双热情的手向我伸来,一句句友好的问候,让我顿生暖意。一个臂上佩有中队干部标志的同学对我说:“邓延玮,我带你去厕所吧!”我很纳闷,他怎么想到我心里去了。完厕后,好多同学都围在我身边,问:“邓延玮,台湾是不是真有蝴蝶谷啊?”“是啊!”我自豪地回答。“阿里山和日月潭你去过吗?”“当然去过。”我更得意了。大家你一言我一语地问着、说着。渐渐地,拘谨、不安飞到九霄云外了。这时,一位同学大声提议:“大家不要忙着询问,先带他参观我们的学校吧!”“好啊!好啊!”

好威风的队伍啊!我被那么多的同学簇拥着。“邓延玮,这是我们的排球馆,我们学校有排球队。你看!多宽敞呀!”“这是我们的操场,有排球场地和田径场地,我们就在这上体育课。”“这是我们的常识实验室。”呵!那么多标本,那么多实验器材,看得我眼花缭乱!休息时间很快结束了。说真的,短短的十分钟我就喜欢上了这所学校,更喜欢这个集体中的每一员了。

放学了,同学们对我说:"走!咱们踢毽子去!""可我不会踢啊!"我回答。"没关系,我们教你。"操场上一片欢笑。望着毽子在空中上下腾飞,望着同学们一张张热情的脸,我感到非常幸运。来到集体的第一天,我已融入其中了。

"谢谢你,上海!谢谢你,虹口区第三中心小学四(8)班的同学们!"我从心里呼唤着。我将在这个新集体中生活两年,我会把这里的一切告诉台湾的小伙伴,让他们与我共享这欢乐,让海峡两岸回荡着我们纯真的笑声!

(本文获得第一届"原乡杯"台胞青少年征文竞赛小学组一等奖)

点评:

一个从台湾来的小学生,要进入上海的一个陌生的班级集体,该是怎样一番情景呢?

从自我介绍、相识交谈,到参观校园,再到放学后集体踢毽子……小作者按部就班地写下了这一个个镜头,但又不是报流水账,从而给读者留下了深刻的印象。

怎么做到这一点呢?作者在叙事的时候抓住了人,突显了人物之间的关系,尤其是触及了人的心理变化,一个个场面就充满了人情的生气,就变得有血有肉了。

正是同学们的友善、关心,使作者的"拘谨、不安飞到九霄云外";正是同学们的热情、好客,使作者感到轻松、温暖,以至"来到集体的第一天",就"已融入其中"了。

第一天就"喜欢上了这所学校",就"更喜欢这个集体中的每一员了",这结论的得出令人何等高兴;作者还要"把这里的一切告诉台湾的小伙伴,让他们与我共享这欢乐",显现了作者的美好情怀。

充满惊奇的一天

徐汇区逸夫小学　洪夏于郊

上星期日,我和爸爸、妈妈还有邻居小朋友一行六人到著名的“热带风暴”去玩。一踏进园门,我就异常兴奋。首先映入眼帘的有水车、水管、探险家乐园、漂流、海盗船、热带风暴区。

其中漂流这一项目给我的印象最深。我和妈妈同坐一艘双人橡皮艇,就像坐在船上一样。刚开始时风平浪静,感觉很舒服。过了一段时间我们到达了“百慕大三角区”,顿时,浪花四溅,“狂风暴雨”。我们的橡皮艇左右摇晃得很厉害,水打在我脸上,眼睛也睁不开,我害怕极了。

我很担心橡皮艇会翻了,紧紧地拉住橡皮艇,心想这下可完了……不知过了多长时间,我们终于跌跌撞撞、胆战心惊地漂过了危险的“百慕大三角区”,平安地到达了终点。我们胜利了。

通过这次漂流,我体会到如果要当一名海员,也许会经历更多风浪,真不容易呀!

当我们在热带风暴游乐结束快要出来的时候,偶然发现天空突然暗了下来。抬头一看,原来月亮上有一大块黑影。爸爸说肯定是发生了月食。

于是我们停下来观察。只见月球上的黑影慢慢扩大,最后月亮完全暗下来,变成了一个橘红色的圆球。这时我们才知道这是一次月全食。我第一次看到“天狗吃月亮”的情形,还真有点恐怖感!

回想起来,这真是我度过的最让人惊奇的一天!

(本文获得第一届“原乡杯”台胞青少年征文竞赛小学组一等奖)

点评：

这一个星期日应该是普通的一天，却“充满”了“惊奇”，为什么呢？

因为两件事凑在了一起——漂流和月食。

对小学生来说，难得到“热带风暴”去玩一次漂流，尤其是还要在“百慕大三角区”经受一番“狂风暴雨”的考验，自然是够惊奇的了。作者带着这种心情，恣意描绘漂流过程中的种种惊险场景，写得有声有色，让人如临其境，显示了一定的描写能力。

但是，如果文章到此为止，或许只是一篇游记，而且多少有些“有惊无险，奇特不足”。值得肯定的是，作者紧接着写了看月食的事情，就使文章的内容更充实了，“奇”字也突显出来了。

与漂流相比，看月食其实很静，但由于千百年来流传的“天狗吃月亮”的传说，就从时间和空间上都给我们留下了奇特的印象，也促使我们对宇宙的思索更多，这一天的“惊奇”就更具价值了。

最近,我很牵挂您

奉贤区育秀实验学校　林渝芮

时光匆匆,又有多时不见老师您了。最近,台湾“非典”肆虐,不知您过得好不好?从您给我的来信中,我知道您的身体状况依然不好,却还在和您的学生们一起抗击“非典”,这让我很牵挂您。

您是一位善良可亲的老师,在一年级的学习生涯中,是您,辅导我,关心我,照顾我。记得,那时您的身体状况就不怎么好,上课时经常咳嗽,有时候我和同学们一起请您回家休息几天,但是,您就是不肯,怕我们的学习跟不上。

近来,我和您通电话时,每当听见您嘶哑苍老的声音,心中不免有种说不出来的伤感。您在电话里叫我要注意身体,我听见您这样叮嘱我,我总会流泪。您总是那么善良,只想到学生,想到别人,就是想不到自己已经老了。我这样说并不是怪您,只是想告诉您,要注意保重自己。我是真的担心您!

听说,您要退休了,这到底是件好事还是坏事呢?但是您说您不想退休,您还想继续教下去,我听了以后又是感动又是高兴,您总是记挂着自己的学生,舍不得离开他们,怕他们得不到关心和爱护,这就是您——我亲爱的老师。

最近,我很牵挂您,想到您体质本来就不好,真担心“非典”疫情会侵袭到您。虽然台湾当局的领导人说在这十天以内会把疫情控制好,但我仍然担心您的健康,请您无论如何注意身体,保护好自己。我想五月份是“非典”的爆发期,传染“非典”的人也许会很多,请您少外出,多保重。只要撑过了五月份,进入夏季,我想“非典”会渐受控制吧。

老师，我在这里默默地牵挂着您。等“非典”疫情过后，等我放假回来，我一定来看您。

（本文获得第一届“原乡杯”台胞青少年征文竞赛小学组二等奖）

点评：

以探问“非典”疫情为由头，表达了学生对老师纯真的爱，优点在于细节和语气，很感人。

家,在哪里?

虹口区丽英小学　蔡姗燕

在一片树木里,住着黄莺一家。有爷爷、奶奶、爸爸、妈妈、姐姐和黄莺小弟弟。树林并不大,但是非常美丽。春天,树林长出绿芽,小草开始生长,溪水潺潺;夏天,蝉在歌唱,蛙在联欢;秋天,遍地落叶,树上满是甘甜的野果;冬天,银白的世界多么美好。

黄莺弟弟一天一天地长大,他无比快乐,无忧无虑,日夜不停地唱歌。有一天,他问爷爷:"外面的世界好看吗?美吗?"爷爷说:"好看,好美,小黄莺你已经长大了,你就一个人去看看外面奇妙的景色吧!"于是小黄莺就向家人告别,离开了树林,开始旅行。

他到了很多地方,为了早日回到故乡,他不停地飞。黄莺见过大海,觉得无比辽阔;见过群山,觉得雄伟壮丽;见到都市,觉得繁华热闹……

五年后,小黄莺回到了故乡,他呆住了,眼前的一切几乎让他认为走错了地方,树林不在了,留下的是一个个大小不均的树桩,他盘旋了几圈,终于发现了一棵小树苗,树苗说:"前几天有一群人开着一辆大卡车来到这儿,据说要在这开个伐木场,把这所有的大树都锯走了,装走了。我的家人现都在那儿哭泣呢。你的一家人也都飞走了。"小黄莺听了非常伤心,泪水从眼角滑了下来。

故乡变了。山依旧,但树不在了;溪水仍在流,但水已不清了,小黄莺又去寻找他自己的新家了。

（本文获得第一届"原乡杯"台胞青少年征文竞赛小学组二等奖）

点评：

以童话的形式反映生态遭到破坏的社会问题，角度新颖，难能可贵。

童话三则

金山区海棠小学　马超辰

红　苹　果

一只红苹果掉在地上,被日记本看见了,就说:“你好!老弟。”红苹果只是笑了笑,没有说话,日记本对红苹果说:“你的命好苦呀!我的命却很快乐。”红苹果说:“为什么?”日记本说:“我能窃听小主人的心声,还能每天见到他。你却要成为小主人的盘中餐。”红苹果说:“我们苹果就是给人类吃的,给人补充营养,不然我们活在世上干什么呢?”日记本听了,惭愧地低下了头。

小乌鸦学礼貌

小乌鸦打翻了兔妈妈一篮萝卜,连忙说:“没关系!没关系!”

羊伯伯送小乌鸦一块糕点,小乌鸦连忙说:“不用谢!不用谢!”

小乌鸦礼貌用词全错了,小朋友们赶快帮它改一改!

小兔受骗记

妈妈叫小兔去打油,小兔拿着油瓶来到狐狸的油店。小兔对狐狸说:“我要买一公斤油。”小兔发现狐狸用圆锥形的油勺为他打油,就说:“你怎么用这样的油勺为我打油呀?”狐狸说:“这是我发明的新式油勺。”小兔付了钱,就高高兴兴地走了。他走了一段路,遇见了山羊伯伯,山羊伯伯问小兔:“你去干什么?”小兔说:“妈妈叫我去打油呀!”山羊伯伯问:“那么你打了几公斤油呢?”小兔说:“我打了一公斤油。”“狐狸用怎样的油勺给你打油?”小兔说:“狐狸是用圆锥形的油勺给我打油的。”突然山羊伯伯惊叫起来:“啊呀!你上当了。圆锥形的油勺打的油是平常用圆柱形油勺打的油的三分之一。所以说你上当了!”

(本文获得第一届“原乡杯”台胞青少年征文竞赛小学组二等奖)

点评:

故事不免幼稚,但颇有童真童趣,是一种可以锻炼思想和表达的有益形式。

品味西湖

上海中学　谢梦珊

杭州,业已游过数次;但,不同的季节仍有吸引我们前来的兴味。见她多样面貌,便觉她的魅力迷人!

车行驶入北山路,迎面而来的是那挺拔、蓊蓊郁郁的乔木,田田、润泽青翠的荷叶和那波光潋滟的西湖水。久违的西湖,我终于又能一亲芳泽,目睹你千变的容颜。我心底暗许,这次一定要饱览这如梦似幻的人间天堂,千古山水之灵秀。

入住已预订的杭州香格里拉饭店西湖套房,我们便位于整栋建筑的最高点了。临窗望去,由远及近,有断桥残雪、平湖秋月、锦带桥、孤山以及因传说南齐苏小小而闻名的西泠桥。桥畔有一亭,有匾,曰慕才亭。往前眺望,是泻着一汪绿油碧水的西湖,湖上点缀着画舫、游船,充满诗情画意,令人不禁想起白蛇许仙雨中邂逅的美景。而向东望去,则是苏堤六桥,曲院风荷,令人沉醉于苏太守九百年前"望湖楼下水如天"的山水意境。这样的悠然美景,就摆在我的窗前,真是得来全不费功夫。上天赐福,令人益发珍惜!

次晨醒来,朝阳遍洒。坐于露天庭院吃早餐,沐浴在暖阳清风中,花香扑鼻,鸟声悦耳,顿觉通体舒畅。临界正午,突然乌云蔽日,下起了一场雷阵雨。此时,我只能倚窗览景。爸爸说,西湖的景致是"晴不如雨,雨不如雾,雾不如雪"。此刻的雨中西湖,更添神秘与诗情。我们趁此诗意,西行步入"曲院风荷",看水面亭楼倒影,湖边垂柳拂波。此时雨已暂歇,惊见一片雾气氤氲,弥漫整座林子，恍若人间仙境，虚无缥缈。西湖南行漫步，但见山峦叠翠，倒映湖中，垂柳依依，随风生姿，乍雨过后，空气清新，意境幽远，令人发思古之幽情。无怪乎苏东坡在《饮湖上初晴后雨》中有感而发出“水光潋滟晴方好，山色空蒙雨亦奇。欲把西湖比西子，淡妆浓抹总相宜”这样的千古绝句。如今，我就站在诗中的意境中，体会幽静的寓意！

游罢苏堤，回到饭店豪华阁品茗。坐于阳台，夕阳西斜，六桥在望，“山色如娥，花光似颊，温风如酒，波纹若绫，才一举头，已不觉目酣神醉”，不知自己身在何方！

（本文获得第一届“原乡杯”台胞青少年征文竞赛初中组一等奖）

点评：

游览西湖美景，联想翩翩，穿插“雨中西湖”的描写，给予“更添神秘与诗情”的评价，勾画出了人间天堂的意境，确实令读者“目酣神醉”，尾句“不知自己身在何方”则是“神醉”的极妙注解。

妈妈,我为你骄傲

北郊学校　周立文

我的妈妈留着一头精神的短发,笔挺的鼻梁,长长的睫毛,脸上总是挂着甜甜的微笑。但不知什么时候起,妈妈那头乌黑的短发中,掺进了些许银丝;那爱笑的眼睛旁,又多出了几条鱼尾纹。

我的妈妈是一位小学英语教师。对于这份职业,她是兢兢业业,尽心尽职。我为她骄傲,并不是因为我的小伙伴们羡慕她是一位老师,而是因为我看见了在这背后,妈妈付出了多少艰辛。

那是期末考试前的一个周末,一大清早,我和妈妈准备去奶奶家,让哥哥帮我复习功课。我的哥哥可聪明了,任何难题经他三言两语地点拨,我就能茅塞顿开。

"丁零零……"电话铃响了。

"哥哥在催我了!"我兴奋地对妈妈说着,三步并作两步冲到电话机前,抓起了电话:"喂?……"

电话那头传来了一个陌生的声音,原来是找妈妈的。

只见妈妈笑着对话筒说:"好,好,没关系。……我等你们。"

我的心"咯噔"一下,想:千万别,千万别……

果然,妈妈放下电话对我说:"文文,今天奶奶家我们就不去了吧。"

"不行!"我大声喊道,"为什么又是我?妈妈,我和您的学生到底谁重要?"

妈妈心平气和地说:"文文,希望你能理解妈妈。你现在都是大孩子了,该学会独立复习了,别总是依赖你哥哥。"

我们正争论着,外面传来了门铃声,妈妈忙去开门。不一会儿,一个10岁左右的小女孩和一位中年妇女走了进来。

"真不好意思,"那位阿姨说,"星期六还来打扰您。"

那阿姨看到了我一脸气呼呼的样子,忙问:"你们要出去?那我们改天再来吧。"

"没什么!"妈妈忙拦住那位阿姨,"我们没打算出门。快请进吧!"妈妈冲着我挤了挤眼,说:"文文,你就在客厅里自己复习吧,有问题打电话问哥哥。"说完,就和那女孩进了里屋。不多会儿,屋里传来了朗朗的对话声。

那位阿姨来到我身边,悄悄地塞了一张50元钱给我,小声说:"给你买点文具用吧。"我很高兴地收下了。随后,那阿姨和妈妈打了声招呼,就走了。

我在桌上摊开书本开始复习了。里屋不时传来妈妈亲切鼓励的话语。我抬起头,见妈妈笑了,笑得那么高兴,仿佛年轻了许多。我真羡慕坐在里屋学习的那女孩。如果换成我,那该多好呀!

"文文,这钱哪儿来的?"不知什么时候,妈妈来到了我的身边。

"是那阿姨给的。"我说。

妈妈脸上的笑容消失了,她轻声严肃地对我说:"学生在学习上有困难,帮助她是应该的。这钱我们不能收!"

"可是,我……"

"没有可是。"妈妈打断了我的话,坚定地说:"不能收,就是不能收。这是做人的原则!"

补完课后,妈妈把钱还给了那阿姨。她们临走时,妈妈还嘱咐了一句:"如果还有不明白的地方,你们尽管打电话来问……"

妈妈身为一名教师,处处以身作则。我的小学生涯就是在妈妈工作的学校度过的。我从来没有因为我的身份(台属子女,妈妈又是在本校工作)而受到任何的优待。

记得有一次,学校里搞了一个歌颂两岸统一的诗歌朗诵会。因为我是学校唯一的一位台属子女,自然而然就代表班级去参加学校的朗诵比赛。

为能在比赛中争到第一,我一改以往赖床的坏习惯,早早起来,进行朗诵练习。我还拉来了妈妈、爸爸和哥哥,请他们为我作指导。

正式比赛那天,我信心十足,出色的表现赢得了台下热烈的掌声。回到班里,伙伴们也都竖起大拇指夸我,我得意极了。

放学去妈妈办公室,路过大队部门口,听见里面传来了妈妈的说话声:"这个第一我们不能拿!"

我立刻停下了脚步,躲在门边,竖起了耳朵。

大队辅导员说:"周立文的朗诵的确不错,而且他还做了充分的准备。你也看到了台下的反应。"

妈妈说:"文文的确为这次比赛做了很多准备,但是我觉得张佳妮的朗诵更出色。她的朗诵很有专业水平,很明显是受到过专业训练的。更何况评委的总评分中,她的得分最高。第一名应该是张佳妮!"

听到这儿,我眼前又出现刚才比赛时的情形。的确,张佳妮是我校一致公认的朗诵能手。她还多次为学校赢得了不少荣誉。这第一名应该属于她!

妈妈的说话声又响起:"这次不能搞特殊,我觉得应该实事求是。我们不是经常教育学生要诚实吗?……"

我蹑手蹑脚地离开了大队部门口。

在回家的路上,我特别高兴,叽叽喳喳说个不停。妈妈笑着问:"文文,今天班上发生了什么高兴事?"

我开心地说:"没什么。妈妈,我爱你!"说完就跑开了。

妈妈一愣,马上又笑了,"你这孩子……"

妈妈脸上的笑容更甜了,更浓得化不开了。

我有一个了不起的妈妈,虽然她没有什么豪言壮语,但她教会了我做一个诚实、正直的人。我真想对全世界说:“妈妈,我为你骄傲!”

(本文获得第一届“原乡杯”台胞青少年征文竞赛初中组一等奖)

点评:

小作者描述了妈妈的两件事情,塑造了一位对学生认真负责、对女儿严格要求的好妈妈,文章写出了自己的心理变化,也从妈妈的行为中获得了教育,“妈妈,我为你骄傲”确实是发自内心的肺腑之言。

假如成功突然而至

鞍山初级中学　过庄圆

假如成功突然而至在我的头上,面对天上掉下的“馅饼”,我会怎样呢?

假如成功突然而至,让我考上一所梦寐以求的市重点高中,我不会在别人面前炫耀,也不会自我陶醉,更不会就此止步不前。我会从容面对,把它视为过去,毕竟成功带来的喜悦是短暂的,要久留它,一定要坚持不懈、永不满足,以自己最大的努力、向更高的山顶攀登,去追求与探索。如果自己因为进入了市重点高中而沾沾自喜、高傲自大,放松学习,沉溺于网吧、舞厅,那么我还会成功地考上大学吗?有人说:“天才就是无止境刻苦勤奋的能力。”一个人要在成功面前保持清醒的头脑,谦虚谨慎,顽强拼搏,永不停留。我认为:昙花一现的成功不会给我带来永久的喜悦,我追求的永远是下一个成功。为此,我已充分做好付出的准备,因为每一个成功都浸透着奋斗者的血汗。

假如成功突然而至,让我一夜之间发明了攻克“非典”的药物,那么人们面对“非典”就不会恐慌与紧张,生活秩序、工作秩序就会恢复正常,而我一夜成名,将变成一个“救世主”。然而,我很清醒,这仅是假如,战胜“非典”需要靠科学的力量。在战胜“非典”的道路上纵然有迂回曲折,有山重水复,但只要在党中央的正确领导下,全国人民万众一心、众志成城,信念不变、希望不灭,就一定会战胜“非典”这个“恶魔”。

假如成功突然而至,让我变成一个主宰和平的天使时,我将大声高喊:战争、灾难远离地球、远离人类吧!让孩子们在同一天空下,背着书包,欢快地走进明亮的教室，学习文化知识；让老人们漫步在四季如春的街头、公园，尽情地享受幸福的生活；让青年们用自己的智慧与双手去创造美好的未来，整个世界充满幸福、祥和与和平，多么美好啊！

假如成功突然而至……

假如成功与我长相伴，那么我感觉到人的一生都这么风平浪静，只有成功没有失败、挫折，自己会变得高傲。人生之路总是这么平坦有意义吗？幸亏上面写的是“假如”，否则我会变得怎样……我不敢想下去。因为人生就是要经历风雨才能见到最美丽的彩虹！

（本文获得第一届“原乡杯”台胞青少年征文竞赛初中组二等奖）

点评：

小作者对“成功突然而至”作了很多设想，其中“战胜非典”，“主宰和平”表现了自己的抱负和理想，而对失败和挫折也有心理准备，“人生就是要经历风雨才能见到最美丽的彩虹”一句使文章论述显得全面且有一定的深度。

感受温暖

白玉兰学校　陈政维

我是一个初一的学生,身为一个台湾人,我原本应该留在台湾,完成学业,但是出于爸爸的事业需要以及其他种种原因,我和我的家人搬到了上海。

我读的是一所住读的学校,叫“白玉兰学校”。对于我来说,一开始的学习生活并不容易,由于语言习惯的不同,环境的陌生,还有原先基础没打好,以致我的学习成绩低下。这使我感到彷徨和无奈,又没有家人的陪伴,我几度流下那男儿不应该流的泪,毕竟我是第一次在没有家人帮助的环境之下独立生活,独立学习。

开学一个星期,两个星期……时间飞逝。一转眼,期中考试的成绩下来了,我对我自己说,不管人家怎样看我,不管分数多么低,我都不能哭,我要忍耐。但当我听到考试分数三门科目加起来总分只有205时,我还是哭了,我经不起别人那异样的眼光,我不能原谅自己的分数是如此的低……唉!

回到家中,房门一锁上我就痛哭,我恨我自己没用,怪自己当初不应该来上海,但现在讲这些都无济于事,现在我只能抓紧时间,加倍努力赶上去。

期中考试以后,我犹如上足马力的机器,学习劲头十足。在学校,下课时我就坐在座位上看书;回家之后,我就打开自修书努力做题。所有书本都被我读得滚瓜烂熟。老师们也发现了我想要提高成绩的愿望,他们便在各方面给我支持与鼓励:在语文上,老师教我如何写简体字,写作时教我如何在适当的时候用比喻和排比等手法;在数学上,老师教我要如何仔细地审题;在英语上,老师教我语法以及我所不懂的单词。同学们也热心地帮助我，在我解不出难题的时候他们总是适时地告诉我解题的窍门。我发现同学的目光里饱含着友爱、鼓励、期望……

记得有一次，在语文成绩公布后我被班主任叫去谈话，在办公室里，班主任和蔼地对我说：“语文成绩不理想，对吧！”我点了点头说：“是的，不及格。”“那你有没有找找原因？看看错在哪里，不懂可以来问老师们，老师们都很愿意帮助你的。你自己呢，也要多努力，上课要专心听讲，不要思想老是不集中……”我和班主任谈了10多分钟，虽然时间不长，但对我的帮助非常大，因为班主任帮我找到了学习的方法。

在老师与同学们的热心帮助下，我的成绩也随之不断地提高。又到了期末考试，这回我的名次出乎大家意料，提前了20多名，这不但使我恢复了以往的自信心，也使我更加热爱我的学校了，因为那里有着支持与鼓励我的老师和同学们。

春日的阳光，明媚、和煦、温暖。我坐在电脑前，写着这篇文章，也回忆着过去，回想着这一路走来，充满了多少辛苦与快乐。我感到我是幸运的，因为在海峡的对岸，我遇到了这群支持我的朋友，他们给予我的友情，温暖了我的心。

（本文获得第一届“原乡杯”台胞青少年征文竞赛初中组二等奖）

点评：

老师的教诲以及同学们的帮助，使作者的考试成绩在全班上升了20多名，班主任的教诲叙述简明，文章写得集中，心理活动的对比清晰，“感受”便有了具体的内容。

“原乡杯”台胞青少年征文菁华集

第二届

（2004 年）

从不爱到爱

中芯学校　谢子骏

夜已深了,万籁俱寂,只有几颗星星在天边眨着眼睛,一闪一闪的。隔壁房间传来了父母轻微的鼾声,而我却毫无睡意,睁大眼睛望着窗外的天空。此刻,我觉得自己是世界上最伤心的人了。

几天前,妈妈告诉我,我们要去大陆了。听到这个消息我惊呆了!脑中立刻回忆起班上同学的议论,他们说大陆如何穷,那里的人的素质如何差,没有文化的人如何多。如果到了那里,岂不是没有玩具、没有公园、没有商店、没有朋友,就像在监狱一样?不要!想到这里,脑中已是一片空白,吵着闹着不要去大陆。但是,父母主意已定,就算我有再多的不情愿也没办法了……

在飞往上海的航班上,我的心就像颠簸中的飞机,七上八下。两个多小时的航程竟感觉比两天还长,脑子里不停地闪现同学们说的那一幕幕可怕的景象。终于,飞机着陆了。刚下飞机,我就惊呆了!展现在我眼前的机场大厅富丽堂皇,机场服务员面带微笑迎接我们。走出机场,呈现在我眼前的是一片繁华热闹的景象:公路上车水马龙,高楼大厦鳞次栉比,路旁的商店更是数不胜数。莫非同学们说错了?还是我的眼睛看花了?我不禁怀疑起自己来。

上了车,不一会儿,我们来到了社区。这里绿树成阴、遍地花香。我不由得感叹道:“好美啊!”心中原来的不情愿顿时一扫而空,取而代之的是高兴与兴奋。我迫不及待地奔向我的新家……没过几天,我就在楼下认识了几个同龄的朋友,他们都非常友善,待人也非常和气,与我以前想象中的那些穿着邋遢、满口粗话的人截然不同。他们带我去了社区体育中心,那里的设备一应俱全、应有尽有;他们还带我去了社区游乐场,那里有许多好玩的,甚至有我在台湾没玩过的东西。这让我很高兴,原来小小的社区也这么好玩呀!不知不觉中,我发觉自己开始爱上上海了……

奇怪!我的所见所闻怎么跟他们讲的不一样呢?回到家,我将困惑告诉了妈妈。妈妈说,由于历史原因,大陆和台湾阻隔了很久,这才造成了误解,希望我回去以自己的亲身经历告诉我的同学,让他们消除对大陆的误解。听了妈妈的话,我这才明白他们说错了!

现在我已真正从内心深处爱上了大陆。大陆——我的第二故乡。

(本文获得第二届“原乡杯”台胞青少年征文竞赛小学组特等奖)

点评:

海峡两岸的人们,由于种种复杂的历史原因,互相产生一些误解,这是不足为奇的。但事实是客观存在的,只要不带偏见,深入现实生活,认真观察,一切误解都会消除。

这篇文章写的就是小作者对大陆误解消除的一段认识过程,读来生动具体,很有说服力和感染力。其优点有二:一是让事实说话。写的都是目睹和经历的情景与事情,毫无夸大和造作,让你自然而然地接受;二是紧扣自己的心理活动,用客观现实与传闻的鲜明对比,引出作者由伤心到愉快、由不爱到爱的情感上的巨大变化,“不知不觉”中,完成了一次认识上的飞跃。这种不着痕迹、入木三分的写法证实了实事求是的内在力量。

语言朴实流畅,成语的使用和语气的多变,使文章简明扼要,又有节奏感。

妈妈,我爱您

世界外国语小学　邓任妤

我有一位好妈妈。妈妈有一头乌黑的长发,圆圆的脸上长着一双明亮的大眼睛。在我的眼里,妈妈是家庭的主人,辛勤地操持着这个温暖的家;在我的心里,妈妈像是从天上下来的天使、保护神,呵护我一天天地长大。

妈妈工作很忙,披星戴月,少有闲暇。在家里,做不完的家务又伴随着她,我却从未听到她有什么怨言。她最看重的事是我的成长。每逢学校开家长会,妈妈总是从百忙中抽空赶到学校。每次我一做完作业就去玩了,而妈妈总是仔细地检查我的作业,耐心地告诉我这儿有错,那儿有错。每当我写好文章,妈妈就会看,甚至看了又看。妈妈从不说我没写好,相反,她告诉我只要自己努力了,没写好,妈妈也高兴。从妈妈的言行中,我学到了什么叫做宽容。

记得上二年级的时候,我曾参加了上海、台北、香港、澳门青少年普通话朗诵比赛。妈妈不但鼓励我去参赛,而且还帮助我一次次地练习普通话。比赛的那天,我站在舞台上,用我——一名台湾小学生的心声,表达了对祖国的爱,对大陆小朋友的祝福。当我拿到奖状时,我感到这奖状十分沉重,因为这奖状饱含着妈妈多少心血啊!

今天,我还清楚地记得当SARS疫情得到有效的控制时,妈妈如释重负的情景;今天,我也不止一次看到妈妈对有些不文明不道德的行为义愤填膺。她还对我说:“我们每个人都有自己的责任——军人要保卫祖国,老师要教书育人,医生要救死扶伤,老百姓要遵纪守法,学生要努力学习。大家工作做好了,国家才有希望,才会发展。”妈妈的话语声虽然很轻,但一直萦绕在我的心间。从妈妈的言行中,我学到了什么叫做责任。

我爱我的妈妈,我在她的怀抱中感到十分幸福;我爱我的妈妈,长大后我要用自己的成功来报答妈妈。妈妈,请您放心,女儿会铭记您的养育之恩。我天天祝福妈妈健康,笑容常挂在妈妈和蔼的脸上。

妈妈,我好爱您!

(本文获得第二届“原乡杯”台胞青少年征文竞赛小学组一等奖)

点评:

读了这篇文章,相信每位读者的眼前都会浮现出这位妈妈的生动形象。为什么能获得这么好的效果呢?因为女儿不仅写出了她“眼里”看到的妈妈,更写出了她“心里”永远凝铸的妈妈。

“眼里”看到的都是些生动具体的事例,做家务,关心孩子的学习,支持女儿参加朗诵比赛……妈妈的这些言行举止都是可贵的,能显示她的品格的,使文章有了实在的内容。

但更为重要的是女儿“心里”的妈妈的形象。那就不仅写了妈妈在做什么,而且写了妈妈在想什么,写了妈妈为什么这样做,这样做对自己来说意味着什么。这当中包括妈妈的教育理念,妈妈的宽容态度,尤其是妈妈作为一个普通老百姓对社会的责任感,她的爱憎态度……这就深入到了她的精神世界,加深了母女之间的亲情,说妈妈“是从天上下来的天使、保护神”就很准确,就能被大家接受了。

看人要用“心”看,写人要写到人的内心。

我不哭了

中芯学校　廖浩志

刚开学的时候,
我总是哭——
所有的人我都不认识,
而且,每一节课又那么长!

在台湾上幼儿园时,
多好啊,总是玩!
为什么下了飞机,一切都变了样!

老师说我现在是小学生了,
是个男子汉,不要哭——要坚强。
她领着我参观每一层楼的教室;
她让同学们和我一起玩游戏,
丢手绢,踢足球,
还有"老鹰捉小鸡",她就是那只"母鸡"!

从第四天开始,
我不哭了,老师也笑了——

周五放学时，她奖给我一个玩具！

奇怪，全班同学都笑了，拍手表示同意！

（本文获得第二届“原乡杯”台胞青少年征文竞赛小学组一等奖）

点评：

这首小诗充满了童真、童趣，写得那么真实，又那么有意思。

一个一年级小朋友，越过海峡，来到一个崭新的环境，他能马上习惯吗？当然不能。那怎么办呢？“总是哭”呗，这也是自然的事。

但是，仅仅三天，他就不哭了，之后还“得奖”了。为什么会发生这么大的变化呢？因为老师，老师劝说他，老师领着他参观，老师让同学们和他一起做游戏，老师像“母鸡”那样关心、呵护着他……还因为同学们，同学们对他很亲热，很快就接纳了他……还有小作者自己，尽管因为“一切都变了样”，他很不习惯，但他还是很快地适应了，融入了新的集体、新的环境，多么不容易啊，是该得奖。

尽管每句诗都是孩子话，但写出了人，写了环境，尤其写出了师生关系，真是挺有意思的。

到上海表哥家做客

中芯学校　施家儒

星期天一早,妈妈就带我去表哥家做客。

妈妈骑着摩托车载着我,穿过许多马路。这时,我看见一座高耸的大厦矗立在不远的前方。我猜想表哥也许就住在里面,因为妈妈曾经提起表哥搬进了一幢很气派的大楼。果然,妈妈把摩托车停在了这附近,冲我挥挥手说:“到了。”

我们乘着电梯来到23楼,表哥已经在门口迎接我们了。啊!好宽敞的客厅啊!乳白色的大理石地板把屋子映照得亮堂堂的,墙上贴着淡蓝色的花纹壁纸。屋顶的正中央挂着一盏用玻璃珠做的大吊灯,看上去十分华贵。再加上橙黄色组合的沙发和一套银色的电视音响设备,整个客厅看起来多么和谐温暖啊!

接着,我们上了二楼表哥的卧室,里面墙上贴着许多球星的海报,无论是窗帘、写字台、书柜还是床单都是蓝色系的,一看就知道是男孩子的小天地。

表哥又带我们参观了厨房,只见电冰箱、电磁炉、烤箱、微波炉被摆放得井井有条。表哥家的厨房已经实现了电器化,真了不起。

这时,表哥自豪地说:“这就是我多年来努力的结果,自己买来的房子住起来格外舒服。表弟你一定要努力学习,不能光靠父母呀,我等着将来参观你买的房子呢!”表哥说的话对我来讲是一种鼓励,我一定会加油,做个顶天立地的男子汉。

(本文获得第二届“原乡杯”台胞青少年征文竞赛小学组一等奖)

点评：

文章不长，而且只写了表哥新居的情形，是不是太简单了呢？

我看未必。

首先，对表哥新居的介绍井井有条，描绘细腻生动，概括简明扼要，这对一个五年级的小朋友来说，是不容易的。譬如，他先写大楼外观，接着写客厅、卧室、厨房，室内的陈设，家具、用具，写时能抓住特征，并渲染它们的色彩、布置，最后用“已经实现了电器化”来予以评价，详细完整。

其次，最后一段写出了作者对物质消费的看法，所阐述的观点也是鲜明的，有意义的。这样舒服的物质享受是用“多年来的努力”换来的，因此它才值得“自豪”。表哥由此而引出的“不能光靠父母”“将来参观你买的房子”这类议论也就成了对作者的激励。其实，岂止是作者，其他小朋友也会从中受到启发，获得教益。

拾海螺

长宁实验小学　蔡佳霖

今年春节,我同妈妈、外公、外婆一起去海南度假。刚下飞机就感觉阳光明媚,像是上海的春天一样。我们换上了春装,心旷神怡。在这风和日丽的日子,我真想去拾海螺。

在一个天气晴朗的日子,我们来到海边。大海一望无际,放眼望去,海连天,天接海。海水湛蓝湛蓝的,浪花雪白雪白的。海滩上高高的椰子树长长的树叶被海风吹得来回摆动,像是在向我们招手。我迫不及待地脱掉鞋子和袜子,卷起裤子,挽起袖子,奔向大海。海滩上银光闪闪,许多海螺若隐若现,有的躺在沙滩上,有的躲在沙子里,而海浪总是一浪接一浪地冲上海滩,海螺不时被"吞噬"着。我看见一个海螺,刚想去拾,就被海浪卷走了,真让人着急!这样可不行,我得想个办法和海浪斗,才能拾到海螺。于是,海浪来时我走开,海浪退时,我迅速"下手",终于拾到了第一个海螺,心里真痛快!我就照这个办法继续和海浪"战斗",我袋子里的海螺也不断增加。今天真是收获不小,高兴而来,胜利而归。

回到家,我仔细观察这些大小各异、形状不同的海螺。只见这些色彩斑斓的海螺,都有不同的花纹。有一圈一圈的,有斑斑点点的,有黑白相间的。当地人告诉我,这种头大尾小的是鸡腿螺,这种像燕子尾巴的是剪刀螺,这种嘴边是红色的是红口螺,就像女孩涂了口红似的,真漂亮!我要把它们带回上海,送给我的老师和同学,让他们分享我的收获和快乐!

(本文获得第二届"原乡杯"台胞青少年征文竞赛小学组二等奖)

点评：

材料高度集中，叙述细致紧凑，描写富有光彩，题材平凡却能写出新意。

记忆中的地方

中芯学校　徐奕杰

偶尔翻开相册,一张在街心花园拍的照片把我的思绪拉到了记忆中的那个地方。

那是一个秋高气爽、丹桂飘香的早晨,我第一次走进我家屋后的那座街心花园……

步入花园,迎接我的是一条金灿灿的长廊。伴着一阵阵秋风,长廊已换下了碧绿的春装,披上了金色的风衣。脚下小草枯了黄了;身边大树迎风肃立;眼前时时飘下几片手掌状的梧桐树叶,纷纷扬扬,如同一只只可爱的蝴蝶,在风中翩翩起舞。

走出长廊,一片草坪呈现在眼前。草坪不大,远远望去,她像一块黄色的地毯;走近细看,一棵棵小草在秋风中摇摆,走在上面软绵绵的,舒服极了。草坪上三三两两地坐着几群人,有的在阅读报纸,有的在复习功课,也有的在欣赏名著。草坪的一角还栖息着几只小鸟,它们在那儿窃窃私语,难道是在谈论这秋天的景致?

沿着小路向花坛走去,秋日的花坛别有风味。"一串红"燃烧着一簇簇跳动的火焰;凤仙花也不甘示弱,细长的叶片紧托着玲珑的脸庞,惹人喜爱;朵朵菊花更是婀娜多姿,紫的、白的、黄的,色彩清雅,形状各异;四季海棠摇曳着它那细软的枝条,向我们频频招手……各种花朵竞相开放,沁人心脾。

我沿着花坛边那一条蜿蜒的石铺的小路,走进街心花园。那里的一切令我流连忘返。

（本文获得第二届“原乡杯”台胞青少年征文竞赛小学组二等奖）

点评：

由照片引起，文章也像一幅照片，较好地显示了作者的写景能力，在取景、层次与描绘上能有所体现。

我爱玲珑的小金鱼

卢湾第一中心小学　曾怡惠

我家有五条可爱的小金鱼，它们是我从复兴公园的小水池中“费了九牛二虎之力”才钓到的。我爱它们。

可爱的金鱼们的主人——我，也不忘给它们起名字。那条小的、红色的叫“艳”；那条长长的、红的叫“愫”；这条小小的白鱼叫“透”；那条全白的大鱼叫“绢”；而这条白红相间的“斑鱼”叫“斑”。

这些小巧的鱼儿们虽然各有不同，可它们也有相同之处：美丽的“孔雀尾”，有神的小眼珠。只要我靠得近些，就能看出谁关心谁，谁最调皮。

当我独自在家时，这五条“小玲珑”是我唯一的慰藉。

我和其他小朋友一样，大人不在家时，孤独仿佛是一行字，在心中“牢记”。而那时，也没有伴，似乎寂寞也“刻”在了心中。那时，你会不由自主地注视着那五条鱼儿，它们会在家中陪伴你。只要你把鱼食掷进去，它们就会摆动着小尾巴迎上来，狼吞虎咽地“大吃”，它们那种争先恐后的劲儿，不禁使你有一丝暖意；你再抚摸一下它们那灵活的小身体，它们会热情得像火箭一样向你“直冲”过来。而这些鱼就成了我的“伙伴鱼”了。

我庆幸自己能钓到那么多鱼，它们是我的朋友，帮我解除一切孤独，成为我的“朋友鱼”。我爱我钓到的五条“小玲珑”！

（本文获得第二届“原乡杯”台胞青少年征文竞赛小学组二等奖）

点评：

对金鱼的描写能抓住其个性和共性，给人留下印象，尤其是实现金鱼能给人慰藉这一点，更使文章深化了。

打雪仗

闵行区七宝明强小学　余劭彦

说起台湾,那是个美丽的地方,我的家乡就在那儿。可是,现在我却住在上海,虽然上海这儿的风土人情跟台湾有些不同,但是这儿却有台湾难得一见的奇景——下雪!我和弟弟妹妹还曾经在下雪时打过雪仗呢!想一想,那还真是一段美丽的回忆,令人终生难忘。

那天早上,外面下着小雪,车上地上一片雪白,连松树也披上了一层白色的雪衣,隆冬的太阳也似乎怕起冷来了,躲在云朵做成的被子里静静地休息。

早饭吃完了,雪也停了。“啊!出去玩雪了!出去玩雪了!”我和弟弟妹妹异口同声地叫道,飞快地跑到门口。这时,妈妈叫住了我们:“小家伙们又想出去吗?”我们一同说:“是啊!”“真是说不过你们,那么,你们就先穿好衣服再出去玩……”妈妈话没说完,我们就拿了各自的衣服出去了。

一出门,白花花的雪世界立即映入了我们的眼帘,美丽极了!我们开始游戏了,我一人一组,弟弟妹妹两人一组。

我先跑到一辆黑色轿车后作为掩护,而弟弟妹妹则一同躲在一辆大卡车后。突然,弟弟那边向我这儿发起了强烈的进攻,我见了,忙用手护着头和身体。这时弟弟趁着我护着头不注意时,窜到了我背后,猛地一下,把雪丢到了我的头上。我急了,忙抓了一把雪朝背后一扔,刚好歪打正着,打中了弟弟。弟弟见情形不妙,溜了。

忽然,他们俩好像翻脸了,接着,弟弟就走向我这边。他对我说:“小妹这人不可信,我决定来帮你打她!"我一听,就高兴地让他加入了。弟弟说:"让我帮你做雪球吧!"我答应了。谁知,这竟是一个陷阱。弟弟做好几个雪球,却不给我,反而把雪球并在了一起。我想了又想,发现不对劲儿,刚要逃,可晚了一步,还是受到了弟弟的"洗礼"。这下我可成了个货真价实的雪人。我很生气地说:"你们耍我!"可是,弟弟妹妹却一副得意忘形的样子,对于我的愤怒视而不见。我真想报复,可就在这时,天公不作美,又下起了白花花的小雪。我们见了,只好依依不舍地回家了。

这场雪仗虽然只有半小时,却令我永远忘不了。啊!这真是个银白色的美好回忆!

(本文获得第二届"原乡杯"台胞青少年征文竞赛小学组二等奖)

点评:

把一场打雪仗的游戏写得生动有趣,关键在于能抓住环境和人际关系的特点。

春天来啦

中芯学校　陈致璇

今天,老师带我们去看一本叫“春天”的“书”。

大地苏醒了,微风带着春天的气息拂过刚出土的小草,拂过刚发芽的大树,为春天添上一层绿色。老师就像导游一样为我们介绍一朵朵的花,一棵棵的树。

平常都是光秃秃的枫树树枝,竟然暴出了新芽,有一些是红的,有一些是绿的,而且都是小小的。它们都“藏”得很隐蔽,不仔细看还找不到呢!

樟树的种子圆圆的,在冬天里它总是绿绿的,我常常剥它的皮。但是现在,它的花朵一个接一个地开了,都是鲜艳的红色,非常漂亮,也很可爱,我好后悔我以前剥过它的皮。

接着我们去看柳树,老师说柳树也叫报春树。因为春天一来,它就开始发芽,成长,从远处看,柳条就像美女的长发;从近处看,那一对对的新芽,就像一个个绿色的发夹。

在柳树的旁边是白玉兰,那是上海市的市花,它的花苞就像毛毛虫的蛹,开出的花就像从蛹里出来的蝴蝶,又像一只小白伞,微风吹来,有的亭亭玉立,有的倒挂枝头,真是惹人喜爱。

海棠花也开了,红色的花朵,从远处看去,像一个个小灯笼,而它的叶子就像一个个绿鸡蛋。

那一片草坪,从远处看去有一大片淡淡的绿意,等我们走近一瞧,那绿色却不见了,真奇怪。

最后,我们来到湖中亭,看着柳条在和煦的春风中轻轻地摇摆,好似一缕缕轻烟;那雨花打在湖面上,好像在欢庆春天的来临。

(本文获得第二届"原乡杯"台胞青少年征文竞赛小学组二等奖)

点评:

正因为小作者把春天当成一本"书"一页页地认真"翻阅",才能写出如此丰富细致的景物,看来,观察是至关重要的。

新奇的伞

中芯学校　张芷莲

这是一把音乐伞,伞里有一台小小的录音机。打开伞,就会听到优美的乐声,小朋友在海滩边野营,坐在伞下,边听音乐边休息多舒服啊!

这是一把照明伞,伞里有一盏明亮的小灯。打开伞,它就会亮了。雨天的夜里,小朋友撑着伞在路上走,电灯为他们照明,多方便啊!

这是一把风凉伞,伞里有一台小小的电扇。打开伞,电扇就会吹出阵阵凉风。夏天小朋友撑着伞,在太阳下面走,一点也不感到热。

(本文获得第二届"原乡杯"台胞青少年征文竞赛小学组二等奖)

点评:

虽然只有短短的三段,但作者奇特的构想、美好的情趣和简洁的语言却把读者吸引住了。

无形的美好

华东台商子女学校　林盈秀

她是个盲女，只能依靠抚触他人五官与听音辨认的盲女。百花的香味、小溪的流水声、早晨的鸟鸣、粗糙或光滑的物品……这些感觉她比任何人都要懂，她天生就要懂，无法不懂，不能不懂。

盲女的手指抚过琴弦——那金粟柱上的“铮铮”她不敢听。

盲女的双手捧起幼鸟——那初生的鸣叫令她无语泪下。

盲女的指尖描绘花朵——她却笑，无声绝美地在唇上绽放初生即是永恒的“笑花”。

“有形、无形与有识、无识之间，我领会了无法看见的秘密。”

盲女微笑着对弟弟说着，那笑容也是种神秘难解的秘密，她不说，自然也没人知道那秘密是什么，却在所有人慢慢老迈、将步入终结时，她才说出当年的秘密。

一如当年那个美丽妙龄少女般微笑着，勾起不若当年的沧桑痕迹，以老去却喜悦的声音道：“我发现了，生命的意义与美好。”盲女还是当年的盲女，各种无形的美好她一生都在细细体会着。闭上眼，那唇边笑意依旧成了永恒花朵，带着最后领悟的、一生最后的美好，在沉静之中，慢慢地，安静地进入永远的甜梦，沉眠。

（本文获得第二届“原乡杯”台胞青少年征文竞赛小学组二等奖）

点评：

作者笔下的“无形”实际是有形的，因为世界有形，盲女的笑容也有形，盲女感受到生活的美好，到了老年，依然如此，直至告别人世，依然感受着这份美好，同时发现了“生命的意义”，盲女的笑容便是有形的具体内容，文尾的“甜梦”则是很好的佐证。

回忆是温暖的

复旦万科实验学校　余筱婷

回想起以前那些快乐的时光，我就会有一种温暖的感觉。

还记得小时候那个单纯的我，在家庭和学校的保护下，渐渐地成长。放假时，爸爸经常开车带全家人环游台湾，回家时我也会把在学校里发生的有趣的“小插曲”说给他们听，让他们和我一起分享，一起讨论。在谈笑声中，我感觉到了快乐和温暖。

我们全家住在一个三十几平方米的房子里，我知道这对我们全家四个人来说，的确是小了点，但是在这小小的房子里，我们彼此更加亲近和贴近，也更加了解对方。不但如此，我还记得，以前放学一回到家，桌上就会放满热腾腾的饭菜，吃上一口，我的心也温暖了。

但是幸福总是短暂的。爸爸的事业越做越大，家境也变得富裕起来，房子当然也越买越大。刚开始我很高兴，因为我终于可以买自己想要的东西了，可是日子久了，我总觉得好像少了什么。

现在回到家中，空荡荡的房子里，只剩下我一个人，没有妈妈炒菜的声音，没有爸爸问候的声音，也没有姐姐读书的声音。黑漆漆的房子里，只有那张放在桌上的纸条，被风吹着显得格外显眼，上面写着我早已背得滚瓜烂熟的一段话：“婷婷，爸爸和妈妈要工作到很晚才回来，没办法帮你煮晚餐，你自己叫外卖来吃，好好写作业，早点睡觉，不用等我们了。”看完后，我就叫了外卖。当我吃着饭时，饭是热的，心却是凉的。

当他们回来时,我无法向他们说晚安,因为我早就睡了。眼泪都干了,流不下来了,梦里面都是以前的画面。可是当白天一到,孤独的一天又开始了。

我这才知道,小时候的想法是多么的愚蠢啊!我居然会奢望住豪华的房子,穿昂贵的衣服,拥有一大堆塞满房间的洋娃娃;而现在,想有的都有了,但心中的空虚却无法填满。

这时,我又会想起以前,全家人住在三十几平方米的房子里,满屋子的谈笑声,吃着温暖人心的饭,享受着用钱也买不到的亲情。

现在的我,似乎也陶醉在其中,因为回忆总是温暖的。

(本文获得第二届“原乡杯”台胞青少年征文竞赛小学组一等奖)

点评:

回忆令人陶醉,但也令人苦涩,苦涩在于物质富裕了,精神却孤独了,爸妈为了工作经常不在身边,连晚饭也只能“叫外卖”,豪华的房子“空虚却无法填满”,文章表现了现代人生活的一个侧面,读来令人遐思。

拒绝

中芯学校　林怀安

每天放学,我都可以看到一个大姐姐在卖发夹。她长得眉清目秀的,有着大大的眼睛和甜美的笑容,但是她是一个残疾人。我从同学那儿听说,就是因为残疾,她被父母遗弃了,自己一个人生活。

今天,我又看到她笑容可掬地招呼客人了。我便上前去看看,这是我第一次来看她的摊子。"哇! 好可爱的发夹呀!"我惊喜地对我的朋友说着,手还指着那堆发夹。但是我的朋友对那些发夹没有兴趣,所以不耐烦地走了。平时我们是一起回家的,今天我却因为这些发夹而没与她一同回家。

看来看去,看得我都已经眼花缭乱了,我把要买的发夹捧在手里,拿去给大姐姐结账。大姐姐点了点,并微笑着对我说:"总共是十五元。"我从钱包里拿出二十元递给大姐姐。给她时,我的目光无意中扫过了她残疾的双脚,心里油然生起一股同情。那瞬间,我似乎想要为她做些什么事。看到她接过那张二十元纸钞,我便对她说:"大姐姐,不用找钱了!"说完我就拿起我刚买的发夹,转身想走,却突然听到她坚定地说:"我不要你的钱。"我回头转向她,看着她,她好严肃,脸上一贯的笑容也不见了,在她大大的眼睛里还透露出一股坚决。我的心跳渐渐加快,感觉自己好像做了什么天大的坏事。我们互相凝视着对方,我慢慢地伸出手接过找回的零钱……

回家时,我还在思索着大姐姐拒绝的原因,我逐渐明白了。原来她想挣的是自己劳动得来的钱,而不是我的这种所谓的"施舍"与"帮助",她怕这些钱侮辱了她。现在我终于知道,原来不是我在帮她,而是她在帮我;她让我学习到了要尊重别人。她虽然残疾,却乐观地面对人生,自食其力,维护自尊。正是这种"拒绝",让她在心灵上成为一个健全人。

我想,这正是值得我去学习的。

(本文获得第二届"原乡杯"台胞青少年征文竞赛高中组一等奖)

点评:

卖发夹的大姐姐拒绝多收"我"的钱,她虽身患残疾,却拒绝施舍,"维护自尊",作者为我们刻画了一个心灵健全的人。文章叙事清晰,议论恰当,大姐姐的行为确实"值得我去学习",这也可看作全文的点睛之笔。

人生

华东台商子女学校　乔　宇

人生有好长的路要走;人生苦短,为何不提起勇气?快乐的人生,也会有痛苦。有的人能面对挫折,化解痛苦;而有的人却常常夸大挫折,放大痛苦。不一样的选择,将有不一样的人生之旅。

一枚贝壳要用一生的时间,才能将无数的沙粒转化成一颗珍珠;雨后的彩虹要绽放刹那的美丽,则需积聚无数的水汽。如果把这些都看成一次又一次的挫折,那不就是挫折成就了光彩夺目的珍珠和彩虹吗?

当苏武被流放到北海时,北海的羊群咩咩地叫着,似在欢迎这位坚贞不屈的大汉臣子。那几十年来的放牧生活,无疑是痛苦的,可是这位牧羊老人却从未放大痛苦。于是,几十年后,大汉的史籍上书写下了其坚贞不屈的民族气节。昭君出走大漠,丝路上又多了一串驼铃的"叮咚"声,"千载琵琶作胡语,分明怨恨曲中论"不应该是她真实心态的写照吧?如果不贿赂画师,终致出塞算是挫折,那么是她的挫折换来了两地人民的短暂安宁。苏武和昭君的遭遇,正是勇于面对挫折,缩小痛苦心理的最佳诠释。人生只有走出来的美丽,没有等出来的辉煌。因此,正视挫折、化解痛苦才是我们的最佳选择!

人没有必要因叶落而悲秋,也没有必要因挫折而放弃。因为一花凋零,荒芜不了整个春天;一次挫折,也荒废不了整个人生。人们常说:"风雨过后,面前会是鸥翔鱼游的水天一色;荆棘之后,眼前会是铺满鲜花的康庄大道。"既然如此,我们还有什么理由"放大人生的痛苦"?痛苦、挫折是无法回避的千古话题,痛苦和挫折是人生必然要遇到的两大难题。只有在遭遇挫折时排解痛苦,积蓄人生的力量,为新的目标奋斗,生命之花才会常开不败,生命的存在才会有更新、更深刻的意义和价值!

(本文获得第二届“原乡杯”台胞青少年征文竞赛初中组一等奖)

点评:

人生会遭遇痛苦和挫折,作者由此生发议论,认为“正视挫折、化解痛苦才是我们的最佳选择”,不仅如此,作者列举苏武和王昭君的事例,指出要成就事业必须要解决人生这两大难题,从而给了读者更深层次的思考。

苏州风情录

华东台商子女学校　佘修芳

回想初到苏州的日子，有种不同于台湾的感觉。宽广的街道，让人轻松的生活步调，令人觉得自己真是微乎其微。道路总是那么无止无尽，步行变成了一种辛苦的运动，只得以车代步。悠闲的日子里，我常面对窗外那座城，兴起了一份遐想。

"月落乌啼霜满天，江枫渔火对愁眠。姑苏城外寒山寺，夜半钟声到客船。"这首《枫桥夜泊》是唐朝张继的诗。诗中的寒山寺年代久远，已从本来的城外，变到城内了。可知苏州这座文化古城经历过多少年的文化洗涤。现在我们就来介绍苏州的文化遗产吧。

寒山寺是为了纪念寒山、拾得两位大禅师而兴建的。寺内有座钟楼，在元旦时会敲一百零八下，代表一百零八位正神；而在一般的日子里，人们也可以敲敲钟，敲三下代表的是"福禄寿"，四下就是"四大皆空"了。

"灌园鬻蔬，以供朝夕之膳，是亦拙者之为政也。"拙政园为明代御史王献臣官途失意还乡所建，而大部分为文徵明所设计。园内多水池、曲桥、太湖石。还有一颗石头，石上每个地方敲出的音调都不相同。远香堂中荷香扑鼻，堂名取自《爱莲说》中"香远益清"句。总之，如果来苏州，未至拙政园，那就是白走一遭了。

苏州是个古典水乡，古镇是其主要特色之一。退思园是同里古镇的主要景点，由清代官员罢官归乡所建。取《左传》"进思尽忠，退思补过"之意而命名。站在大堂前的平台上眺望四周,花木扶疏,水榭亭台,恰似一幅美丽的写意画,令人喜爱。

苏州是一座历史文化悠久的古城,寒山寺的文学性和拙政园的古朴、明洁清逸,都令我喜爱。这美丽的水乡,人文荟萃,在现代化的改革中,仍具古韵,令人兴思古之幽情,住在苏州真觉得幸运啊!

(本文获得第二届“原乡杯”台胞青少年征文竞赛初中组二等奖)

点评:

写了苏州的寒山寺、拙政园和退思园,并写了他们的来历,“一座历史文化悠久的古城”形象跃然纸面,作者有一定的文字基础,对苏州的了解也显示了一定的文史功底。

忆小伟

兴陇中学　吴蕴菁

小伟其实不小,比我还大两岁,今年读高二。说起来,和他的相识有一点点"阴差阳错",有一点点"鬼使神差"。

那是在学习"新概念英语二(下)"的暑期班上,第一次上课就迟到的我老老实实按照座位表坐在了第一组第二排左边的座位上。眼前的同桌,实在与座位表上女性化的名字对不上号。即便其脸色不知是害羞还是紧张,显得红红的,可结实的身体、高高的个子很容易看出是个大男生啊!这是怎么回事?几句简单的交流后,带着疑惑的我听起了课。

最令我感到惊诧的其实是他的声音,竟是细细的,柔柔的,面色还带着"习惯性"的潮红,不禁让我怀疑起性别亦是"不可貌相"的?

第二天上课,一开始就要默写。粗心大意的我连张纸都没带。万分焦急又无可奈何的我正准备翻开书直接写在书上,他雪中送炭般从笔记本上撕下一张纸,边递给我边带着特有的细柔的嗓音问:"没带纸吧?"

那次课中休息的时候,我们聊了好一会儿。我终于知道他姓宋名伟,读高二,戴着一副眼镜的他说自己当然是"他",因为第一次上课,没看座位表,才有了这么一起"性别"误会。他还说,他从外省市来,英语基础很不好,他们那儿的学习环境很糟,上课的时候老师讲,学生玩,乱哄哄的。我说这儿的学生巴不得能乱一点呢!他叹了一口气,说:"真到了那种地步,你们一点也不会觉得高兴的。"

“新概念英语”一星期上四次，课程十分紧张，大家都不约而同地感到有点跟不上，宋伟尤其吃力。因为每次默写他顶多默写出一半，而我对此也实在没什么办法，大家半斤八两！这一暑假下来，宋伟倒着实变化了不少，虽然他的脸依旧红彤彤的，但合群了许多。不再孤独的他成了大家的好伙伴。最后两节课，他还和我们一起打篮球呢！即使他不太主动开口，我仍感觉到他对学习十分投入(最后的考试他得了91分)。他的家境并不富裕，然而他确确实实有一颗永不服输的心。他永远是那么认真，一直孜孜不倦地努力着。我猜想，他肯定立志要在各个方面都超过我们这些自以为条件优越的城里人吧！

最后一次课上，他悄悄递过一张纸条：“就要离别了，把你的通讯地址给我，可以吗?”我欣然给我的好朋友仔细地写下我的电话和地址。然后，他依旧红着脸，带着依旧细婉的声音说了一番话，让我的鼻子酸酸的：

“我来自宁夏，是来与上海学生做交流的学生之一。你是我这个暑假认识的最投缘、最要好的上海朋友，暑假后我就要回宁夏去了，到那里后，我会常常写信给你的。我诚挚地邀请你做我的penpal。”

我当然愿意，宋伟。纵然我今后去不了宁夏，纵然你以后也来不了上海了，我一定愿以笔友的身份和你做一辈子的朋友！

(本文获得第二届“原乡杯”台胞青少年征文竞赛初中组二等奖)

点评：

短短的暑期班学习，结识了从宁夏来的小伟，他“潮红”的脸色是他的外貌，细柔的声音是他的特点，但作者强调的是他“有一颗永不服输的心”，表现在学习上尤为突出，因而这位新朋友给人留下了较为深刻的印象。

我的母校

中芯学校　张芷菱

"北眺屏山,东滨金狮湖,湖光山色钟灵毓秀……"这是我的母校——台湾高雄市狮湖小学的校歌。从歌词中不难看出她坐落于一个山清水秀的地方,虽离市中心不远,但附近非常恬静,是个闹中取静的好地方。

狮湖小学有着如诗如画的景色。

一进校门,首先映入眼帘的是一排排黑板树,大概有好几十棵吧,排满了整条学校外面的街道。高大的树干,像保护学校的巨人般张开着双臂,俨如"树海",又如海浪向你袭来。一阵风吹过,扫下一片片叶子,会让你体会到狂风扫落叶的感觉。那时学校常有打扫落叶的活动,那时常常有一些埋怨,现在回想起来,还真令人怀念呢。

再往里走,就是艳紫荆步道。艳紫荆是一种开花植物,树不高,有点弯弯曲曲,花是粉红色的,随风摇曳着,仿佛有无数个花仙子在枝头上轻舞。蜜蜂和蝴蝶也随之而来,一起参加这场热闹的舞会,让原本就美丽的校园更显得生机盎然。

最让人津津乐道的,还是中庭的那棵阿勃勒树。阿勃勒树很高大,花是一串串结成的,鲜黄色中带点白色。听校长说,那是创校时期就种下的,已经有好几十年的历史了。每到初夏,它那一片片的花瓣轻轻柔柔地飘下来,贴在你的脸颊上,沾上你的衣服,真的很美。如此耐看的花雨,能和它媲美的,想必只有樱花了吧。但樱花的美,是种略带忧伤的美,而阿柏勒却是那种令人从心底开心起来,让心里洋溢着欢乐的美。偶然经过,请你停下脚步,细细地品味它的古老,它的恬静,它的美丽,从中体会自己是多么的幸运,以至于你越来越喜爱这里。毕业那天,我们来到阿柏勒树下,共同畅想着未来,有说有笑,一曲《祝福》唱得大家热泪盈眶。

如今我虽然身处上海,但还是非常思念我的母校。那里有我童年的脚印,我的记忆,尤其是那一排排的黑板树,宽阔的艳紫荆步道和那棵高大的阿勃勒树会让我想起很多很多……

(本文获得第二届“原乡杯”台胞青少年征文竞赛初中组二等奖)

点评:

回忆母校的如画景色,笔端有情,尤其是校内的黑板树和阿勃勒树,作者描写得比较具体,充满了怀念;文章没有写在学校的学习情景,但不难感受到这是一个学习的好地方,因而“我的母校”令人难忘。

妈妈的手

华东台商子女学校　徐逸诚

今天早上一起床，我就看到妈妈在忙东忙西的。她用她的手煮早餐、擦桌子、扫地……妈妈的手看起就像是万能的，什么事情都会做。

妈妈的手是一双勤劳的手。当天刚刚亮，我们还在呼呼大睡时，妈妈就已经起床，在家里忙来忙去的，打扫、煮饭、洗衣服……她似乎没有时间休息。有时候，妈妈生病了，也只是多睡一会儿而已，然后又继续做家务。有一次，我和弟弟叫妈妈躺在床上养病，不用做家务，可她就是放不下心，还是跟平常一样，打扫，洗衣服。

妈妈的手也是一双灵巧的手。她的手不但会打毛衣，还会插花和画画。妈妈打的毛衣，不但美观，而且保暖，带有妈妈的温馨。更不用说插花和画画了，妈妈插出来的花样，有高手级的水准呢！画画呢，不管是可爱的儿童画还是淡雅的国画都难不倒她，真是厉害啊！

妈妈的手更是一双温柔的手。每次我哭着找妈妈时，妈妈总是先用她那双温柔的手抚摸我的头，再慢慢问发生了什么事，让我仿佛置身于天堂一般。

不管妈妈的手是温柔的手还是勤劳的手，都是一双我最欣赏的手。

（本文获得第二届“原乡杯”台胞青少年征文竞赛初中组二等奖）

点评：

妈妈的手是勤劳、灵巧、温柔的手，作者描述了妈妈的手的特点，对妈妈的手充满了感情，尤其对妈妈的勤劳和灵巧，描写得比较具体，也深深感染了读者。

舍弃

鸿文国际职业高级中学　叶佳珊

鸣蝉奋力地甩掉了外壳,因而获得了高空自由的歌唱;壁虎勇敢地挣断了尾巴,因而在危难中保全了它弱小的生命;算盘若填满自己的位置,变得“座无虚席”,将丧失自己的运算功能。

对那些不该拥有的东西,我们应该舍弃。

现实生活是复杂的,而我们的承受力有限。如果大脑是一个仓库,不管仓库多大,一种东西充斥其中时,另一种东西必然无法进入。比如读书,如果我们痴迷于金庸、古龙的刀光剑影中,我们又怎能专注于复杂的几何方程,怎能用心于浩繁的英语单词呢?想读的和该读的,你必须在两者间做出选择。

人的一生中有很多事情要做出类似的选择,舍弃应该舍弃的,你便是智者;舍弃不该舍弃的,你便是愚人。世界文豪高尔基在他的房间失火时,没有顾及家具、财产、衣物,甚至没有顾及生命,却从熊熊大火中救出几箱书。他舍弃的是凡夫俗子眼中的财富。而有些人,终身抱着“人为财死,鸟为食亡”的信条,追逐着金光闪闪的财宝。为了庸俗的追求,他们舍弃了人格和道德,舍弃了人性中的真善美。错误的舍弃,使他们一生龌龊卑鄙。

正确的舍弃,往往需要青松、秋菊般的高尚风格。据说安徽桐城有一条“六尺巷”,原本是张、叶两家争执之地。张家主人乃当朝宰相,张夫人致信给他,他回信却说:“千里家书只为墙,让他三尺又何妨?长城万里今犹在,不见当年秦始皇。”于是张家让出三尺地。叶家深感惭愧,也让出三尺地,便成了

“六尺巷”。那位宰相舍弃了面子上的威严，以宽厚礼让的胸襟、大度能容的气概，化干戈为玉帛，止争斗于未起。如果不是有超出常人的高风亮节，怎么能做出如此的舍弃？

正确的舍弃，不会像随手扔掉废纸团那样轻而易举，它还需要勇气和决心。赵武灵王废除旧制，提倡胡服骑射时，许多人反对阻挠，但他有决心、有勇气，坚决勇敢，最终创下名垂青史的千秋伟业。舍弃的过程是艰难的，尤其是在忍痛割爱的时候。西蜀道上、马嵬坡前，唐明皇赐死杨玉环，以政治家的眼光看，用一个贵妃的死换得半壁江山的暂时安宁，也算是值得的。可是，“宛转蛾眉马前死”，“回看血泪相和流”，偏偏“君王掩面救不得”。此情此景，怎么不让人肝肠寸断呢？

不是每一棵幼苗都能长成参天大树，不是每一朵鲜花都能结出丰硕的果实，生活要求我们必须学会放弃。算盘要想具有运算功能，必须舍弃多余的算珠。你向往山居的清静，就必须舍弃都市的繁华；你仰慕奋斗者的成功，就必须舍弃安逸闲散的生活；你希望走遍千山万水，就必须舍弃乡土乡音的温馨与柔美……

（本文获得第二届“原乡杯”台胞青少年征文竞赛高中组特等奖）

点评：

用大量事例说明：“对那些不该拥有的东西，我们应该舍弃。”事例中的高尔基、“六尺巷”和赵武灵王的故事很有代表性，也颇具说服力；人生追求什么，舍弃什么，必须做出选择，无疑也给读者出了一道选择题。

老院

上海市第二中学　王唯贤

昨晚梦中，我又回到了老院。我看见老院中的三排红房、绿色草地和茂密的小树林。走在其中，静谧中晨光正透过一层薄薄的迷雾洒向落满了树叶的土地，我似乎还能闻到芳草糅合着泥土的气息。斑鸠、黄鹂和白头翁在小树林中追来窜去，不时发出清脆的欢叫。走过掩盖在迎春花枝条中的石磐，走过高大的桂树，飘忽间我来到了老院的门房。梦醒时分，泪水早已模糊了视线。唉，我已有六年多没有再去过老院了。

老院实际上是一所年数已久的宅院，因为它更像一座公园，我和伙伴们就亲切地称它为“老院”。

老院连同现在的中国科学院上海分院是一个建筑的整体，上个世纪初由日本建筑设计师设计并建造，后被一位德国犹太船长买下，成了他的私人别墅。二战结束，犹太船长回国，这里又成了国民党中央研究院。现在许多电影里，有放映解放前国民党警备司令部的那幢建筑物，就是解放前的国民党中央研究院，也就是现在的中科院老研究大楼，而老院里住着美国驻华军事顾问团。1949 年上海解放后，老院由原中央研究院的研究人员居住。我爷爷 1948 年冬从南京来中央研究院工作，上海一解放，爷爷一家就搬进了老院。

老院里并排立着火柴盒般的三幢三层楼房。楼房之间相距约三四十米，中间有成片的绿茵、几溜灌木丛，种了一些迎春花、美人蕉和夹竹桃等，两侧有冬青树、樟树、榆树、红枫树、蕨树、香炉树。楼房的东面，有雪松、樱花树；东南边有一个小花园,里边有小桥流水,水中鱼儿游荡。小花园的中央有水中喷泉,水中喷泉的四周,种满了各色月季花。每到夏天,河里静躺着睡莲和盛开的莲花,不知疲倦的青蛙和蟾蜍在睡莲上,在小河边终日吵叫个不停。小花园里也种了不少树,除了冬青树、樟树、榆树外,还有高大的日本桑树,河边有杨柳。小花园旁,有一棵参天的法国梧桐,我们管它叫"大树"。"大树"的树干很粗,七八个大人才能将它合围。它的高度大抵与十几层高楼差不多。人们都说它有一百多年的树龄。

这里的植物和花卉我能叫出名称的只占很少一部分,它们的数量和品种之多,真似一座植物园。老院的花匠们定期用剪草机修剪草坪,修剪过的草坪就像人们理的"小平头";那些冬青树经过花匠的修剪,有的呈球状,有的呈条状,又整齐又美观。

爷爷的家就在老院第二排楼房的二层。我从幼儿园大班起到小学毕业,就一直住在爷爷家。每天都是由门房的毛阿婆送我上学,接我回家,无论刮风下雨。记得雨下得很大的时候,毛阿婆就背着我,而她老人家的裤腿却被雨水打湿了。一回到门房,毛阿婆总能拿出我喜欢吃的东西,让我当点心吃。夏天有绿豆汤,冬天有烘山芋,吃完这些后就催着我做功课。毛阿婆就像我奶奶一样无微不至地照顾着我。

毛阿婆是种花的能手。她在院门口的桂树四周种了许多我不知名的花和盆景。别人养不活的花,放到毛阿婆这里,经她一调养,准保能活。毛阿婆时常牵着我的手教我识花,告诉我各种花的习性,授予我养花的方法。她种的那棵桂花树,每年九月份,花开得香喷喷的,过往的人,谁都想采几枝,毛阿婆怎么也不许;但她总会亲手摘几枝,让我带给爸爸。

毛阿婆负责打扫院子。她给我一把小扫帚,让我跟着她扫。那些年,我扫过落叶,也扫过积雪,是毛阿婆使我养成了劳动的习惯。

每逢周末下午做完作业,毛阿婆就会答应带着我去老院里逛逛,这是我最快乐的时候。第二排楼房后面的灌木丛中央有一个课桌般大的石磐,周围长着许多株迎春花,花的枝条长且密,可以遮盖整个石磐。每当花开的时节,我就会和伙伴们在这一片花丛中玩捉迷藏。我躲进迎春花枝条中，看着外面伙伴们寻找我的急切模样，享受着自己发现的这个“小天地”，闻着花的清淡芳香，玩累的我有时会渐渐入睡，直至伙伴们把我找到，当然每每逃不脱被蜜蜂蜇。

老院的四季都是那么诱人。春天，草地逐渐泛绿后，四处长着各种野花，有牵牛花，还有蒲公英。我们把牵牛花插在头发里，让春天打扮着自己；我们拔起蒲公英的绒毛，把它吹向天空，让朵朵小“降落伞”带走自己童真的理想。夏天，任凭骄阳似火，我会跟在小伙伴的后面去粘知了；也会站在桑树下，接爬上树的男孩子摘下的桑葚，直到吃得满嘴发紫。夏天的傍晚，早早吃完饭洗完澡，拿张草席铺在草地上，躺在上边，凉风习习，极为舒心。仰望着天上朵朵渐渐暗逝的白云，我的思绪不受拘束地飞向天外。秋天，几阵秋雨，树叶频落。迎春花枝条下的石磐上铺了一层附近吹来的红枫叶，我会拿一本厚厚的、从爷爷家偷偷带出来的故事书，学着故事中的人物那样，把红枫叶仔细地夹进书里。冬天，偶尔一场小雪，也会乐得我们呼天唤地，反复央求大人们给我们照几张雪景照。晚冬的樱花，在细雨的催促下，纷纷败落。走在樱花树旁的小路上，想着先前还娇嫩妩媚的花瓣，怎么就那么不经风雨，落在污浊泥泞的地上，凭人践踏。我好伤心，几次呆呆地站在树下，若有所思，竟哭了出来，不知是怜悯还是由于书看得太多，触景生情。

老院的四季是我难以忘怀的。它带给我的欢乐和忧愁，对于似懂非懂世事的我，不仅是树木花朵的茂盛和枯败，更是一种心灵的细微变化。由此，我更加喜欢阅读古今中外各类名著，越发酷爱旅游观景；沉思寡言成了我的性格。

我已有六年多没有回老院了。在过去的年月里，亲爱的爷爷离我而去，善良的毛阿婆告老还乡，儿时的伙伴们现在也各奔东西。经历了许多世事的我，仍没有忘记那个让我魂牵梦绕的老院以及老院中可敬可爱的人们。每当乘车经过老院，我都忍不住向它张望，哪怕是瞬间的目光停留，童年的记忆又会涌向我的心头。

（本文获得第二届“原乡杯”台胞青少年征文竞赛高中组一等奖）

点评：

回忆了童年居住的老院，描述了老院四季的花卉，写了门房毛阿姨对我的照顾并使我“养成了劳动的习惯”，作者的文字顺畅，对老院和毛阿姨充满感情，可以看出作者写作的功底较为扎实，文章的可读性较强。

信心 意志 收获

——军训有感

松江二中 李 诚

如果问我最近最让我难以忘怀的是什么，我会毫不犹豫地回答：“军训。”是的，这十天严格的训练在我心中留下了极深刻的印象。在痛过、累过、苦过后，猛然发现原来它给我带来如此大的变化。

这是我有生以来的第一次军训，所以我既有几分好奇也有些许畏惧。毫无疑问军训是艰苦的。第一天，半个多小时的军姿站立就让我叫苦不迭，也让我领受了它的严格。没有任何讨价还价的余地，我所做的只有服从。我以为这已是最艰苦的一天，没有想到随着时间的推移，训练量越来越大，列队训练、跑步、拉练使我们这群成天躲在空调房里的学生没有了往日的生气，个个汗流浃背，徘徊于坚持与倒下的边缘中。有好几次我都觉得头晕目眩，但在教官的鼓励下，我硬是咬着牙坚持完训练。现在回想起来，我也为当时的成功感到自豪。

记得教官在刚开始军训时曾问我们：“你们认为军训是来干什么的？”当时几乎所有人都说是来练队列和吃苦的。当然这并没有错，但经过这十天的训练后，我认识到军训是为了培养一种意志，一种钢铁般的意志。也许评判一个学员是否合格的标准并不是这个学员能否完成所有的动作，而应该是这个学员有没有练就一种钢铁般的意志。

也许并不是所有人都是合格的，但我敢肯定在我的身上已经渐渐有了那股军人般的钢铁意志。原先我的意志力是很薄弱的,在遇到困难时往往会在瓶颈处坚持不下去。比如做数学难题时往往会因为严密、繁琐的思维过程而放弃。为此我付出了很大代价,因为我坚持不下去,我在学习上的进步很小,有时甚至会退步,我深知问题的严重性却一直没有办法改掉这个坏毛病。但这次军训后,我发现我的自信心强了,凡事都有了永不放弃的狠劲了。回想当初在烈日下摇摇晃晃但顽强顶住的情景,我想还能有什么事能使我倒下呢?连身体的极限我都能超越,我又有什么不能克服的呢?还有什么东西胜过坚强的意志呢?

军人那种流血流汗不流泪,掉皮掉肉不掉队的精神已牢牢地扎根我的心上。今年我如愿进入了松江二中的大门,要知道这是多少莘莘学子所向往的地方啊!我是幸运的,所以我要用更大的努力与更好的成绩去回报这份幸运。高中三年要发生的事也许远比军训来得困难、艰苦,但我有信心在这三年中取得成功。无论前途多么漫长艰辛,我都会秉着一往无前的心态去克服它,拿出军训时的勇气,向新的目标——理想的大学发起冲击。

明天就是新的开始,我要擦干汗水,以崭新的姿态去迎接新的挑战,以高昂的斗志去面对新的困难,以自信的心态去攀登新的高峰。军训时的点滴我将铭记在心。我从一个浮躁的年轻人成长为一个经得起考验的年轻人。军训的收获将使我受益一生。我相信三年后,再度回首我的高中生活时,我会无愧这次军训。

(本文获得第二届"原乡杯"台胞青少年征文竞赛高中组二等奖)

点评:

作者难以忘怀十天的军训,不仅训练严格,生活艰苦,更是培养"一种钢铁般的意志",激励了作者考入松江二中的信心,作者将军训带来的考验"铭记在心",也激励了读者,可以说,这是一篇不错的励志文章。

“原乡杯”台胞青少年征文菁华集

第三届

（2005 年）

在台湾还好吗

中芯学校　张哲远

我真的好想你们两个
——我的好朋友啊，
你们在台湾还好吗？
已经交到新的朋友了吗？

虽然你们来上海读书才一年，
可是我真的舍不得你们走啊，
一个是总爱上洗手间的“胖可爱”，
一个常常自称自己是“小小音乐家”。

老师说你们很乖，
是很重感情的好孩子，
她说你们也舍不得离开这里，
都曾在家里哭过
——这是真的吗？

要不你们回来吧，
我们在“小山坡”上“野餐”，

还可以一起捉蚱蜢，
在草坪上踢球时我要是得到球一定传给你们！

对了，这学期又来了几个新的小伙伴，
还有呀，我们都开始掉牙了，
老师说，这是懂事的开始，
难怪同学们都进步了！
为什么掉牙才会懂事，可真奇怪呀！

老师在教我们写信了，
你们在台湾还好吗？
她让我们写信问候你们呢！
回来吧，我保证不再抢你们的球！

（本文获得第三届“原乡杯”台胞青少年征文竞赛小学组一等奖）

点评：

这实际上是一封用诗的语言写的信，自然，亲切，对小伙伴充满了关怀的真情。

“胖可爱”“小小音乐家”，作者跟这两个伙伴虽只同学一年，如今两岸相隔，却还是很令人怀念的。“野餐”、捉蚱蜢，尤其是一同踢球，一块玩耍的日子多么令人难忘，真是别情依依。

但是，大家很快又有了新的生活，交上了新的朋友，遇上了新奇的事情。譬如，拿“掉牙”来说吧，竟会是“懂事的开始”，“难怪同学们都进步了”。这样的思路，只有孩子才有，多有趣。

“回来吧,我保证不再抢你们的球”,这也是只有孩子才会表达的愿望,才可能许下的愿,充满了纯情。

童真真可贵,等长大成人了再读读,会多么有趣啊。

我家有个“点子王”

华东台商子女学校　李羿洁

如果您有机会经过我家门口，听到哈哈大笑的声音，看到奇形怪状的物品，不要怀疑，那是“点子王”老爸的杰作。爸爸是个很奇特的人，他总有奇奇怪怪的点子。有时会出人意料地教别人一些小方法，帮忙解决一些小问题。

有一次，我被蚊子叮得奇痒无比，爸爸就用吸管按住被咬的地方，用力吸几下，伤口就不太痒了，好神奇啊！爸爸说：那是因为痛觉神经被刺激了，痒的感觉就会减少了。有时候，家里的牙刷用到“开花”了，节省的爸爸就会用铁丝把“开花”的末端夹起来，用热水烫个两三分钟，牙刷马上乖乖听话，直挺挺的，有如新的一样。

有一回，我不小心将记号笔误当白板笔写在白板上，怎么擦都擦不掉。“点子王”爸爸突然挤出一段牙膏，卫生纸轻轻一擦，轻而易举就将污垢擦干净了。有时候没有回形针或钉书机时，要把散开的文件夹起来，该怎么办呢？爸爸教我把纸张叠整齐，将一个角折起来，在垂直折线的地方撕开两个小口后，再将它折起来，文件就不会散开来了。不相信吗？您也可以试一试。

爸爸以前在树林服务儿童的时候，会教我们用椰子树叶或芒草花编织蚱蜢、鸭子、牙刷等小东西，甚至教我们操作自然科学的实验、制作昆虫标本，所以小朋友都叫他“昆虫叔叔”。

我的爸爸真的很奇怪，年纪一大把了，有时候还像小孩子一样——爱唱儿歌、跟小孩子讲话，连我都觉得他像老顽童，不知道他什么时候才会和别的大人一样成熟。爸爸说:“只要等你长大成熟了,我也就成熟了。”这就是我可爱的爸爸。

(本文获得第三届“原乡杯”台胞青少年征文竞赛小学组一等奖)

点评:

号称“点子王”的老爸,有什么特征呢?无非是个“奇”字:“奇奇怪怪”的点子、“奇特”的办法、“神奇”的效果,种种与一般人不同,与“一般老爸”不同的“点子王老爸”的形象就这么鲜明地呈现在我们面前了。

要做到这一点不容易,首先必须提供丰富的素材。像“吸管治蚊叮”,“热水烫牙刷”,“牙膏擦污垢”,“叠纸不会散”这些生活中人人都会遇到的小例子,经作者这么简明扼要地一写,不但叙事清晰,而且刻画了人物,显得特别有趣。

其次,是怀着感情写。小作者佩服老爸,热爱老爸,因为老爸善于钻研思考、始终热爱科学,又乐观开朗,热衷帮助别人,所以越发显得“可爱”,连与其他“大人”不一样的“欠成熟”也变成可爱的元素了。有了这样的认识和情感,每一个例子都被提升到更高的高度,人物的形象也就更鲜明了。

空中浮板

中芯学校　朱世皓

一天,在放学回家的路上,看着街上各种交通车辆繁忙地穿梭,我幻想着……如果世界上有种可以浮在空中类似浮板模样的交通工具,让车辆分不同的路线、不同的型号或不同目的,划分离开地面的间距,架起"空中大道",使马路上的交通缓解,那就太好了!

我理想中的空中浮板,样子像冲浪板似的,有太阳能板的装备,无需燃料和电池,环保又节能。浮板上面有把手,有脚踏板,有加减速器及刹车器,有大灯和远光灯。另外,还有遮雨伞和挡住风沙的设备,以及自动导航驾驶系统,可以在任何天气驾驶。空中浮板可以载着人在空中前进,减少碰到路面上的障碍物。前进时,自动导航驾驶系统可以让人一路轻松欣赏着风景到达目的地,不必担心走错路。这样,空中浮板既解决了一般陆地上交通堵塞的问题,又节省交通时间。

当时间允许或有好心情时,踩着脚踏板前进,可以运动健身;夜幕降临时,亮着灯的空中浮板就像大萤火虫飘动,把夜空点缀得美丽明亮;假日时,还可以和朋友来场空中浮板速赛呢!

希望长大后,我能发明这样的空中浮板,让人们在交通工具上有更多的选择,为大家带来便利与欢乐!

(本文获得第三届"原乡杯"台胞青少年征文竞赛小学组二等奖)

点评：

这是一个美好的梦。在空中任意飘行的“浮板”虽然只是一种幻想，但这类能给人们带来便利与欢乐的构思是可贵的，是有价值的，也是有可能成为现实的。

森林城市

中芯学校　陈　婷

2060年,上海大都市变成了森林。树木上有住宅和用树藤编织的道路,还有用竹子做的商场。

我们到住宅中去看看吧！首先来到客厅。刚推开古色古香的木门,一阵清香便扑鼻而来,映入眼帘的是各种花瓣铺在地毯上。随后,有一只小鸟为我们拿来草拖鞋。然后,你会发现客厅里摆放着的是石桌、石椅。石桌上放着荷叶茶杯和荷花茶壶。

到了晚上,你一定累了。走进房间一看。哇,你一定会感到惊奇:真是别有洞天啊！地板是竹子做的,由于住宅是建在树上的,所以树上的枝条垂下来,便形成了天然窗。再看看床,它是由藤条编织而成的。这种藤条柔软而结实,用它来做床,那真是再好也不过了。

怎么样,不错吧？房间里当然会有衣柜。这种衣柜是用细枝条和树叶做的,枝条上嵌满树叶,很多枝条拼在一起,便形成了天然的树叶衣柜。把衣服放进衣柜里,能去除衣物上的异味,还能使衣物带有淡淡的清香。脏衣服放在里面也会变干净,简直可以跟自动洗衣机媲美了。

这样的住宅真是太棒了！在这样的森林城市里居住的居民,过着清新自然的生活。

(本文获得第三届“原乡杯”台胞青少年征文竞赛小学组二等奖)

点评：

又是一个美好的梦。出于对绿色环保的追求与幻想，大都市房屋造在树上的构思真够大胆的。但有了不少丰富的细节，一切又变得可接受了。这种发明创造的精神值得肯定。

义捐义卖活动

建平实验学校　章臻瑶

“全班出去排队!”我高声叫道。

我们排着整齐的队伍来到操场上。操场上热闹非凡,到处是我们的欢声笑语。今天是什么日子?原来今天我们要举行“学雷锋义捐义卖活动”。每位同学捐出家中一些多余用品义卖,义卖所得将全部捐给失学儿童和孤寡老人。前几天一听说要举办这个活动,我们就开始精心准备自己的义卖品了。

活动开始了。操场上顿时沸腾起来:不管是一人独行还是成群结队,大家都兴致勃勃地买这买那。

我站在一个摆放整齐、物品精美的展台前。这是我们三(5)中队的展台。这里的物品应有尽有、琳琅满目,让我目不暇接——看看这个挺漂亮,看看那个也可爱;看看这个挺喜欢,看看那个也想要……正在我为难的时候,有一件可爱的小玩意儿映入我眼帘——一个心形饰物:它有一对雪白的翅膀,一双红白相间的鞋子,一件红红的大衣,一个胖胖的身体……我毫不犹豫地买了下来。

“这几元?”

“那几元?”

“这五元!”

“那十元!”

……

操场上到处都是一阵阵问价与报价声。

突然,我发现每个班级的展台前都有一张彩色的海报,上面写着真诚的语言与美好的祝愿……看着看着,我的眼眶湿润了。“今天是个好日子,哭什么哭?”我暗地里提醒自己。于是我又兴高采烈地去选购了。

不知不觉中,活动结束了。

班主任张老师数了数钱款,我班义卖所得270多元。

虽然钱的数目并不多,但都是我们的心意。帮助失学儿童、孤寡老人是我的心愿,是同学们的心愿,是老师的心愿,更是祖国的心愿!谁不希望自己有幸福的生活呢?!

(本文获得第三届“原乡杯”台胞青少年征文竞赛小学组二等奖)

点评:

对一场活动的报道,有场面,有过程,有细节,更有人的心理活动,因此洋溢着可贵的爱的深情。

寻梦

上海外国语大学双语学校　钟　慧

自从那台小小的古筝出现在我生命中的那一天起，要成为一名古筝演奏家便成了我的梦想。于是我便与古筝作伴，开始了我的寻梦之旅。

初踏上"旅途"，仿佛是走上一条铺满荆棘的羊肠小道。一双纤小稚嫩的手触在冰凉而又坚硬的琴弦上，用力往下摁双手就好像要被那一根根钢丝琴弦割破，手指还得在琴弦上不停地移动，那钻心般的疼可谓刻骨铭心。再细看那双手，指尖红彤彤的，轻碰一下火辣辣的……仅隔一天，那手便起了水泡，轻轻按一下，只有一个字——痛，我算是真正体验到了"十指连心"的含义。我强忍着疼痛，将那带着水泡的双手又一次触到了琴弦上，又是一阵钻心的疼……

为了我的梦想，我相信，一分耕耘，会有一分收获。为了我的梦想，我相信只要忍过这暂时的痛苦，终会迎来开花结果的那一天。

终于，我凭着娴熟的指法登上了中外学生交流的大舞台。绚丽的灯光打在我的身上，我成为数百双眼睛注视的焦点。曲终，掌声雷动。自那以后，中外学生艺术交流的舞台上我的身影经常出现，外籍同学每每与我切磋技艺。

记得有一位外国朋友喜笑颜开地对我说："我喜欢中国的民族乐器，更喜欢中国传统的音乐文化……"我猛地发现，这指间的跳动，不仅是在传播民族音乐的美，更是在传颂着中华民族的文化意蕴，传扬中华民族的精神和展现她的力量所在。

再一次坐到古筝前弹奏时,瞬间觉得中国的民族音乐是如此的美。那乐曲的余音在整个屋里绕梁回旋,承载着整个民族的气息。那一曲《孔雀东南飞》传达了一段凄美的爱情故事。那一曲《战台风》又表露出我国劳动人民征服大自然的伟大气魄。那一曲《高山流水》“叮咚”的乐声宛如行云流水,将我们领进中国民族音乐的殿堂。这美妙的琴声让我放弃了玩耍,忘却了艰辛,陶醉于这优美的氛围中。

我继续走在这条铺满荆棘的、坎坷的寻梦路上,我明白要想成为一名古筝演奏家不仅仅是弹奏悠扬动听的乐曲,更重要的是把中国传统的民族乐器推向世界,让世界更全面地了解中国。我作为一名传承中国民族音乐和传统文化的使者,深感肩负的责任重大以及无上的荣幸。

我又一次进入美妙的梦境中:一个流光溢彩的舞台上,我作为一名大陆的古筝艺术家来到台湾,和台湾的艺术家们共同切磋中华民族的音乐艺术。携手共赴维也纳新年音乐会的舞台,我和台湾的艺术家们坐在舞台中央豪情满怀地弹奏起来,一种美的旋律在人们的脑海中不断重现。我们用民族乐器奏响了中华民族的经典篇章。让中华民族文化走向世界……

这就是我所追寻的梦!

(本文获得第三届“原乡杯”台胞青少年征文竞赛初中组一等奖)

点评:

作者为实现自己成为古筝演奏家的梦想,苦练古筝,甚至练出“水泡”,最后登上了中外学生交流的大舞台,还到台湾和台湾演奏家们切磋技艺;文章结尾点出“让中华民族文化走向世界”,升华了“寻梦”的主旨,也显现了文章的厚度。

窗口

复旦实验中学　柳成杰

阳光透过窗口照在了我懒洋洋的身上，与其说是闹钟叫醒了我，还不如说是阳光把我从床上拖起。这次，窗口成了我与阳光的“中间人”，将我与阳光紧紧地拉拢在了一起。

窗，一个耳熟能详的字，人人都知道它，了解它，使用它。透过窗，可见万千世界。在我们的生活中到处都有窗，我们的屋子里有窗，商店里有橱窗，屋顶上有一方天窗，汽车有车窗等等。窗户内外的场景都是一个个故事，一个个生活中的故事……

我的房间里有着一扇窗户。我时常会站在窗前俯视楼下车水马龙的大街小巷。暑假里的一天下午，火一般的太阳炙烤着大地，楼下的柏油马路被烤得直直冒着清烟，可路人、车辆比起往常也不见减少。忽然在我眼前闪过一个红色的身影，他吸引着我的眼球：只见他搀扶着一位老大爷缓缓地向马路对面的人行道走去。他可真小心啊！快到台阶了他还提醒老大爷“要当心哦！”就像是自己的爷爷一样。他扶着那位老大爷，直到老大爷安全地走上台阶，他才松了口气，他冒着酷暑帮助了不少过马路的人。提醒叔叔、阿姨不要横穿马路，警示小弟弟们不要在马路上嬉戏，搀扶老人安全穿行马路，虽然他的衣服已沾满了他奉献时的汗水，可他并不马虎，阳光照在了他胸前的红领巾上，闪着光芒，我透过窗口看到了可爱的同学无私奉献的优良品质。

前不久，我走在繁忙的闹市区，暖洋洋的阳光透过稀疏的树叶照在了人们身上,让人精神不少。我突然发现一辆大巴显眼地停在了路边,行人都前去围观和询问,原来是流动采血车。我本不感到惊奇,我们在同一片国土上,同胞有难,为他们献出一片爱心本是我们应该做的。可我透过采血车的窗,惊奇地瞧见了一个黄头发、绿眼睛的小伙子卷起了衣袖。透过窗,车外的人们都用赞赏的眼神望着他,而他却是一副安然的样子,好像已经献过多次血了。我被他的安然所触动,被他的勇敢所感动,他炯炯有神的眼睛自豪地望着窗外的人们,通过他的神情,我能感受到他的一片爱心,他在为异国的人民献出自己的一份力量,我想竖起大拇指,对他说一声"Good"。我敬佩像他这样的男子汉,勇敢又不缺乏爱心,阳刚又不缺乏细心。我透过窗口看到了勇敢的外国友人充满爱心的灵魂。

通过窗口,这幕幕感人的场景,深深地打动着我的心,不禁融化了我的心。这是社会的窗口,是世界的窗口,这更是反映文明的窗口。我们需要一个窗口来了解世界,我们需要一个窗口来证明自己的价值,窗口的文明是世界的需要,更是沟通、交流的需要,窗口是个与世界交流的渠道,是与世界沟通的平台,更是一个与世界共同发展的舞台。

宁静的夜,我躺在了床上,又一次透过窗口,仰望天空,璀璨的星辰淘气地眨着小眼望着大地。在东方有一颗耀眼的星星,它散发着迷人的光辉,它有千古历史,它有经典的文化,它有振兴的民族以及不朽的精神——这就是我们伟大的祖国。

窗——我的镜头!在你这里,我看到了我可爱城市的发展历程;在你这里,我嗅到了民族复兴的气息;在你这里,我听到了伟大祖国前进的脚步声。

(本文获得第三届"原乡杯"台胞青少年征文竞赛初中组一等奖)

点评：

透过家中的窗口，看到的不仅是大街小巷车水马龙，更是具有美好心灵的路人，那位红领巾、那位献出鲜血的小伙子……作者由此生发感想，真实可信，也深深感动了读者，文章切口小，立意却高远，构思颇为巧妙。

收获的喜悦

中芯学校　林佳颖

当你为自己所喜欢的事付出了努力后,你所得到的收获和喜悦,那是一件多么快乐的事。

画画是我的第二生命。一天不画画,我就浑身不对劲。但是画一幅完整的画,那付出的代价真的是太大了。大量的时间和精力,旁人光看就累,更不用说正在画的人了。

去年我刚进动漫社,社长就决定把某部动漫里的人物以一比一的比例画出来。这个人物身高近两米,全身是铠甲。光把线稿画在大纸上就头快昏了,我们一个个跪在地上用马克笔上色。大家画了半个学期,当秋天来临的时候,百分之六十已经好了,大家非常高兴,但是这个时候——笔没墨了!

只觉得当时脑袋一片空白。大家不知所措,试了很多办法,马克笔就是一点颜色都没有;用水彩调色就是跟马克笔的颜色不一样……最终决定忍痛用水彩全部盖住。当时正好是要期中考试的时候,好多人觉得又要画画又要读书太麻烦了就退社。原来一个美术室都挤满了人,现在只剩下两三个人了……

剩下的几个人坚持画画,画到学期末才画好三分之一。新学期开始,只增加了一、两个人。我们一有空就跑到社长家,跪在地上画,急着想快点完成。常常跪到脚发麻,又因为天气变热而画得汗流浃背,但是不管多辛苦,我们一直坚持画,一直努力修改……我们的付出越多,我们所得到的快乐也随之增加起来。

当温暖的春天来临时，只剩下最后一点点没画完了。那天社长拿着这巨大的已经贴在板子的画，我们从学校飞快地冲去社长家，准备完成最后的工程顺便庆祝完工，但我们又被泼了一身的冷水——社长一不小心被路上凸起来的石头绊倒，我们眼睁睁地看着社长和画摔倒在地……

一时之间，空气凝结了；虽然太阳温暖地照耀着我们，我们的手脚却变得冰冷；恐惧莫名其妙地笼罩着我周围的空气——我们看见那幅画的“右手”和“脚”断了。

大家都说不出话，飞一样地拿起画就往社长家冲，抱着一线希望想把画修好。失败了，然后又快成功了，但是马上又失败……几个小时后，终于又恢复成原来的样子了。我们又花了几天的时间，赶着把画完成，生怕又出了什么意外。

在暑假迎接我们之前，我们完工了！

欢乐、喜悦、成就感……我们付出了快两个学期的时间和精力，等价交换而得来的却不止这些，只有自己亲身经历了那些才会体会到那种甜……

画画是辛苦的，职业的漫画家光画一页漫画就要花上半天，但是我觉得当自己完成作品的那一瞬间，或许就是我爱上画画的真正原因——那一瞬间的成就感。那是什么东西都不可取代的！

（本文获得第三届“原乡杯”台胞青少年征文竞赛初中组二等奖）

点评：

写了画画成功的喜悦，很感人，中间描述了“笔没墨”、期中考试，退出动漫社，“只剩下两三个人”的场景，最后又出现社长摔倒、画损坏的一幕，获得成功的“成就感”，正是作者努力坚持的结果。本文写画画的收获，其实任何收获何尝不是如此？

我的小舅

洛川学校　廖文俊

去年暑假，我跟着思乡心切的妈妈到江苏老家去小住了一段时间。下了火车，老家的好几个亲戚来车站接我们。人群中有一个和我年龄差不多的孩子，挤在大人堆里，瞪着一双滴溜溜的大眼睛，身上罩着粗蓝布的短裤褂，黝黑的面庞，蓬松而略有些发黄的头发茬子直直地竖立着，脚上穿着一双沾满泥巴的黑布鞋。大人们给我介绍，说他就是我的小舅舅。我的心头不由得“咯噔”了一下，天啊！分明是一个乡下的小孩子嘛，竟然做起我的长辈来了。

在老家的头几天里，在那些看起来脏兮兮的农村孩子面前，我总觉得自己要比他们高人一等，更别说我是来自上海这个大都市。一种无形的优越感时不时地流露在我的脸上，可没过几天，我的这些优越感就荡然无存了。

农村的孩子可真不简单。就拿我的小舅舅来说，能吃苦，能干活，懂事明理，没有一点虚伪，小舅舅虽然和我差不多年纪，却要比我强多了。农忙的时候小舅舅也下大田，插秧、施肥，直到秋天收割，别看他小小年纪，已顶得上一个劳力了。平时小舅舅放学以后就喂猪、养鱼，他会做饭，会放牛……

有一天，我和小舅舅上山去游玩，小舅舅身上背了一只小竹篓，小竹篓里又放了一把小锄头。我好奇地问他要干什么？小舅舅笑着说，回来时顺便挖些野菜什么的，拿来喂猪，等猪长大出栏了，卖了猪就不愁交不起以后的学费了。听了他的话，我心中猛地像是被什么东西撞击了一下。多么懂事的小舅舅啊，小小的年纪却能承担起生活的担子。

而我们这些城市娃，每天只知道饭来张口，衣来伸手，过着无忧无虑的生活，城市和农村的差距还是那么大，从孩子们身上就能体现出来。

是的，什么时候城市和农村实现了真正的“沟通”，那么我们的国家、我们的社会才能达到真正的飞跃，人民的生活水平才能普遍提高，才能达到小康水平，老百姓的日子才会过得红红火火……

（本文获得第三届“原乡杯”台胞青少年征文竞赛初中组二等奖）

点评：

先写了小舅的形貌，后写了小舅的能干，伴随自己的心理活动，改变了小舅的形象，尤其是上山游玩，小舅背了一只小竹篓，预备回家时顺便挖些野菜喂猪，为的是小猪长大后能卖掉交学费，这一细节使生长在大城市的“我”自愧不如，更丰富了小舅的形象。

教育

洋恒初中　庄安婧

今天下午,乌云密布,不一会儿就下起了蒙蒙细雨。没办法,只能乘公交车回家了!放学了,我乘上了车,坐在我身旁的是一对母子,看表情,气氛不太对。“傻瓜,没用的东西,你简直就是个废物!”我被那尖酸刻薄的话语吓了一大跳。“你看看你,上次考了六十几分,原以为这次你脑子会清楚一点,谁知道现在呢?不及格!是不是想让我打?你可真行……”面对那斥责的话语,我清楚地看到那小孩的眼里闪着泪花!我下了车,继续往前走,又碰到了一对父女。只见女儿满脸沮丧,父亲弯下腰:“别气馁,考了不及格没关系,最主要是对自己有信心,我相信你考满分也是没有问题的!来,告诉爸爸,你可以做得更出色……”这时,我也看到了女儿眼里有晶莹的泪珠在闪动,但这跟上次的不同,是感激,是理解,是相信……

回到了家,我细细品味了一番,现在的家庭教育要比平常在学校里的教育要重要得多。如果一个孩子生活在批评之中,他就学会了谴责;如果一个孩子生活在敌意之中,他就学会了争斗;如果一个孩子生活在讽刺之中,他就会变得胆小;如果一个孩子生活在耻辱之中,他就有屈辱感。但相反,如果一个孩子生活在激励之中,他就学会了自信;如果一个孩子生活在表扬之中,他就学会了自尊;如果一个孩子生活在认可之中,他就学会了自爱;如果一个孩子生活在关爱之中,他就学会了感恩;如果一个孩子生活在诚实之中,他就学会了相信……

一个孩子的将来不是把握在他们自己的手里。同样的两个人，如果一个孩子的生活充满批评、责骂，就算他成绩再好，也可能会误入歧途；相反如果一个孩子生活中有激励和微笑，他的未来就会无比光明，因为他知道失败了，还可以再爬起来，而且他会报恩，他知道他的一切都是他父母给予的……

各位家长们，你们难道不会有所感触吗？

（本文获得第三届“原乡杯”台胞青少年征文竞赛初中组二等奖）

点评：

对孩子的教育至关重要，文中两家长对孩子的教育截然不同，应该给孩子激励和表扬、认可和关爱，不应总是批评和责骂，作者的感慨确实值得每一位家长深思，文章蕴含的道理是深刻的，这关乎孩子的成长和未来。

第一次给妈洗脚

上海交通大学附属中学　吴蕴菁

至今忘不了小时候妈妈晚上为我洗脚时的情景。一盆温度永远适宜的热水,一双总是柔软体贴的大手,给两只小脚丫带来清清爽爽,亦带来一整夜舒适的睡眠。10年过去了,小脚丫长大了,小脚丫的主人也长大了。秋风乍起,落叶飘飘,反哺的季节到了。

我端起一盆温水,边走向妈妈,边高声疾呼:"妈,我帮你洗脚来了。"不顾她的一头雾水与一脸惊讶,我轻缓地褪去她的鞋袜,将她的脚浸没水中。在那双瘦削的脚与水融合的一刹那,妈妈的脸色掠过丝丝变化。我问她怎么了,她笑笑说,没什么。

一阵温馨的沉默在氤氲。

妈妈惬意地闭上眼,微笑着,连开着的电视也不顾了。我忽然窘迫了起来,动作僵硬得很。她感觉到了些什么,轻声说:"很舒服的,真的。"她是在鼓励我啊!我拿起毛巾,一遍又一遍地和着水搓拭着脚面、脚趾、脚底。触及母亲的脚底,抚摸那一轮一轮的裂纹时,妈妈的脚猛地一缩,连忙说:"好了好了,可以了。"我"哦"了一声,搓了搓毛巾,然后绞干。她在掩饰什么啊?妈妈是一名柜台营业员,一天要站上12个小时,一周近40个小时,脚常常又酸又疼。到了冬夏两季,脚底特别容易开裂,又得不到充分的缓解,时间长了脚底便留下一轮轮令人心酸的裂纹。她想掩饰工作的艰辛与谋生的不易,但又怎能掩饰得了她对我的爱、对父亲的爱、对整个家庭的爱呢!

我端起脚盆准备倒水的时候,妈妈仍是微笑着,说了一句:"水凉了点。"我默然不语,心底的懊悔止不住地滋长。我本该牢牢记住妈妈是喜热不喜凉的。我懊悔我第一次给妈妈洗脚留下了遗憾。妈妈看出了我的心思,慌慌张张冲过来:"没关系的,没关系的。妈妈很高兴,很满足。儿子,谢谢你。"

妈,有一天你终将老去,有一天你可能连腰都弯不下,你的儿子会弯下腰蹲下身子,每天为你洗脚,就像小时候你对我那样,直到永远。

(本文获得第三届"原乡杯"台胞青少年征文竞赛高中组一等奖)

点评:

本文对比入题,描述第一次给妈妈洗脚,文章富有层次感,穿插了妈妈是营业员、喜热不喜凉的特点,又结合自己的心理活动,把对妈妈的爱全融化在洗脚上了,文末呼应起笔,构思很完整。

爷爷的书房

上海市第二中学　王唯贤

爷爷的遗体告别仪式将于两天后的上午举行。

这几天,许多国家和全国各地的悼念函件就像雪片一样纷纷飞向家中(也有通过科学院转来的),铺展在爷爷书房的茶几上。父母忙得无暇顾及其他,也就任我单独待在爷爷的书房里,一待一整天。

我蜷在爷爷常坐的沙发上,小心翼翼将整个人都容在其中。我害怕离开这个由温暖回忆构成的世界,沙发上至少留有爷爷未带走的气息和未被掸去的白发。我摸着它们,似乎又看见了爷爷爽朗的笑。印象中的爷爷总是这般慈祥,他常常微笑看着身边发生的一切,却从不把生活的小事放在心上。他淡泊名利,这就使爷爷在九十高龄,白发依然只有零星几根。我曾听父亲说起过"文革"的那段日子,伤害与痛苦几乎天天伴随着爷爷,一家人的分分离离,儿子们远派他方,自己被迫隔离审查和挨没完没了的批斗。爷爷身边的一些朋友未能熬过这苦难的十年。可爷爷,不但坚强地走了过来,而且在十年的阴霾过后,在面对无数的道歉信时,只说了一句话:"我都忘记了。"正是在这间书房里,爷爷亲笔圈去了科学院给国务院关于"人工合成牛胰岛素鉴定成果"中自己的名字。大度、宽广、谦虚的胸怀或许正是爷爷长寿的秘诀。

我伸手打开沙发旁的立灯,柔和的橙黄色灯光洒在身上,也照亮了书架上的半壁书。有灰了。我想起十年前,我搬来寄住在这里。每天晚上到了爷爷打开这盏灯的时候，我就会兴冲冲地跑进书房，拿着打有“五角星”的作业本或是老师的表扬来与爷爷一起分享自己的喜悦，爷爷会轻轻抱起我放在他的膝盖上，等我安静之后，讲一两个简单而易懂的科学小故事作为奖励。爷爷讲得很好，这使我多次将故事的原理用于学校办的“小发明”比赛上；两三年后，每天晚上到了爷爷打开这盏灯的时候，我会认认真真地进入书房，拿着一本英语书来请教单词的读法，爷爷会让我搬过一把小椅子坐在灯下，用手逐个指着单词，用他纯英式的发音教着，祖孙俩的声音久久响在书房。至今，我还记得我问的第一个单词是“coat”；再后来，每天晚上到了爷爷打开这盏灯的时候，我会充满疑惑而带有几分严肃的心情步入书房，带着许多的学习问题和思考。这时的爷爷已经不再抱得动我，而我也已经明白书房是家中的重地。于是，我每次都会站着听完爷爷的讲话，至今记得问的第一个问题是，爷爷为何不顾他的英国导师和剑桥科学同仁的一再挽留，执意回到中国。我得到的回答是：“那是我的祖国。”话虽然不长，却从此在我心中播下一颗爱国的种子。更多的掌灯时分，我会选择不进入书房。我知道，每到这时爷爷一定在思考许多重要的科学问题或者在翻阅书籍，我不愿去打扰爷爷，我长大了。

台灯下，一个女孩悄悄成长，台灯下，一个老人慈祥地看着这一切，慢慢走了。台灯下，书房内，不会再有一老一少其乐融融的身影，不会再有一老一少交流、读书的声音。不会了……

门口传来父亲忙不迭的呼唤，他让我帮忙去接待前来吊唁的客人。

我揉了揉眼睛，灯光虽然不刺眼，但眼睛中潮了一片。我马上下了地，双脚由于长时间弯曲有点麻木。带着迟疑，我走向书房的门。

最后环视一眼书房，爷爷似乎坐在沙发上，坐在灯下，对我微笑。

“晚安，爷爷”，按照惯例，我掩上门，离去。

（本文获得第三届“原乡杯”台胞青少年征文竞赛高中组二等奖）

点评:

文章记叙了爷爷的爱国情操和谦逊的品格,尤其是教我读英语的细节,十分感人,爷爷的书房体现了爷爷的为人,很多事发生在书房,可以说,小小书房是爷爷留给我的“遗产”,不仅供我缅怀,而且激励我做一个像爷爷那样对国家有贡献的人才,这正是文章蕴含的深意。

暖香

上海大学附属中学　沈怡静

Memory,三个简单的音节,却似乎牵扯出长长的思念,像被漂染似的散发出各种淡淡的香,雏菊的清雅,玫瑰的浓郁……也有麦穗那种让人心里暖和起来的香味。

回家的车上,没人说话,只有汽车驱动器发出低沉的嘶哑声,车在红灯口停了。头倚着窗,看着窗外的景色。不知何时,麦田里的麦子已经成熟,风吹拂过去,金灿灿的一片像是梵高的油画那样醉人。麦子互相推扶,发出沙哑的呼唤,它们是想告诉我些什么吗?我想凑近,小心翼翼地听着,"啪嗒啪嗒"听见心里,有雨落下,是不是听见它们在说:"不要哭……不要哭……"?

突然从座位上站了起来。"我要去那片麦田",这样告诉自己,因为我要找到她给我的记忆和她教给我的东西。

充斥着汽车尾气的浑浊空气渐渐散去,麦穗暖暖的气息不断地刺激我的记忆深处,一张张画面在脑海里回访:粗糙的手,干净的手绢,麦田,"不要哭……不要哭……"可始终无法联系起来,到底在这里有些什么?

麦子一下划过皮肤,汩汩鲜血流淌过皮肤。看着殷红的鲜血,思绪随着麦香飘到了五岁的日子。

我牵着外婆的手,触摸到上面的伤痕与老茧,嘟囔了句:"外婆的手摸起来真是难过呀!"外婆笑了,说:"走,带你去个漂亮的地方。"温暖的气味慢慢渗入心田,金黄的麦浪在我的眼前荡漾,不让人觉得寒冷的海洋。我快乐地在里面飞奔,雀跃。“小心点,慢点跑呀……”外婆在后面快步地追着,声音已经渐渐地听不见了。

“啊……”一阵剧痛从小腿传来,我被麦子划伤了。我放声大哭,等着外婆援助。外婆蹲下来,眯着眼仔细看了看。递给我一块手绢:“自已擦干净,绑好。”“我不要,外婆,好疼,你绑。”我继续呜咽着,其实已经不怎么疼了。“不要哭,坚强点,以后摔了我可不能扶了。不要哭了,自己来。”外婆把手绢塞在我手里。我不乐意地把血擦干,把手绢绑在自己腿上。“好样的,很勇敢啊。”外婆眼里满是笑意。我也自豪地笑了,继续在麦田中奔跑……

“坚强点。”她的话语似乎又在耳边响起,原来你早就教给我了这些道理啊。我拔下一株麦穗,带回了家。放在瓶内,搁在窗前。每当有风吹过,麦穗沙哑的呢喃让我觉得你就在我身边,对我说:“不要哭……不要哭……”;暖暖的香气又让我想起了那段曾经埋在心底的那份记忆。

(本文获得第三届“原乡杯”台胞青少年征文竞赛高中组二等奖)

点评:

外婆的关爱犹如“暖香”,至今温暖着我的心田,在“金黄的麦浪”里发生的事,至今挥之不去,外婆正离“我”而去,我却追忆着“暖香”,文章构思颇巧,也能引发读者共鸣。

“原乡杯”台胞青少年征文菁华集

第四届

（2006 年）

北京、台湾、上海,都是我的家

中芯学校　张哲远

北京是妈妈的家,
我的妈妈就在那里长大。
北京是祖国的首都,
妈妈说:那里有雄伟的天安门、故宫、颐和园,
万里长城是祖国的象征,
那里也曾是皇城根,天子的脚下。
每年的寒暑假我都和妈妈回到北京,
直到现在,想起又酸又甜的冰糖葫芦我都会口水流下,
真好吃呀,那北京全聚德的烤鸭!

台湾是爸爸的家,
我的爸爸就在台北长大。
台湾是祖国的宝岛,
在课文里我们学过:那里有美丽的蝴蝶谷,
爸爸说:要等我再长大些,
他就会带我和妹妹去游览著名的阿里山和日月潭。
其实,你猜不到我最想念台湾的什么。
告诉你吧,

那就是台湾的各种小吃:关东煮、凤梨酥……
好多,好多,光听名字就会让你馋掉大牙!

上海是我的家,
我在这里出生,在这里长大。
老师说:上海是全国最大的城市,
是经济中心,这座大都市已经走上国际化。
假日里,我们一家会开车去兜风欣赏上海的风景,
我看到处是摩天大楼和高架,
我告诉你:我家就在世纪公园和科技馆附近,
真的不骗你:远远地就能望见金茂大厦和东方明珠电视塔!

妈妈对我说:
妈妈的家——北京那里也是我的家,
爸爸对我说:
爸爸的家——台湾那里也是我的家。
至于上海——她是我们一家四口现在居住的家。
啊,我们的家可真美,真好,真广大!

(本文获得第四届“原乡杯”台胞青少年征文竞赛小学组特等奖)

点评:

北京、台北和上海,分别是妈妈、爸爸和小作者自己长大的地方,是他们各自的家。这几处家都够可爱的——从它们独特的地位、著名的景点风光到发展足迹,乃至令人难忘的饮食小吃,都深深地吸引着人们。

“一家人不说两家话”,既然是亲人的家,也就是我的家、我们的家、我们祖国大家庭的家——这家“真美,真好,真广大!”

小作者以诗歌的形式,把内心深处对亲人、家庭和祖国的爱,朴实自然而又很有感情地抒发了出来。诗的语言虽不华丽,但很亲切,一些典型形象的捕捉和各段对比与排比手法的运用,体现了诗歌的特点。

台风来袭

华东台商子女学校　李　谦

台风,您有温柔的名字——碧利斯·麦莎。

你温柔地眨眨眼,就将我难得的“探索台湾之美”溪头之行的活动给停了。

你轻轻地挥一挥衣袖,却带走了这么多人,他们的房子、农田和船只。

你伤心落泪时,大地也陪着你哭泣。

你一不高兴耍大小姐脾气,稍一撇嘴、一瞪眼,我们都不敢接近你。

你看,连路旁的大树伯伯及电线杆叔叔都跪扑在地不敢起来。一听到你要来,大家总动员:青菜、泡面、饼干……通通搬回家,可是你的敲门声,为什么总是这么大声粗鲁呢?

害得我都把门关得死死的,不敢让你进来!

真希望你能改改你的脾气,让它跟你的名字一样温柔。这样我们就会成为好朋友了。

(本文获得第四届“原乡杯”台胞青少年征文竞赛小学组一等奖)

点评:

这是一篇很有特色的短文,用浪漫主义的方法把人们与台风灾难作战的主题写得幽默生动,别有情趣。

小作者主要用了拟人手法。由于这次台风有个温柔的名字,小作者就把它想象成一个小姑娘,而台风的一系列活动,也被想象成“眨眨眼”“挥衣袖”“一撇嘴”“一瞪眼”……别小看这些动作,这样“耍大小姐脾气”的结果,却是给人们带来了墙倒层塌、亲人伤亡的巨大灾难。

在这样的灾难面前,人们并没有屈服,他们在动员,在应对,决心要战胜它。结尾时,小作者呼吁台风“改改脾气”,甚至大胆地设想,将来有朝一日,台风会成为人类的“好朋友”。是啊,和平利用台风的理想尽管遥远,但这样的思路和怀抱却反映了新一代人对未来的美好憧憬,值得肯定。

总之,文章所传达出的坚定、乐观、充满幻想和追求的情怀,弥足珍贵。

妈妈，你真辛苦

建平实验学校　章臻瑶

有一天，小表妹突发奇想，问我：“姐姐，你和我是从哪儿来的呀？”

“我们从妈妈肚子里来呀！”我郑重其事地告诉她，“你知道吗？妈妈生我们时吃了多少苦，这比打针还疼一百倍呢！”

小表妹似懂非懂地点点头，撒娇般地扑进她妈妈的怀里说：“妈妈，我帮你揉揉肚子吧……”

此时，我情不自禁地想到了自己的妈妈——尖尖的脸上镶嵌着一双紫葡萄般的大眼睛，挺挺的鼻子下有一张樱桃小嘴，尤其是那一头乌黑秀丽的长发，美丽极了！

而今，随着岁月的流逝，皱纹已悄悄地爬上了妈妈的额头。爸爸因为工作繁忙，经常加班、出差，是妈妈努力撑起这个家，默默扛起生活的重担。

每天早晨，当我睁开惺忪的睡眼时，呈现在我眼前的便是那可口的早点，而妈妈早已迈开了奔波的脚步。

天色渐暗，我正做着家庭作业，而妈妈在厨房里淘米、洗菜、炒菜，不停地演奏着“锅碗瓢盆进行曲”。

“开饭了！”妈妈一边高兴地叫着，一边擦去脸颊上那豆大的汗珠。看着妈妈充满劳累的眼睛，我更觉得这顿饭是“粒粒皆辛苦”。

一顿饱餐之后，妈妈又回到了自己的“阵地”，看着她忙碌的身影，我禁不住劝道：“妈妈，你累吗？快歇歇吧！”而她却故作轻松地说：“不累！你快去学习吧！早点休息。”每每听到她的亲切话语，做女儿的我，怎能不心疼呢……

不知何时，她又坐在了我的身边，仔细检查起我的功课，时而皱起了眉头，时而又露出笑容，不时地圈点、计算……而我在心里暗暗下定决心，一定要考出优异的成绩，给她以最大的安慰！

天上的星星朝我不停地眨着眼睛，我躺在温暖的被窝里，而妈妈却在灯下开始自己的工作，我的思维不由得又回到了那一次——

一个星期日，妈妈带我去她单位加班。哇！窗明几净的办公室，气派的办公桌，舒适的办公椅，再加上中央空调送出的阵阵凉风，真让人羡慕妈妈的工作环境。可万万没想到她一整天几乎没有坐下过，一会儿收邮件，一会儿送材料，一会儿又开会……忙得不可开交，真是连喝水的时间也没有。听同事说，妈妈每天都是这样，像只蜜蜂似的不停地耕耘着。

啊，妈妈！“你辛苦了！”我想对你说，“我永远爱你！——谁言寸草心，报得三春晖！”

（本文获得第四届“原乡杯”台胞青少年征文竞赛小学组一等奖）

点评：

许多小朋友都怀着感恩之心写过自己亲爱的妈妈，这篇就是其中写得比较充实生动又亲切感人的一篇。

文章的选材很实在，虽没有具体的故事，但由于三个“面”上的材料比较突出、典型，也给人们留下了较深的印象。一个场面是“锅碗瓢盆进行曲”，妈妈为一家人的“一日三餐”辛劳；一个场面是晚间的灯下，妈妈不仅要操持自己的工作，更不知疲倦地为孩子检查作业；最后一个场面更有意义，偶尔一次陪妈妈去单位加班，竟发现妈妈平日的工作是“像只蜜蜂似的”，“连喝水的时间也没有”。三个“面”充分显示了题目中的“辛苦”二字。

文章的首尾和穿插令人动情。正式展开内容时先插入了一段有关妈妈“外貌”变化的描写；而文章开篇，先借小表妹的提问，写出了普天下妈妈生产时的剧痛；结尾时又引用了孟郊有关母爱的诗句，使文章始终浸润在一种感恩的真情之中，比单单介绍事例要感人得多。

有创意,才够味

中芯学校　张文耀

周二中午,大家在餐厅吃午饭。老师拎着点心袋问:"今天的点心是包子,谁要吃?"大家都迫不及待地问:"什么包子?什么包子?""菜包。""唉,是菜包啊!"大家都有些泄气。怎么不是我们喜欢吃的肉包呢?如果是肉包,我们都能吃上好几个呢,对于菜包,大家实在是没什么兴趣,菜包里面是青菜和豆干丁,吃起来没肉包有嚼头。我们纷纷对老师说:"谢谢,不用了。"老师皱了皱眉头,仿佛对我们的偏食有些头疼。忽然,她笑嘻嘻地问我们:"有喜欢吃'汉堡'的同学吗?""汉堡"?我喜欢。可是,这里哪里有"汉堡"呢?老师似乎看出了我们的疑惑,神秘一笑,说:"来,每个人拿一个菜包,我马上帮你们变出'汉堡'来。"大家将信将疑,拿着菜包望着老师。老师让我们先把菜包掰开,拿汤匙把里面的菜馅挖出来,放在饭上面,接着说:"下面根据自己的喜好把今天的菜夹在包子里吧。"同学们觉得既新奇,又好玩,都兴致勃勃地动起手来。瞧,汪昊把叉烧肉塞到包子里,成了个"叉烧汉堡",他津津有味地吃了起来;看,吴玮臣把咖喱土豆填到包子里,成了个"咖喱土豆汉堡",他也一脸幸福地大口大口嚼着,嘴里还嘟嘟囔囔地说:"赞!"我也试着把土豆丝放到包子里,嗯,味道果然是"very good"!大家似乎是受了启发,把目标转向了主食。看看金成仁,哇,这个不就是"炸酱面"吗?把辣酱加在意大利面上,看上去真不错!菜包馅拌在饭里,再加上点辣酱,感觉吃起来也没那么难吃了,还别有一番风味呢!

看到这些创意料理，我突然想到了“统一100”的广告词：“有创意，才够味！”是啊，有的时候，如果能在生活中多些创意，也许会有意想不到的效果呢！

（本文获得第四届“原乡杯”台胞青少年征文竞赛小学组二等奖）

点评：

捕捉到生活里一个有趣的小镜头，不仅写出了变菜包为“汉堡包”的过程，写得很有情趣；更在结尾把它提升到“创意”的高度，把主题深化了一层，这是作者深入思考的结果。

故事王国

华东台商子女学校　江书葳

在故事王国里，
我可以学到一身的好本领。
学兔子跳兔子舞，
和阿拉丁去寻宝，
经历各种冒险。
在故事王国里，
我和美人鱼公主们，
一起在海洋商店 shopping；
把水中的小石子，
做成饰品；
还和鱼儿一起吃水草饼干呢！
在故事王国里，
和小飞象在空中飞翔，
看过世界大大小小的事物；
走过沙漠，
越过海洋，
探索全世界。
在故事王国里，

做些在现实世界做不到的事，
为生活增添色彩……

（本文获得第四届“原乡杯”台胞青少年征文竞赛小学组二等奖）

点评：

“故事王国”当然是虚构的，但由于调动了平时阅读童话作品的积累，又开动了脑筋把这些材料有机地剪裁和连缀，新出现的故事就变得又新鲜又有趣。尽管“现实世界做不到”，却确实“为生活增添”了“色彩”，很有意义。

秋姑娘

江苏路第五小学　刘林林

瞧,秋姑娘来了！她跳着快乐的芭蕾舞,来到了我们身边。

玉米爷爷麻烦秋姑娘给他梳胡子；

梨树爸爸邀请秋姑娘给他的梨果果儿子讲故事；

桃树姐姐拉着秋姑娘给她的桃儿妹妹唱催眠曲；

花生妈妈留下秋姑娘为她的小胖宝宝晃摇篮；

秋姑娘挥动她的仙女棒,稻谷熟了,一片金黄！

秋姑娘呵秋姑娘,能不能麻烦你带我去一趟我的家乡——台湾？从小我就听妈妈说,我的家乡在台湾,那里有好多好多好吃的果果；那里有好美好美的阿里山；那里还有我的大哥哥大姐姐,小弟弟小妹妹……

台湾——我的家乡,等着我啊,秋姑娘就要带着我来看你了！

(本文获得第四届"原乡杯"台胞青少年征文竞赛小学组二等奖)

点评:

在充满童话色彩的上半部分的基础上,文章进入到更有意义的下半部分——秋姑娘带小作者去游故乡台湾。这样虚实结合,显得色彩斑斓,更有情趣。

生命因挫折而更精彩

华东台商子女学校　蔡宜婷

你看过生长在高山陡壁上那高大挺拔的松树吗？你看过长在沙漠中却依然碧绿的仙人掌吗？你听，它们正歌颂着同一首生命之歌！

站在危险峻峭的山壁上，也许你会感到全身无力、胆战心惊，但那些庞大的树木呢？它们不畏惧也不退缩，依旧耸立在石壁间。即使遇上狂风暴雨，也依然昂立着、咬牙作战，它们不向命运低头。这种毅力不禁令人肃然起敬。

踩在广阔单调的沙漠中，一切的景象令你乏味，但蓦地一闪，一片生命绿洲便映入你的眼帘，使你不禁感叹：在这毫无生机的土地上，竟有如此坚韧的生命力！仙人掌抵抗着环境的恶劣，无惧阳光的威胁，努力吸收着微小的水分与养分。用顽强唱出的生命之歌，令人震撼。

走在长满野草的大丘里，随便掀起一块石头就可以发现，在这沉重的石头下，仍有一种不受压迫的生命幸存者。那可爱的小生命，正以自己全部的力量与石头抗战，而且坚持到底。它相信自己总有一天可以“出人头地”！它那不屈不挠的生命之歌，直叫人赞叹不已。

人生，必将会遭到各种大大小小的挫折，但只要坚持不懈、持之以恒，勇于向困难挑战，克服困难，生命将会更精彩。“风雨过后，才能见彩虹。”而饱经忧患，经过艰难困苦磨炼的生命才有彩虹。拒绝困难的人，终究会被生命的浪潮所淘汰。生命是因挫折而更精彩！

（本文获得第四届“原乡杯”台胞青少年征文竞赛初中组特等奖）

点评：

写松树、仙人掌在恶劣的环境中依然不屈的精神，联想到人生也会遇到各种大小的挫折，生命经过艰难困苦的磨炼才会更精彩，作者阐述了一个深刻的道理，“风雨过后，才能见彩虹”，是文章的点睛之笔。

坚持+努力=成功

中芯学校　游茵茵

小时候,大人总喜欢讲故事哄我们上床睡觉！在记忆中最深刻的就是妈妈曾经说过好几遍的“龟兔赛跑”的故事,它讲的是:兔子虽然动作快捷,但因为它态度傲慢,自以为是,竟在比赛中途睡着了,失去了获胜的机会;而动作慢悠悠的乌龟,凭着勤奋不懈的毅力,一步一脚印地缓缓迈向成功的目标,获取最后胜利!

我家有个天才老哥,称他过目不忘一点也不夸张,他真的很聪明,聪明到我都有点嫉妒,不过他实在太像“龟兔赛跑”故事里傲慢的兔子了！他学习任何事物总能举一反三,在最短的时间获得师长、教练的称许,并被指定作为大家的榜样,但是,好景不长,就像在龟兔赛跑中,轻敌的兔子在中途睡着了一样,他给人良好的第一印象后,接着就开始偷懒了。虽说他过目不忘,但他总自以为是地不再做最基本的“过目”动作,不再认真学习,结果就一直停留在那儿,就像大人常说的“半调子”,上不去也下不来!

跟哥哥很不一样的我,没他那么脑袋灵光,但是从小我就领悟到妈妈常说的“龟兔赛跑”故事的真谛,我知道要成功,除了智慧之外,要靠坚持加努力!所以很小开始,在任何学习上,我都会比哥哥吃力许多,尤其是开始的时候。但我一直告诫自己要有坚强的毅力,即使咬着牙也要努力闯过每个困难的瓶颈,因为只有这样才有成功的希望!

就拿学习网球为例:最近三年开学后的每周六、日和寒暑假的每一天,只要不下雨,我和哥哥还有姑姑家的仨胞胎弟弟妹妹,我们五个人每天上2到4小时网球课。前一年里,哥哥一直被誉为“网球神童”,教练总夸他:动作标准、发力威猛,是可造之材,排名老大!要大家向他学习。那一年我很惨,教练觉得我总是乱打,一会儿打到这儿,一会儿打到那儿,只是会挥拍充充样儿,连正眼都不瞧我一下!排名总在五个小孩的倒数一二!

但我从来不气馁,我知道我学得慢,但我愿意比别人更努力、更认真地反复练习,我知道我可以成为五个小孩中的第一名!这个愿望在第三年的暑假终于实现了,教练亲口告诉我:我是他第一个看走眼的学生!姑姑、姑丈对我刮目相看,仨胞胎弟弟妹妹把我当成偶像,只有那个天才老哥还死鸭子嘴硬地说:自己才是第一名……我经过不断努力,终于获取了胜利,那滋味对我而言实在太美妙了,会令我忘记曾经所有的辛劳!

总之,不论是乌龟还是兔子,只要能够坚持信念加努力奋斗,最后成功就是你的,我希望我家那只天才小兔能够赶快觉醒,让我们一起踏上成功之路。

(本文获得第四届“原乡杯”台胞青少年征文竞赛初中组一等奖)

点评:

举了龟兔赛跑的故事,批评了兔子因傲慢轻敌而输掉了比赛,提出成功来自于坚持和努力,主旨鲜明,且能服人。

我是台湾人,也是上海人

松江茸一中学　张睿俞

我,作为一个台湾人,儿时便跨海来到了上海,对我来说上海便是我的第二故乡。在上海我与同学们和睦相处,共同进步;老师问寒问暖,和蔼可亲;邻里间互帮互助,互相关心。我融入了这个和谐的大家庭。

同学不分你我

记得有一天,我漫不经心地走在去学校的路上,突然被一个小石头绊了一跤。我愤愤地踢了一脚石头,可正在这时,一辆电动车突然从我身边驶过,轮胎从我来不及缩回来的脚上轧了过去。等车子一走,我正要抬步,可右脚突然有一种酸胀感,我叹了一口气。哎,只好扶着树走了……正当我一瘸一拐地走向学校时,一个穿校服的同学上前拉住了我的手说:"我扶你。"回头一看是小爱,小爱是我们班的同学,她是我的好朋友。我一开始很感激,但一想又说:"你不要管我,迟到会被批评的。"她只是笑笑,什么也没有说,只顾扶着我走。终于到了教室门口,老师见我受伤不好说什么,而小爱却受到老师批评。小爱依旧什么也没有说,只是偷偷流着泪。我心里内疚极了,要不是因为我,她怎么会迟到? 下课后,我找到老师说明了一切,老师把我和小爱紧紧地搂在怀里。我们的眼睛里都闪出了晶莹的泪花,彼此微笑地看着对方。

老师鼓励支持

开学前的开学典礼,使我一直无法忘怀。开学前,每一个都是生疏的面孔,谁都不了解谁。因为要举办开学典礼,所以每一个班级都要表演一个节目。老师简单地问了一下谁会弹奏乐器。老师问了一些同学,他们都很腼腆,不愿意表演;问到了我,他说:“张睿俞同学,你愿不愿意去弹古筝呢?”我当时有一点受宠若惊,因为在以前的学校,我很平凡,老师很少注意到我。我很想接受这个任务,但是担心弹不好,出丑。这是,耳边响起了老师的话:“你一定要有自信,做任何事没有第一次都不可能成功。”听了这话,我坚定地说:“愿意!”开学典礼开始了,我胆战心惊地走上台,如溪水般的音乐从我的指尖中流出,我自己也沉浸在音乐中了。一曲终了,如雷的掌声如大江奔流般涌了出来。我成功了!我在心里呐喊,走下去。我永远忘不了老师的话,没有老师的鼓励支持,我不可能成功。

邻里互帮互助

一个冬天的下午,我放学回家,敲了敲门,没有人。于是正要拿钥匙,脑子里突然“咯噔”一下,再摸摸口袋。“这下惨了,钥匙又没有带,又要等到七八点了。”我叹了一口气,坐在楼梯上写起作业来。一阵风吹来,我不禁打了一个寒战。突然,我听到有一个人在喊我:“小妹妹,你下来到我们家来吧。你老是等到七八点,天气又那么冷,还是进来写作业吧。”原来是楼下的阿姨,我那时冻得发抖,原本觉得不好意思,可是想了想还是背起书包走到楼下去了。到了阿姨家门口,一阵暖意袭来,我有了回到家的感觉。我一进门,阿姨便递给我了一双拖鞋。我望了望阿姨,她对我投来了善意的微笑。我一惊,这个阿姨好像妈妈啊!我放下了书包,那个阿姨对我说:“你去打一个电话吧,你爸爸妈妈回来以后再走吧。”我“嗯”了一声。打完电话,阿姨便递来一杯热腾腾的开水,笑着对我说:“你去小斌房间写作业吧,离你爸爸妈妈来应该还有一段时间。”我这时已经热泪盈眶了,我感激地对阿姨说:“阿姨,谢谢你。”阿姨却笑着说:“邻里之间本来就应该互相帮助啊,快去写作业吧!”我走进了小斌哥哥的房间,小斌哥哥就马上收好了东西,腾出了地方让我写作业。等我一坐下,他便笑着对我说:“有不会的就要问我哦!”我向他投去感激的微笑,写起作业来了。过了一会儿,阿姨突然走了进来,说:"吃饭了。"小斌哥哥"哦"了一声,便拉着我的手来到了餐桌前。正在这时,门铃响了,阿姨忙去开门。是爸爸妈妈,我高兴极了,进房间拿了书包走了出去。阿姨在我耳边轻轻说:"下次还要来哦!"我高兴地"嗯"了一声,便和小斌哥哥说了声"再见",就走了。

身在他乡,这次我真的感受到了"远亲不如近邻"的温馨。

我出生在台湾,但是上海养育了我。我永远也不会忘记,我是台湾人,也是上海人!

(本文获得第四届"原乡杯"台胞青少年征文竞赛初中组一等奖)

点评:

"我"从台湾来到上海,深深感受上海给予"我"的温暖,作者充满感情地写了同学、老师和邻居对自己的鼓励和关怀,内容具体,感受真切,诚如文章标题所说:"我是台湾人,也是上海人。"若没有亲身经历,感受必然流于空洞,小作者将亲身经历娓娓道来,读者也受到了感染。

我是困难

中芯学校 陈 初

有时，我可以化作惊涛骇浪，吞食着人生海洋中的帆船；有时，我可以化作狂风暴雪，给弱者一片无底的深渊；有时，我也可以成为上帝的礼物；有时，我还可以成为人们的财富。知道我是谁了吗？我就是困难。

如果你战胜我，我将会是你的财富。如果你败给我，我将会是你的屈辱。如果你不惧怕我，我将会非常渺小。如果你害怕我，我将会无比强大。你要是赢了我，不管你再怎么提起我，你都不会自卑，反而会很自豪。别人再怎么听到你说起我，都不会可怜你，轻视你，反而会更加敬重你。但你要是输给我，每当你提起我，在别人听来就是诉苦，就是乞怜。那时你要是再说什么“我是你的财富”，别人只会把你当作一个正在自我安慰的“精神乞丐”。

我像酸雨一般，腐蚀着人生的道路，使路途更加坎坷。每个人都必定遇到我，但只要你有100%的自信，50%的友谊，也就是团结的力量，再加上25%的坚持和25%的智慧，你就200%能打败我。那时我就是你服服帖帖的臣民，我可以成为巨人的肩膀，让你向更远处眺望。我也可以成为你的翅膀，让你飞得更高。我想对所有败在我手下的人说：“只要你坚持不懈，加倍努力，就一定能走出我的深渊。世间的任何事物都有两面性，我也不例外。我能给你深渊，也能给你天堂。”我也想对赢了我的人说：“我无处不在，我也很难缠，请你不要放松警惕，以免给我乘虚而入的机会。那时你将会对我俯首称臣。”

上帝给我的使命是成为你们“取经”路上的妖魔，磨炼你们的意志，而你们的使命就是打倒我,取得"真经",从而得到精神上的升华。如果哪一天,你们真的取得了"真经",那么请不要忘记我这个小帮手——困难。

(本文获得第四届"原乡杯"台胞青少年征文竞赛初中组二等奖)

点评:

对待"困难",本文有一定特色,因为其中用了许多形容词,还有大量对比的描述,可以说,这是一种辩证思维,用这种思维方法来论述,也就形成了文章的特色,文章虽短,内容却很厚实,文字也值得咀嚼。

老人的回忆

华东台商子女学校　王应婷

2006秋

秋叶飘零,一位年迈的老人坐在长椅上,感受着眼前寂寞却又不失画意的美景。秋叶也轻轻勾起了老人脑海中无尽的回忆……

1947

光复后,一个因战争而与家人天人永隔的少年,为了生存,不得不找份差事。但由于当时物力维艰、经济几乎垮台,找工作何其困难!月复一日,日子不知过了多久,当少年依然在街上漂泊的时候,遇到了一位好心的外省商人。在他的介绍下,少年得以卖馒头为生。不仅如此,这位商人还为少年提供了家里的阁楼,使他有了一处温暖的栖身之地。起初他不明白眼前这个曾经陌生的人为何如此帮他,直到后来,他无意中发现商人对着一张全家福发呆,才知道他当初随着国民政府来台时,妻儿因病相继去世。没有了家庭的支柱,商人立志将悲痛化作大爱,把每个需要帮助的人都当家人,想凭借财富造就别人的幸福。秉持着这样的信念,先后扶持的人不计其数。直到一天看到无助的少年,于是心中想起了死去的儿子,便收养了他。他没有再多说什么,只是面对着一瞬间的安静。

多少年过去了,他们情同父子,后来商人因中风过世,少年也长大成人,并继承了商人的遗产。他对商人有着无限的感恩和思念,决定把商人的大爱延续下去。他捐出所有的钱,成立了基金会。“少年”还是不断地寻找一个个需要帮助的人,就像商人以前一样……

少年也许无法对商人有什么实际的回报,所以把这份感恩转化到更多人身上。对他来说,他的一生始终怀着感恩的心。

2006 秋

那个坐在长椅上的老人就是昔日的“少年”。直到现在,那家基金会仍然施惠众人。想到这里,老人泯嘴一笑,很是满意。他撑起拐杖,往前走去,等待他的是放射缕缕金光的大道……

(本文获得第四届“原乡杯”台胞青少年征文竞赛初中组二等奖)

点评:

知恩图报,传承大爱是本文的主题,文章叙述了一个漂泊少年和一个有财力的商人之间的故事,当年的少年如今已成老人,他把少年时遇到的商人视作榜样,把继承的遗产全部捐出,“成立了基金会”,给予“一个个需要帮助的人”,读者由此会生发联想:“只要人人都献出一点爱,世界将变成美好的人间!”

三国城之旅

华东台商子女学校　黄彦清

在小学的时候,我喜欢读三国演义。从“桃园三结义”一直到“三国鼎立”,经历了许多战争:十常侍之乱、黄金贼之乱、赤壁之战等。欣赏孔明、司马懿的谋略,也钦佩赵云、吕布等大将的勇猛。

盼了许久,这个暑假爸爸终于答应开车带我们去无锡三国城。虽然三国城不是以前所遗留下的古城,只是一个拍戏的场所,但还是不减我对它的期盼。这里将重现我崇拜的军师诸葛亮和司马懿,还有勇猛的关云长和赵云等。

进入三国城便发现到处都是古代马车,以及用石头打造的将军,全部都雕刻得栩栩如生呢!围绕着三国城的古代城墙,更有一种庄严的感觉,不禁让我想到这些三国的英勇人物当时叱咤时代的豪情壮志。我们分别到蜀、魏、吴的城池前照了几张相留念。

接着我们又到甘露寺烧香拜拜,刘备在此娶妻纳贤的故事,仿佛又来到眼前。随着虔诚祭拜的进香游客,我们也拈香合十参拜,希望佛祖能保佑我们全家身体健康。

最后登上周瑜的点将台,在此可以一览太湖与三国城的景色,这位三国智勇双全的儒将在此钦点攻魏大军,想必当时的气势一定非常的浩大庄严。能够登上此处号令天下成一代功绩,是每一个人都羡慕的事。我也希望有朝一日能登上“点将台”,成为一个有成就的人。

这次的三国城之旅,让我更加喜欢三国,也能够将景物与书本一一印证,正所谓:"行万里路,胜读万卷书。"中国幅员辽阔,优美的景色比比皆是,有朝一日我也希望顺着前人的脚步,一览山水之美。暑假已经过了一半,三国城之旅却让我回味再三。

(本文获得第四届"原乡杯"台胞青少年征文竞赛初中组二等奖)

点评:

对无锡"三国城"的陈设描述具体,对三国时一些有雄才大略的人物充满了敬意,作者从小喜读《三国演义》,对书中情节也颇为熟悉,因而对暑假"三国城"之旅"回味再三";笔端流淌情意,也浸染了读者,让我们有身临其境之感。

聆听

复旦大学附属中学　钟　慧

我以自己的方式,聆听上帝的声音。

有人把音乐比作上帝的声音,因为音乐如同上帝的福音一样宽怀。在音乐的国度里没有高低贵贱,只有音符与音符的撞击;在音乐的殿堂里没有语言障碍,只有音符与音符的沟通。我们每一个人都在用心聆听,用情聆听……

我聆听音乐,因为我挚爱音乐,欣赏音乐。正如程乃珊所说:"有如我视宗教信仰为行路人手中的杖竿一样,那些无须的音符在我,有如点缀人生的花边。"

音乐的魅力在于,聆听的同时,可以揭示生活的底蕴,可以带来思想的撞击,可以获得灵魂的净化,可以体会情感的波澜……

总喜欢独自一人弹奏着古筝,泡一杯香茗,在满屋子的茶香中聆听着一个个美妙的音符。那是一曲《孔雀东南飞》,聆听……那一个个音符无一不在控诉着封建制度的腐朽与不公;又是一曲《高山流水》,聆听……是否看到了钟子期与俞伯牙的心灵交流,是否体会到了觅到知音后的欢愉,是否想到了你身边的知己;你听那"大弦嘈嘈如急雨,小弦切切如私语。嘈嘈切切错杂弹,大珠小珠落玉盘"。首首乐曲都讲述着一段故事,丝丝弦音都带着深深的情感。

最美的乐声可以使"飞鸟为之徘徊,壮士听而泪下"。然而,再完美的音乐都需要我们用心去聆听,用情去体味。白居易在浔阳江头听着琵琶声声,想着自己被贬的不幸,于是才道出:"转轴拨弦三两声,未成曲调先有情。弦弦掩抑声声思,似诉平生不得志。"终是"江州司马青衫湿"。

若不是用心聆听,白居易又怎会体味琵琶女的辛酸,又怎会联想到自身的凄苦的遭遇?若不是用心聆听,指挥家小泽征尔又怎会为一曲《二泉映月》而断肠流泪，又怎会叹道："这乐曲应该跪下来听？"若不是用情聆听，贝多芬又怎会创造出激昂动人的旷世之作，又怎会将情感与音符融为一体？若不是用心去聆听，奥地利人民又怎会将约翰·施特劳斯的《蓝色多瑙河》誉为第二国歌？若不是用心去聆听，雨果又怎会叹道："音乐表达的是无法用语言描述，却又不可能对其表示沉默的东西？"

音乐是搭建在人与人之间的一座桥梁，需要更多怀揣着美好理想的人用心、用情去聆听。我国历史悠久的音乐文化更是需要海峡两岸"龙的传人"去欣赏、去拓展。这伟大的"福音"不仅能缩短两岸彼此间的距离，更能把中华民族源远流长的文化、礼仪、道德、文明展示在世界之巅。这美妙的音乐承载着多少海峡两岸中华儿女的手足之情啊！

只因为音乐艺术存在于人类心灵之中；只因为音乐传递着真挚的情感；只因为音乐寄托着美好的梦想……这是上帝赐予海峡两岸人们最完美的享受和最珍贵的礼物。当音乐的韵律在历史的回眸中与细腻的情感融合成一首完美的乐曲时，才是美妙绝伦的。让海峡两岸的人们共同用心去聆听吧！让每一曲带着中国情的绚丽多彩的乐章传到地球的每一个角落，让全世界的人们共同用心聆听吧！

在这个世界上，动物的鸣叫，婴儿的啼哭，不断变换的音符都是一曲曲动听的音乐，这是上帝的声音，让我们聆听自然，聆听世界……

（本文获得第四届"原乡杯"台胞青少年征文竞赛高中组特等奖）

点评：

对音乐情有独钟，强调"音乐的魅力"全在于聆听，文章列举了大量实例，表达"怀揣着美好理想的人"必须"用心用情"去聆听音乐，并指出其中蕴含的道理，作者知识面较宽，对音乐涉及的面较广，若没有开阔的视野和较为扎实的音乐功底，是很难成就此文的。

遗失的凉鞋

中芯学校　刘　洁

那是一个宁静的地方,宁静得视线里几十里都没有人影,只有依稀的几声鸟叫,“叽叽喳喳”的,好不热闹。

骄阳似火,酷热!

小村庄坐落在一个小山谷里,一条蜿蜒的小路铺在东面的小山上。除了些清秀的林木,没有什么特别的景致。谷里很小,不能耕作,最多住人。山谷外,天空似乎真的大一些,良田大多在那里,方方的,圆圆的,非常的几何,看上去甚是舒服。

女孩一家住在山谷里。家里一个堂屋,两间卧室,一个院子,一排厨房,厕所,猪圈。左边是另外一栋房子,结构大同小异。

山谷里宁静,山谷外宁静。

骄阳似火,酷热!

每天女孩只身一人走出山谷,去外面的良田里割一种猪可以吃的草,叫不出名。随去的一条狗,叫做黑灰。

每天邻居的男孩只身一人去山谷外,牵着谷里唯一的一头黑牛去吃草。

女孩每天要到夕阳西下之后才把割下的草一一捆起来,然后挑着草,带着黑灰回家。

男孩每天要到女孩捆好草,挑起草,带着黑灰走后,他才牵起牛回到谷里。

回到家后,女孩放下草,系好狗,然后收掉中午晒在外面的衣服,把它们抱回家扔在床上，然后就去厨房准备生火做饭。两家的烟囱不约而同地冒出炊烟，两股烟任意地随风飘，虽有些不同，但融合之后，两股缠绵在一起，到最后，分不出彼此，缠绵着一起飘出了山谷，外面的舞台更大。

当饭正飘出香气时，女孩父母荷着锄头从山谷的小路上踏着露水回来了。大家都没有言语，父母放下东西，洗了手，女孩也已经摆好桌子，上好菜了。家里已经只剩下三人了，大姐在外城读大学，因为车费贵，只好留在学校里过暑假，妹妹和弟弟都在邻县读初中，现在也要补课。而她，在本市里读高中，因为优异的成绩，不需要补课。三人坐在桌子三方，桌上摆了几盘青菜，几碗白饭。父亲坐了下来，看了看女孩；然后母亲坐了下来，用同样的眼神看了看她；女孩没有什么特别的反应，同样地用眼神回敬了一下。

吃完饭，女孩就收拾碗筷，洗碗，喂猪。

回到家后，男孩系好牛，回到卧室里，开了灯，沿着床边坐了下来，顺手拿起床边书桌上的一本书，就去厨房做饭了。他喜欢那种边生火，边读书的感觉，让他一下子觉得生活非常充实。他时而也放下书，坐到门口，望着天空中那缠绵的两股炊烟，不禁忘记了身边的一切，一脸严肃，好像突然间想起了书中的那个他一直都无法解答的问题：“什么是幸福呢？”“也许那种无声缠绵就是所谓的幸福吧！”

天慢慢地暗了下来，星星也露出了靓丽的笑容，朝着大地一眨一眨的，特别得传神。

男孩的母亲疲惫的身影，在月光下，拉得特长，特长。母亲回到家，见到儿子已经偎在门柱上睡着了。她走了过去，拍了拍儿子。男孩猛地睁开眼睛，看到头发零乱，满脸皱纹的母亲，差点吓了一大跳，才突然间觉得母亲真的已经老了。父亲走得太早了，留下母子俩，相依为命。男孩依然清晰地记得父亲离去的那个晚上，母亲自始至终都没有流一滴眼泪，他那时就告诉自己长大以后一定要向母亲那般坚强。他扶起母亲，张开了桌子，端了饭，就吃了起来。自从父亲走后，母亲就好像没有了言语，眼神也似乎黯淡了。

男孩和女孩一样在本市的高中读书，在同一个班级，女孩坐在最前头，而他却坐在最后头。男孩之所以没有去补课,同样的,也是因为如女孩一样成绩优异。

女孩,男孩,两人没有言语!印象里一直都找不到合适的原因。

但,但,但这也许是爱的滋长。内心有爱的人,是超越言语的。

几天过后,女孩的家似乎热闹了,姐姐因为社会的资助,回家了;妹妹和弟弟也补完课了,家里“轰”地一下子有了一种非比寻常的热闹。父亲很开心,母亲也很开心,两人也给自己放了一个假,去几公里外的县城买了几斤肉,一条鱼。

女孩还是那般,没有言语!

父亲的那一趟,远不止肉与鱼,他还带回了几双凉鞋。

当父亲把凉鞋递给女孩时,女孩注意到那是一双她已经渴望了无数次的粉红色系带凉鞋,以前只能看同学们穿,她始终都无法相信它们现在竟在她的手里了。眼泪也顺势流了下来,这并不是因为凉鞋的独特,而是因为父亲递给她凉鞋时的慈祥眼神。她觉得好像已经很久没有见到了,那是那般的亲切,那般的美丽,内心不禁一颤,记忆里的父亲好像已经有了一点样子。

女孩很出色,但从不被别人喜欢,甚至亲生的父母亲,兄弟姐妹,邻居的老母亲,学校里的老师,同学……记忆里,那天男孩父亲掉入河里时,在水里不断挣扎,不断呼喊,河边的女孩不动声色的表情足以成为众人不喜欢她的理由。那一天,女孩也不明白自己为什么不去救他,她也有一些后悔,但当她想起七岁时,男孩父亲把她带入山中,脱光她衣服,让她缠绵在他身上,她的心一下子硬了。

自此,女孩再也没有抬过头做人,父亲不理她,母亲不看她,邻居母亲的独特眼神,男孩的无语,都让她再也没有抬过头……

女孩看着父亲给她的凉鞋,内心非常高兴,虽然年少的痛可能一辈子都无人能理解,但父亲那慈祥的一笑,已经足够了。

她舍不得穿新鞋,拿着它,赤着脚,背起篓子,去谷外打猪草了。

女孩把凉鞋放在田埂上,放下篓子,走到田间认真地打起了猪草。

谷外，谷里，都是那般的宁静。

骄阳似火，酷热！

到了时间，女孩习惯地捆好草，准备回家，她也就这样走了，赤着脚。

男孩见女孩离去了，也牵起牛准备收工。在田埂里，发现了一双粉红色的漂亮凉鞋。他以为是谷外村民遗留的，就捡了起来，想把它送给母亲。男孩跟着女孩的脚步回到家，顺手把凉鞋放进了卧室。

女孩回到家，突然间才想到粉红的凉鞋，也突然间笑了笑，放下篓子，准备回去捡。她并不担心有人会捡走它，因为谷里、谷外太宁静了。

可，可，可……

女孩突然流了眼泪，赤着脚回家了。

当她告诉家人凉鞋丢了，没有人立刻作出反应。也就在突然之间，姐姐，妹妹，弟弟朝她不善意地望了望，父亲走了过去朝她打了几巴掌，母亲从屋外捡了一根棍子给了她几棍子。女孩没有流泪，她也许是已经习惯了。当邻居的父亲死后，这种责打似乎已经没有了终结。

女孩蹲在那个黑黑的小角落里，悄悄地流起了眼泪。

第二天，女孩鼓着肿肿的眼睛，开了门拿着她儿时做的那个粉红的包，提了几件衣服，偷偷地拿走了她省吃俭用的一些钱，走了。

虽是黎明，天还有一些昏暗，但又有一些明朗。路上她碰到了邻居的母亲，见到她脚上那双粉红的凉鞋，内心突然一寒，她仿佛一下子明白了许多。

女孩走了。

没有留给人太多的思念，却还是遗留了一点给了邻居的男孩。

女孩遗失了一双漂亮的粉红色凉鞋，但，但……

但也似乎遗失了一些其他的东西，爱吗？也许吧！

（本文获得第四届“原乡杯”台胞青少年征文竞赛高中组一等奖）

点评:

这是一篇小小说,主角有两个:女孩和男孩,他们都能干懂事,几乎挑起了所有的家务,但很久以前,男孩的父亲给女孩心中的“痛”无法挥去,以至女孩对男孩萌动爱意时一直没有表达,结尾“遗失的凉鞋”最终造成了“爱”的失落;作者善于构思故事,刻画人物也有一定功力,文章篇幅虽不短,却无冗长之感,而构思故事的能力,则值得令人期待。

找回台湾的良心

华东台商子女学校　叶至刚

社会动荡、民不聊生、苟延残喘与自欺欺人是台湾现今社会的最佳写照。丑闻、绯闻、新闻、旧闻满天飞舞，嗜血的媒体开心，心虚的政客担心，无知的人民烦心。

"倒扁"声浪逐日攀升，台湾人民进入了前所未有的凝聚状态。随着施明德先生发起"百元倒扁静坐"日渐逼近，民进党也开始挖掘施明德的丑闻：从负债百万，到陈由豪赠予豪宅，到离异三十几年的前妻爆料，施曾向两蒋写求饶信……这种行径真是台湾人民滥用媒体及人身攻击的最佳示范。而王世坚大"委员"更贯彻了民进党的作风——不分黑白、颠倒是非。每每唾沫横飞地为陈水扁的"贪腐家庭"辩护的他，终于在日前被狗仔盯上他与年轻助理上汽车旅馆，这才让他困窘难堪地闭了嘴。

"天子犯法与庶民同罪"是亘古追求的道理，却也是难以达成的梦想。"台湾之子"从天之骄子沦为过街老鼠，是何等难堪？但，"孰令至之"，马英九先生这句话一语道破症结所在。一个巴掌拍不响，没做错事，别人就找不到你的碴儿。然而陈水扁依然在指证历历、证据确凿的情况下，坚持他的另一半和女婿没有贪赃枉法！他不敢回应群众的质疑和愤怒，仍然贪恋权位不放！似乎深恐下台后没有光环的庇佑，人民和在野党会更毫无顾忌地把他们做的坏事一一抖落。我们不禁要问："这样的人还适合承担领导两千三百万台湾人民的责任吗？"

所谓“台湾之子”,顾名思义就是台湾的天之骄子,可是如今的他配当“台湾之子”吗?不要让他们一家人的贪腐拖垮了台湾全体人民的人格与尊严,使台湾这座宝岛蒙羞。虽然我不敢说换了领导人,台湾便能万象一新,但对于这样贪腐的领导者,难道你还要昧着良心继续让他作威作福吗?“绝对的权力导致绝对的腐败”,因此人民负有监督政府的责任与义务。而身为领导人若不能以身作则,用更高的道德标准要求自己,就该鞠躬下台,以此谢罪。

这个发人深省的事件让我们震撼。最重要的是,它为台湾人民揭露了人格优劣的判断标准,也找回了台湾人民被蒙蔽已久的良知。

(本文获得第四届“原乡杯”台胞青少年征文竞赛高中组二等奖)

点评:

对陈水扁及其帮凶的讨伐,是台湾人民的良知所在,本文义正词严,论述有理有据,对领导人的所作所为提出了标准和要求,可以说作者关心时政,关心台湾的前景,这对一名中学生来说,难能可贵。

春

市东中学　柳成杰

春，四季中最温馨的一季。它唤醒沉睡的万物，它轻抚自然的皮肤，它亲吻辛勤的人民，它使冰天雪地的冬天画上了完美的句号，它翻开了崭新的一页。风，微抚草木之时，在我的心中默默种下了一颗即将发芽的种子，它叫作青春。

从儿时起，春在我心中留下了懵懂的记忆。在母亲的怀抱中，嗅着春天土地清新的气息；在自己的摇篮里，感觉春天的温暖；在阳台上，倾听春天飞鸟的“交响曲”，那时的春是季节意义上的春。

从儿时开始学说话起，春是我会说的一系列单词中的一个字，母亲曾说：“春就是一年的开端，是万事的一个起点。”而学说话正是那时一个永恒的起点。那时的春是简单而懵懂。

进入学生时代，我对四季尤为敏感，知道了“暑假”是夏天，“寒假”是冬天，而春天似乎被我淡忘。在学习的压力下，春秋的差异已并不明显。可是心灵的春正在那时扣开了我的心扉，青春的焦躁，青春的狂妄，似乎是一团烈火燃着我澎湃的内心世界。是母亲，母亲唤醒了沉睡中懵懂的我，告诫我这就是人生中的春，这似乎是春天第一缕微风，是一种关心，一种告诫，更是一种爱。那时的春是心灵的春，犹如脱胎换骨般的龙马精神。

如今，回头望着留下的那一串脚印，随着岁月的流逝而逐渐放大，是成熟放大了这微不足道的足迹，是成长磨平了脚印上的棱角。成长，人一生不可缺乏的过程,逐渐带走了人的青春,虽不至于刻骨铭心,却也够得上记忆犹新。回忆是痛的,回忆是真的,回忆是乐的,回忆是春后的雷雨,预示着春天的离去,更是一种考验——成长的考验。

等待春天种子的发芽,就是等待心灵的成熟,等待社会严峻的考验。这是一种快乐,也是一种忧伤,春天永远是在冬天之后,就像成功永远是建立在努力之上,只有度过了这个过程,才有可能迎来人生真正的春天。

春,一个四季中最温馨的季节,它带给人们的是希望,是憧憬。飞奔吧!奔驰在春天的草原上的我。愿我能嗅到真正意义上的人生春天,愿天地连成一线,愿成长伴随着青春左右!春,我一生难忘的季节。

(本文获得第四届“原乡杯”台胞青少年征文竞赛高中组二等奖)

点评:

春是作者一生难忘的一个季节,伴随着人生的成长,对春的回忆愈益深刻,从在母亲的怀抱中开始,就记住了春是“一年的开端,是万事的一个起点”,而只有度过寒冬,才能迎来真正的春天,“寒冬”则是考验的比喻,文章很少描绘春天的美景,却蕴含了很多的思考,这是同一般写春文章的不同之处。

“原乡杯”台胞青少年征文菁华集

第五届

（2007 年）

长大了，我要建一座桥

中芯学校　王则翔

今年学校的科学展，我获得了一等奖。
我的作品就是一座大桥的模型，
造型奇特，设计巧妙，
人们都夸我的创意！
佩服吧，我的设计水平！

我对妈妈说："长大了，我要建一座桥，
这座桥要建在台湾和大陆之间。
假日里，我们全家可以开车到台北，
和亲人团聚，吃大餐、看风景……
和朋友重逢，溜旱冰、玩电动……
也可以将买高额飞机票的钱节省！"
妈妈拍拍我的肩，笑着点头表示赞同！

这时，旁边响起爸爸的提醒：
"建一座桥，可是一件并不容易的事情！
你知道大陆和台湾相距多么遥远？
需要用多少金钱、钢筋、水泥做支撑？

海底的深浅,海浪的汹涌,台风更是凶猛,
想好了,这个理想真的可行?”

哥哥也在笑话我:“还有阿扁,
他可不会变通!现在你是在做春秋大梦!”
唉,为什么总是说我做梦?
我不相信梦想将成为泡影!
我把苦恼说给老师听:“是不是真的不行?”
老师微笑着说:“桥是重要的交通工具。
在有江河湖海的地方,有桥,天堑就会变通途!
这座海峡之桥若建成,
一定是‘世界之最’,彪炳史册!
努力吧,
只要有志向,你一定能行!”
哈哈,听了,真让人信心倍增!

我会设计出一种连接海峡两岸的桥,
既坚固又美观,可以抵御十二级台风!
桥一共分两层:
上面一层有高高的护栏,汽车往来安全而快速,
台湾和大陆的各种货物、特产运输特别畅通!
晚上桥上亮起路灯,
倒映海中,就像美丽的霓虹!
海底隧道是下面的一层,
我用透明的钢化玻璃做外壳,
列车驶在海底,
透过车窗,一个美丽的海底世界出现在眼前!

就仿佛来到海族馆,来到传说中的水晶宫!
真的,长大了,我要建一座桥,
连接台湾和大陆,厦门和金门。
老师说得对——
只要努力,我一定会实现我的梦!

(本文获得第五届“原乡杯”台胞青少年征文竞赛小学组特等奖)

点评:

读过这首诗的人,都会感到激动和欣慰——我们新一代的小朋友在做着这样美好的“中国梦”啊!

这梦是浪漫的,大大超越了现实。是啊,造一座连接海峡两岸的桥,谈何容易?单单“能抵御12级台风”一项,就是许多人想也不敢想的。然而,“梦”,就应该是大胆的,只要想到诗中所描绘的美丽前景,许多具有远大理想的人就会投入进去,去实践,去实现,这首诗的鼓舞力量是巨大的。

这梦又是现实的,并非痴心妄想。诗中小作者不断地向妈妈、爸爸、哥哥和老师讨教,共同探索难以回避的一系列难题,并从而相互支持、鼓励,增强信心,一切又都是实在的。

小小年纪,能这样做梦,能做这样的梦,难能可贵!

告诉您，我从台湾来

中芯学校　甄显荷

告诉您，我从台湾来——
清澈的日月潭是我的眼睛，
玉山是我那长长的手臂。

告诉您，我从台湾来——
玉山的积雪最白，
阿里山的日出最美。

告诉您，我从台湾来——
带着爱河的花灯，
带着淡水的日出。

告诉您，我从台湾来——
还记得台北香香的凤梨酥，
台中美味的太阳饼，
高雄可口的冬瓜菜。

告诉您，我从台湾来——

登上过东方明珠电视塔,
参观过上海动物园。

告诉您,我从台湾来——
在南京路外滩游览,
在中芯学校做学生。

告诉您,我从台湾来——
攀登过杭州的天目山,
参观过苏州的狮子园。

告诉您,我从台湾来——
吃过新疆的葡萄干、哈密瓜,
喝过西藏的酥油饼、酥油茶,
还有西湖的龙井茶。

告诉您,我从台湾来——
感受到祖国宽广的胸怀!

(本文获得第五届“原乡杯”台胞青少年征文竞赛小学组一等奖)

点评:

这首诗,共九段,每段都以“告诉您,我从台湾来”开头,一唱三叹,铺排展开。

前四段依次写到台湾山水风光以及特色小吃,集中,具体,是"从台湾来"向大家介绍的应有之义。

后四段却完全不同了。从第五段一转,出现了上海的著名景点,甚至作者所在的学校,接着,由苏杭天堂写到新疆、西藏,表明了作者足迹早已由台湾跨出来,踏入了广袤的华夏大地,踏遍了祖国的山山水水。

于是,最后一段语重心长——我这个从台湾来的中华儿女,小小年纪已经"感受到祖国宽广的胸怀!"是啊,祖国母亲是我们大家的,包括海峡那边的同胞,也是她的儿女,也会从她温暖的怀抱中享受到情和爱。

血浓于水,小作者以明快流畅的诗句抒发了可贵的爱国爱岛爱家爱同胞亲人的朴实真挚之情,殊为宝贵。

请不要

中芯学校　董益宁

请不要把海滩弄脏,留一片广阔的沙滩,
做螃蟹的乐园,蝎子的故乡。

请不要把花朵采摘,留一座美丽的花园,
让蜜蜂欢快地采蜜,让蝴蝶自由地起舞。

请不要把土壤挖光,留一片肥沃的土地,
让蜘蛛快乐地奔跑,让蚯蚓自由地爬行。

请不要把家里弄乱,留一个整洁的空间,
让每个人都想回家,让回家的人都很舒畅。

(本文获得第五届“原乡杯”台胞青少年征文竞赛小学组一等奖)

点评:

文章写的是环保题材,号召大家爱护环境。既没有批评训斥,也没有正面讲什么道理,而是从一个少年儿童的眼光和角度,写出了保护环境的好处和意义。写得生动有趣，招人喜欢。

小朋友都喜欢小动物，螃蟹、蝎子啊，蜜蜂、蝴蝶啊，蜘蛛、蚯蚓啊……哪一样小动物都离不开它们的生活环境，倘若“广阔的沙滩”“美丽的花园”和“肥沃的土地”遭到污染和破坏，小动物们也就无法自由地生活和发展了。作者由对小动物的关心和爱护引出了对保护环境的论述，角度新颖，说理自然，很能说服人。

比动物更重要的是人。地球是我们的家，整个空间如果不能保持整洁，我们每个人都不会感到舒畅，这个家也就不值得留恋，也就失去了意义了，作者再一次强调了环保的重要。

小作者对诗歌的形式还比较熟悉，排比的手法用得很好，倘能够在押韵上提高一步，就更好了。

我成功了

中芯学校　朱世翔

有一天,我闲着没事干,随手翻着一本少儿科学杂志。突然,看到里面介绍的一个小实验很有意思,那个实验的名字是“让纸烧起来”。所以我决定也像书中说的那样,做一个很有趣的小实验。

我准备了一张纸、一个盘子和一个放大镜。我还找了一个太阳照得最耀眼的地方。我先把纸放到盘子上,接着把放大镜对准纸的中心,让阳光射在放大镜上,然后通过放大镜照射在那张纸上。书上说要手举着不动才会成功地让纸烧起来。可是才举着放大镜一两分钟,我就不耐烦了,情不自禁地自言自语:“我不想再继续干下去了,因为手举着累死我了。”正当我准备放下手中的放大镜时,我突然想起了莎士比亚曾经说过的一句名言:千万人的失败,都是失败在做事不彻底,往往做到离成功尚差一点就终止不做了。我可不想成为莎士比亚说的那种人,想到这儿,我就下定决心,继续举着放大镜,坚持不放弃。

时间过得真慢呀!过了大概六七分钟,我突然发现放大镜下面的纸有些发黄,我眼睛一眨不眨,盯着那片泛黄的地方,渐渐地,纸有些发黑。咦!有一些青烟,不多久纸皱卷起来。天哪,那张纸真的烧了起来。我欣喜若狂地大叫起来:“哥哥,妈妈!快来看呀,实验成功啦!”

那一次我不但成功了,还懂得了一个道理:只要不放弃,任何事都一定做得到。

(本文获得第五届“原乡杯”台胞青少年征文竞赛小学组一等奖)

点评:

全篇文章只写了一件事:用放大镜对着阳光点燃纸张。这原本是一个很简单很普通的小实验,但被小作者写得生动有趣,很有意义。

他是夹叙夹议写的。整个过程的叙述,交代得清楚明白,有条不紊,这已经不容易。更吸引人的是,在交代中不断插入当事人的心理活动,并结合着发出议论。譬如,手举累了感到不耐烦时的思想斗争:是就此放弃呢?还是听从莎士比亚的教导,坚持下去?坚持下去的念头终于取得了胜利。又如,实验成功时欣喜若狂地大叫,不仅渲染了气氛,更引出了道理——"只要不放弃,任何事都一定能做得到。"

叙事不是记流水账,只有把自己的思想感情融进去,从中感悟道理,事情所包含的意义才能被揭示出来。

一元钱

高桥—东陆学校　陆臻琳

一天吃过晚饭,我和爸爸像往常一样,来到小区的花园散步。这里树木枝繁叶茂,绿荫如盖。绿荫下放置着不少运动器材,供居民锻炼身体。

我兴致勃勃地玩着:一会儿拉单杠,一会儿练举重。正当我玩得不亦乐乎时,一个小姑娘跑了过来。只见她抓住双杠,双手用力一撑,便轻松地上了杠。动作是那样娴熟、流畅,我的目光不由得被她吸引住了。接着,她又在双杠上做了一个翻身。忽然,我发现她口袋里好像掉出了什么东西。正在我犹豫着是否要提醒她时,她已经跳下双杠,一溜烟地跑开了。我跑到双杠边,蹲下身细细地看,一枚一元硬币静静地躺在地上。我捡起钱,对爸爸说:"爸爸,我去把钱还给姐姐。"

我攥着一元钱,飞快地朝着小女孩跑的方向追了过去。不一会儿,我就追上了。她正和她妈妈一起走着。我跑到她跟前,一边把钱递过去,一边气喘吁吁地说:"姐姐,你的钱掉了。"她下意识地摸了一下口袋,感激地说:"一定是刚才……谢谢你,小妹妹。"她的妈妈也一个劲儿地夸我懂事。我不好意思地说:"这是我应该做的。"

当我跑向爸爸时,清晰地看到爸爸脸上挂着赞许而自豪的笑容……

(本文获得第五届"原乡杯"台胞青少年征文竞赛小学组一等奖)

点评：

小事一桩：捡到了一元钱，送还给了人家。值得写吗？写得好吗？

值得写吗？值得。一元钱虽少，但拾金不昧的品质却是值得赞扬的。古人曰：不以善小而不为，不以恶小而为之。一个人的优秀品质就是这么日积月累形成的。小朋友们从小就应打下这方面基础，所做的善事值得记录并发扬。

写得好吗？写得好，这篇文章就写得不错。一是叙述清楚，来龙去脉交代得很明白。二是描写细腻，不是只写捡钱、还钱，还写了小区的优美环境，写了“姐姐”锻炼时的动作，写了自己发现丢钱时的心理活动，这就让读者“知其然”更“知其所以然”。尤其是写到还钱之后，还写了双方家长赞许的话语和表情，就更揭示了拾金不昧的意义，从而实现了文章的意义。

做了好事，哪怕很小，也要这样如实地记下来，要比夸大其词甚至胡乱编造要有意思得多。

台湾,在我的记忆里

中芯学校　姜善谦

在建筑成就上,
台北的101大楼是全亚洲最高的大楼。
台湾,在我的记忆里。

在文化成就上,
我们对中华文化又了解又能创新。
台湾,在我的记忆里。

在自然景观上,
有最陡的浊水溪,
有最美的阿里山,
有最靓丽的垦丁沙滩。
台湾,在我的记忆里。

在休闲娱乐上,
有好吃的闽南美食,
有好玩的游乐设施。
台湾,在我的记忆里。

暑假之后，我来到上海，
新的家和新的学校，
我都开始慢慢欢喜。
台湾，还在我的记忆里。

（本文获得第五届“原乡杯”台胞青少年征文竞赛小学组二等奖）

点评：

从建筑、文化、自然景观和休闲娱乐几个方面梳理自己对台湾的记忆，扼要又鲜明，而结尾时提及“开始慢慢欢喜”上海这个“新的家”，使文章更充实，避免了片面性。

一个人的时候

上海台商子女学校　周宸安

一个人的时候，
整片花海都是我的世界。
微风轻轻吹，
花儿会向我招招手；
老树会向我点点头；
小鸟也会来邀请我，
聆听他们的演唱会。

一个人的时候，
我拥有整个电影院。
在睡梦中自编自演着这部电影：
红红的海,有死掉的鱼在漂流！
我拿着电话向警察求救！
警察啊！警察！快把破坏大海的人抓出来。
这样世界才会安宁！

一个人的时候，
柯南就是我的英雄。

打开电视，
他依然是那么英勇，
再难的犯案手法，
还是难不倒他，
看着他的电影，我知道专心、努力的结果。

一个人的时候，
多么自由自在！
寂寞不曾来过。
想象力的翅膀，
领着我翱翔宇宙！

（本文获得第五届“原乡杯”台胞青少年征文竞赛小学组二等奖）

点评：

正因为“想象力的翅膀”能领着作者“翱翔宇宙”，才能在读者面前展现花海、电影、电视里那一幅幅多姿多彩的画面，“一个人的时候”之所以能不“寂寞”，正因为作者永远生活在社会上，在人群里。

孔雀

中芯学校　杨湇婷

今年4月6日,我们全校同学去上海西郊动物园春游。在那里我们看见了许多可爱的动物,其中我最喜欢的是美丽的孔雀。

西郊动物园里有两种孔雀:一种是绿孔雀,身上的羽毛色彩斑斓,头顶有一簇直立的羽冠;另一种是罕见的白孔雀,全身洁白。

一开始我们远远地观赏着它们。那时它们都收拢着尾羽在园子里悠闲地踱来踱去,真希望它们能开屏!

突然,一只绿孔雀像知道了我们的心思似的,尾巴上的羽毛慢慢竖起,徐徐展开,形成缤纷艳丽、直径达两米多的扇形屏风。同学们一下子欢呼起来:"哇!好漂亮啊!"随着绿孔雀身体的抖动,全身上下闪烁着一片炫目亮丽的宝蓝色,在阳光下熠熠生辉,锦缎般的羽毛上发出一层迷人的光泽,扇子般的尾巴上还镶着许多由紫、蓝、黄、红色构成的"大眼睛"的图案。看到这只绿孔雀"秀"出自己美丽的尾羽,另一只白孔雀也按捺不住了,展开了洁白无瑕的尾巴,与那只孔雀比美。它披着一身纯白的羽毛,舒展着雪纱般长长的尾羽,轻盈地走着,浑身上下没有一丝杂色,宛如从雪域王国中飘然而至的圣鸟,高贵绝伦,令人惊叹不已。

我们立刻围上去,许多游客也被深深吸引,纷纷拿出相机拍下这难得一见的美景。但有一只孔雀好像有点害羞,看见这么多人,便收拢起尾屏。我们赶快鼓掌,它又一次展开了美丽的尾屏!

原来孔雀和小孩子一样也需要鼓励和赞美呀!

(本文获得第五届“原乡杯”台胞青少年征文竞赛小学组二等奖)

点评:

对孔雀作静态的描绘,对它们之间的“比美”作动态的“捉拍”,动静结合展现了孔雀独特的美,自己心理活动的衬托使文章更加生动。

我爱你,春天

中芯学校　高婕馨

我喜欢在春天里欣赏大自然,因为这时,举目望去绿茵茵的一大片。呵,绿的山,绿的水,让人心旷神怡。

春天的太阳格外温暖,吹拂过绿叶的风,格外温柔。绿叶衬托着娇嫩的花骨朵儿,微风中,它们轻轻摇曳着,害羞地露出了笑脸。

阳春三月,千万条柔柳,齐舒了它们黄绿的眼。红的、黄的、白的、紫的花,绿的草、绿的叶,如赶集似的奔聚而来,形成了烂漫无比的春天。那些伶俐可爱的小燕子也从南方飞来,绘入了这隽妙无比的春景图中,为春光平添了许多生趣。

春,暖人心脾,“沾衣欲湿杏花语,吹面不寒杨柳风。”

春,稍纵即逝,“林花谢了春红,太匆匆。”

春,清凉润透,“天街小雨润如酥,草色遥看近却无。”

春,酒里飘香,“借问酒家何处有,牧童遥指杏花村。”

一季季的春来了又去,去了又回。究竟春为何物?我想:你我心中,早已有了答案。

(本文获得第五届“原乡杯”台胞青少年征文竞赛小学组二等奖)

点评：

注重色彩的捕捉和生物的灵动描摹,展现了春天美丽的画面;注重古代诗人们吟咏春意的诗句的收集,配在画面上,更加脍炙人口。诗情画意,结合在一起,才能美不胜收。

我最喜欢的一个汉字——龙

中芯学校　邵柑龙

“古老的东方有一条龙,它的名字就叫中国。古老的东方有一群人,他们全都是龙的传人。”这首《龙的传人》是我最爱听的一首歌,因为其中就有我最喜欢的一个汉字:“龙”。

上下数千年,龙成了中华民族的象征。“龙”在中国是个吉祥的字。在喜庆的宴会上,常说:“龙凤吉祥”。在事业上“龙”和“生意兴隆”的“隆”是同音字。生孩子的时候,有人也希望生“龙凤胎”,就是一男一女的双胞胎。中国人称呼自己是“龙的子民”“龙的子孙”。在世界各地,凡是有华人的地方,就有很多龙的雕塑,龙的图案。有不少中国人的名字中也有“龙”字。例如我的名字中就有一个“龙”字,我想是因为爸爸妈妈不但“望我成龙”,更希望我不管走到何处,都不要忘记自己是“龙的传人”。

“龙”这个字真棒,我特别喜欢它,因为我是一名“龙的传人”。

(本文获得第五届“原乡杯”台胞青少年征文竞赛小学组二等奖)

点评:

把有关龙的知识高度凝练地描写,表达了作者对“龙”字的喜爱和追求。倘能从文字学的角度再补充一些内容,当更完整。

五年级的蜕变

上海台商子女学校　刘珈璘

在漫长的暑假，我即将升上五年级，我带着兴奋与紧张的心情来到学校。在学校我认识了新同学，也和其他的朋友叙旧，我觉得这是一个好的开始。

升上了五年级，我觉得我更懂事了，也更会控制自己的情绪了。从这蔚蓝的天空向下看，似乎和四年级的时候看的感觉完全不同了！在这时，我突然想到一首诗：

白日依山尽，

黄河入海流。

欲穷千里目。

更上一层楼。

我们学习的程度越高，就可以看到越宽广的视野。在五年级的生涯，我相信，我会有更深刻的体会。在这有趣的班级，我会更加努力学习，在不放过任何学习知识的机会下好好学习，在充满书香的教室，我可以像一只虫，把书中的知识都装到肚子里。

可是在五年级不一定能事事顺利，还有一些事物要适应，但我觉得这是一个新的挑战，我会用新的心情来迎接一切。这学期我做了风纪组长，我想这应该也是个永生难忘的回忆。在新的学期有新的事物，有新的挑战，我觉得这是一个很好的机会让我多磨炼自己。

长大，要为自己的行为负责，要为自己的将来铺路，要为自己开一扇不可思议的门,因为以后毕了业,同学们不一定再见面,所以我会好好珍惜这一段回忆。因此,不论现在还是未来的每一分每一秒,我都不会浪费,因为古人说:“光阴似箭。”浪费时间等于浪费知识。每一天,每一个人都在变化,我们会像小花小草一样,在有水有阳光的地方坚强活下去。我们会像毛毛虫一样,蜕变成蝴蝶,用灿烂的笑容及积极的生活态度来迎向光明的未来。

(本文获得第五届“原乡杯”台胞青少年征文竞赛小学组二等奖)

点评:

借用一首唐诗,用奋发向上的精神来观察和思考由四年级升到五年级这一现象,具有哲学意味,具有一定的力度。

勇敢面对困难

华东台商子女学校　黄思婕

“困难”是生命中绝对会遇到的！虽然不一定会战胜困难，完成目标。但是我们至少可以在屡败屡战之中汲取宝贵的经验，重新站起来，再次挑战！

看看海伦·凯勒吧！看看她如何用自己的勇气克服“障碍”。即使看不到也听不见，她却没有一刻是放弃的，反而勇敢地“迎向挑战”！

反过来想想，有些人因为别人的讥笑和讽刺，而失去了原有的“自信心”，让自己整天都活在一个狭小又密闭的空间里，永远都是垂头丧气、自暴自弃和埋怨。

每个人在生命中，都会遇到许多打击与挫败，这个时候你能像海伦·凯勒一样勇敢地面对眼前的困难吗？如果你垂头丧气、自暴自弃，那么你将永远活在别人的讥笑与讽刺中；如果你勇敢地站起来，面对眼前的事实与困难，你才可能像海伦·凯勒一样克服许多的阻碍，打败眼前的困难。

生命中的每一场困难挑战，都能磨炼我们的筋骨，锻炼我们的毅力。即使失败了，也不能气馁，重新站起来，迎接挑战。胡适说：“要怎么收获，先怎么栽。”也许我们可以像科学家一样，先汲取失败的经验，再一步步地向成功迈进，在每次的失败中，达成目标。

（本文获得第五届“原乡杯”台胞青少年征文竞赛小学组二等奖）

点评:

文章篇幅不长,却正确阐明了对待困难的态度。这里,海伦·凯勒这一正面形象的树立,对困难这一“双刃剑”一分为二的分析,是分析之所以能取得较好效果的两个特点。

摘玉米

台北市立万芳高级中学　戴筱芸

火红的太阳高挂在天,热得让人懒得动。忽然,妈妈在门口向我们喊着:“要不要到田里摘玉米?”我犹豫了一会儿,还是决定要去。毕竟这是一个难得的机会。

骑着脚踏车,头上顶着烈阳,一边吹着凉风,这就是大自然带来的感觉:舒畅。途中,远远就可望见道路旁停着外公的“古董机车”。到了外公的玉米田,一株株玉米伴随着风的旋律不由自主地摇摆着,仿佛随时会倒下,沉睡。而隐隐约约可以从玉米叶与玉米叶之间的缝隙看见一个弯着腰的娇小身影,那就是我的外婆。

田里,外公正把一整篮采收好的玉米倒进麻布袋中,要载回家处理。我们连跑带跳地进入“玉米迷宫”中帮忙采玉米。每一排玉米株之间都会留一个出入口方便我们走到下一排玉米株。我真佩服外公和外婆,竟不会被困在这“迷宫”中。

脚下踏着坚实的泥土,玉米叶挡住了渗入的阳光,我虽然流了满身大汗,却也感觉到毛孔舒张的畅快。技巧不熟练的我和弟弟不时得问大人们:“这可以摘了吗?”说摘玉米是好听,“逛玉米田”倒比较符合实况。

看着外婆利落地割下一个个饱满的玉米,心中又是佩服又是愧疚。望着那驼着背的身影很是不忍心,但也只能帮忙抬篮子、倒玉米,尽己所能,好减少外公外婆的负担。

回到家里,阿姨和表姐们在厨房门外帮忙剥玉米叶,这可难不倒我!我连忙找了张小凳子坐下,也加入了剥玉米叶的行列。在剥的同时总会有一些意外的惊喜,常常有瓢虫、菜虫或金花虫向我们探探头,只是最后不免成为我们家黄牛的“下酒菜”。玉米叶又新鲜又嫩又香甜,我们家牛牛最爱吃了!

平时过着太舒服的日子,下田一会儿就觉得酸了、累了而不能持久,最后总是让年迈的外公外婆独自完成所有的工作。年轻人都撑不下去,更何况是七八十岁的老人家?这对外公外婆来说,应该是更沉重的负担吧?现在想想自己体力实在太差了,一定要多锻炼、多帮忙做事,坚持下去!其实,每个人都应该回归自然,去体会农村朴实、自由自在的生活。

(本文获得第五届“原乡杯”台胞青少年征文竞赛初中组特等奖)

点评:

摘玉米、剥玉米是文章的主要内容,但主要不是写“我”的劳作,而是写年迈的外公和外婆的勤快,对比之下,深感自己“体力太差”,为此“要多锻炼,多帮忙做事,坚持下去”!这也是摘玉米带给作者的收获。

格局

台北市卫理女中　柯聿殷

有一句话说:“态度决定你的高度,格局决定你的结局”。而我常思考,每个人生活在社会上,应该要用什么样的态度及什么样的格局来面对所有的事情呢?格局就是一种看事情的视野与智慧,处理事情有很多种方式,正向看待事情,用宽阔的心回应问题,那结局必定是皆大欢喜。

瑞典名人诺贝尔读小学时,成绩一直名列班上的第二名,第一名总是由一个叫柏济的同学获得。有一次,柏济意外地生了一场大病,无法上学而请了长假。有人私下为诺贝尔感到高兴,说:“柏济生病了,以后的第一名就非你莫属了!”诺贝尔并不因此而沾沾自喜,反而将其在校所学,做成完整的笔记,寄给因病无法上学的柏济。到了学期末了,柏济的成绩还是维持第一名,诺贝尔则依旧名列第二名。但是诺贝尔长大之后,成为一名卓越的化学家,最后更发明了火药而成为巨富。当他死后,他将自己所有的财产全部捐出,设立了知名的诺贝尔奖。每年用这个基金的利息,奖励在国际上对于物理、化学、生理、医学、文学、经济及致力于人类和平有所贡献的人。因为诺贝尔的开阔心胸与乐于分享的伟大情操,他不但创造了伟大的事业,也使后人对他永远怀念与追思!

诺贝尔的故事明白地告诉我们:有梦的人最美,追求梦想的态度和格局也很重要,我们要勇敢地做一个有梦的人。梦想之所以会实现,是因为你从来不想放弃。而每个人从小一定会有自己未来的目标:有的人想当总统,有的人想当老师、明星……而我想,一个很富有的人,他对事情斤斤计较,对人态度苛刻,那纵使家财万贯,生活也未必快乐;唯有目标正确、身心健康、心胸宽大,以及成熟稳健,充满爱,才能正向看待事情,用宽阔的心回应问题。

我的目标很单纯,只想当一个成功的人,做什么都没关系,就算将来扫厕所,也要扫得很成功。有的人把自己的目标看得很死,因为从小没有定下一个远大的理想;平常缺少压力的人生活过得比较悠闲,有压力的人生活比较积极紧凑,同理可知,有理想的人一定比没有理想的人坚强,实现理想的途中没有人可以为难你,就怕你自己为难你自己。

所以说理想对每个人来说是很重要的,向正确的目标及理想前进就对了,好的开始是成功的一半。蚕要破茧才能变成蛾,小鸡必须破壳才能变成大鸡;相同的,人必须先破除心中的围墙,才能探索围墙以外的世界。成功需要时间,当时间累积到很丰富时,成功就会来到,就会水到渠成。

很多人小时了了大未必佳,因为他提早将自己的日月精华用光了;如果两岁就会吊单杠,对他的身体发展反而会有害处。记得有个长跑选手蒲仲强很早就受人瞩目却不能持久;有人提早上大学,但他们几乎没有童年的生活。例如:有个人十二岁上哈佛大学,十六岁毕业考上普林斯顿研究所,记者问他:"你在哈佛最大的经验是什么?"他回答:"除了寂寞,还是寂寞。"

所以我更相信做任何事情只要有决心,一定会成功,千万别把自己的目标设得太高,一步一步慢慢来。格局,决定了一个人的结局,一个思考格局大的人,他的结果往往也不同凡响。

(本文获得第五届"原乡杯"台胞青少年征文竞赛初中组一等奖)

点评:

作者认为格局"是一种看事情的视野与智慧","格局决定了一个的结局",文章列举了诺贝尔等人为例,从正反面方面论述了自己提出的看法,并从人生目标的高度,阐述了如何才能获得成功;作者胸有成竹,论述颇有条理,结尾也简洁扼要。

明天

台北市立万芳高级中学　曾彦苓

人们总是向往明日的美好，因为明日让人多了一份想象与期待，人们认为过了今天，明日或许会有想象不到的惊喜来临，然而在期盼中却消极地度过今日！宋朝文嘉曾经写过一首明日诗：“明日复明日，明日何其多，我生待明日，万事成蹉跎。”这首诗表达了作者对于韶光易逝的感叹，另一方面，更积极地警告大家，不要什么都不做，只等着明天！

请容许我将世界上的人粗分成两种人，一种是积极做每一件事情，秉持着“今日事今日毕”的原则，他们把握每一分每一秒，不去做无谓的空想，不随波逐流，是真正的时间的主人！他们能够在预期时间内正确完成事情，尽自己的责任，不去想明日会得到什么？因为天下没有白吃的午餐，这样的人实实在在，对未来有梦想，且不会将梦想置筑在空中楼阁！反之，另一种人就是什么事情都不做，整日浑浑噩噩浪费时间和生命，让时间一分一秒在不知不觉中流逝，虚度光阴，总认为有时来运转的一天，但梦想是不会如此轻易地敲门的！

古人说：“明日的收成是用今日的汗水来换取的。”我们应该积极把握今天，努力地耕耘来换取明天的收成。所谓“一分耕耘，一分收获”，就像农夫每天日出而作，日落而息，从春耕到夏耘，努力工作，从未休息。其目的就是为了明日的秋收与冬藏；反观“守株待兔”故事中的农夫，每天只在树下痴痴等待兔子出现，不愿意做任何事情，结果一事无成反而饿死了自己！天下没有不劳而获的事情，我们应该尽自己的职责，努力踏实地完成每一天该做的事，能够把握今天、展望明天,这样不会活在虚幻中糊涂度日!

明天也许充满无限的希望,如果我们放任命运的操纵,这不就如同傀儡一样吗?如果不好好把握今天,只想着明天的梦想,最后还是一事无成。所以我们宁可脚踏实地地把握时间,也许平凡中能见到奇迹。假若今天不努力,虚度光阴,明天又会有什么样的希望?明日是为今日而生!有句话说"有梦最美,筑梦踏实。"唯有努力,把握今天的每一分每一秒,相信明天的生活会比今天更美好更充实。让我们在进步中找到自我与成就,让每一个明日拥有崭新的未来!

(本文获得第五届"原乡杯"台胞青少年征文竞赛初中组一等奖)

点评:

文章用对比手法阐述"把握今天"的重要,批判了生活中"虚度光阴"的人以及成语"守株待兔"的农夫,"有梦最美,筑梦踏实",那么,明天的生活会比今天更美好更充实;用"明日诗"起笔,也扣住了文章的主旨。

因为有你

西南位育中学　洪夏于郊

有一个“你”让我从幼稚渐渐成熟。

有一个“你”拉着我的手不断向前。

有一个“你”让我懂得世间最令人难忘的东西。

你就是我的母亲。

小学时光似乎十分短暂，转眼之间我就从小学毕业了。现在，又是三年过去了，八年级的我还有着一份幼稚、无知，不知天高地厚。

这样当然不是作为中学生的我应有的。也许每个人摆脱不了年龄的束缚，所谓“少不更事”，在年少时不可能体会许多事情的奥秘。

一过三年。在这三年中，是你，带领我渐渐走出幼稚，渐渐走向成熟，成为一个能独当一面的男子汉。一直没有主见的我也开始逐渐有了自己的想法。

因为有你，我从一个没有思想的傀儡变成了一个真正有思想的人。

我从前有着胆小的缺点，害怕痛苦的事，害怕恐惧的事，就连一只小虫也会让我吓出一身冷汗。在十岁那年，我由于贪玩，不幸右手骨折。那种痛楚令我永生难忘。骨折的当天，我一夜没有合眼。因为对病情不明了，我直到第三天才去医院治疗。这时你一直用温暖的手，握着我的小手，不断给我勇气，让我能克服当时的困难。在之后三个月中，勇气不断在我心中积累，我不再畏惧痛苦，不再恐惧。

因为有你，我不再害怕，而是勇敢向前，让勇气成为我手中的“利剑”。

不久之前,奶奶病重,卧床不起,作为孙子,我没有尽孝,没有时间看望她老人家。我也无法体会老人的感受和病痛之苦。是你每天服侍奶奶,并且告诉我亲情的重要,你还将原来给我的那一份关心也加给了奶奶。终于有一天,我去看望她时,见你累倒在床边,我拿起毯子盖在你肩上,看着奶奶逐渐好转,心里有着说不出的高兴,可也心疼你的辛苦。

因为有你,我懂得了什么是世间最伟大的情感,你让我成为一个充满温情的人。

谢谢你,母亲,是你给予我生命,是你教会我课本之外的一切。因为有你,我也有了向前的动力;因为有你,我不再幼稚;也因为有你,我学会了去爱别人。

因为有你,我才有了今天的一切;我要高声对你说:妈妈,我爱你!

(本文获得第五届“原乡杯”台胞青少年征文竞赛初中组二等奖)

点评:

因为有母亲的引导,“我”从幼稚逐渐走向成熟,本文作者深情怀念母亲给予的温暖,尤其是帮助自己改正缺点,成为一个“真正有思想的人”,母亲关心病重的奶奶的“身教”,也教育了作者“学会了去爱别人”,这一切都发自于作者的内心,也深深感染了读者。

春天的故事

培明中学　王诗雯

进入二月,天下起暖雨来了。

这是一个阴霾的日子,空中低浮着灰色的云。打深夜起,就下雨了,使人遽然感到一股复苏的感觉。这样的雨,不接连下上几场,是难以安慰我们对春天的无比渴望的。

我一直蜷缩着的身子开始舒展开来了。一年过去了,我也长大了一岁。可是爸爸妈妈还是叫我“小宝贝”。我下定决心要去买一次早餐,让爸爸妈妈知道,我已经不是他们眼中的“小宝贝”了。

我穿好衣服,蹑手蹑脚地走出了房门,拿起锅、雨伞和钥匙,小心翼翼地打开大门,往买早餐的路上走去。一路上,我都在盘算着买什么当作早餐比较好。最后决定买油条和豆浆。

我先去卖油条的小贩那里。大概油条是上海的特产吧!买油条的人特别多,但是我又闻到了油条的香味。不知不觉就走向了队伍的末端……

买好了油条,我又径直走去买豆浆。卖豆浆的大叔看到只有我一个人买豆浆就问:“你买早餐给你父母吃啊?”我笑着回答说:“对啊!”“真是一个孝顺的女孩啊!”大叔把豆浆填得满满的。

我高高兴兴地往回家的路上走去。心里想着爸爸妈妈看到早餐时惊讶的脸。可是“扑通”一声,因为刚刚没有看到路边的石头,所以我被绊倒了。乳白色的豆浆沿着马路上的细缝流了出来。但我心中的热火却没有就此浇灭,反而越烧越旺。我继续回去买了豆浆,更加仔细地拿起锅向家里走去。

回到家后,我向门缝里看了看,还好爸爸妈妈还没起床。我把豆浆和油条放在桌上。

我才刚刚躺到床上,另一扇门就开了。妈妈看着正在熟睡的爸爸,便知道这一切的“幕后主使”了。妈妈那熟悉的脚步走向我的房间。“小宝贝,这……”“妈妈,别再叫我小宝贝了,我已经长大了!”

现在,我在家里会帮助妈妈做一些事情。摆脱了“小宝贝”的称号,我真的长大了!

(本文获得第五届“原乡杯”台胞青少年征文竞赛初中组二等奖)

点评:

春天里,写了给爸妈买油条豆浆当早餐的故事,起因是自己已经长大,应脱离爸妈眼中的“小宝贝”了,结尾“现在,我在家里会帮助妈妈做一些事情”,则是“已经长大”的证明;告别“小宝贝”的昵称,是“春天的故事”的主要内容,也是文章所要表达的主旨。

油条

中芯学校　王凯媛

这个暑假,爸爸带我到台北探望奶奶。一回到台北的家,堂姐煜媛和堂弟煜中就迫不及待地赶来。大家一起聊天、玩耍,到了半夜才筋疲力尽地睡了。

第二天大清早,我们就被爸爸抓起床,迷迷糊糊地到了客厅,才发现竟然没有早餐?!原来奶奶一早就去医院照顾爷爷了,所以爸爸给了我们一些钱,叫我们自己出去吃早餐。我们三人听了,喜出望外,终于可以吃些别的美食了!经过一番讨论,我们一致决定要去吃烧饼油条!

我们找了很久,终于找到了烧饼油条店。堂姐堂弟都叫了烧饼油条,而我就点了糯米饭团,一人再叫一杯冰豆浆。煜媛、煜中都说烧饼烤得香香酥酥的,配上又脆又多汁的油条,真是好吃!我啃着糯米饭团,里面的油条配上肉松,再加上糯米的香味,咸中带甘,软中带脆,令我不禁一口接一口,两三口就吃完了。

堂姐看我吃得津津有味,便问我:“看你吃成这样,难道上海没有吗?”我愣了一下,想到:上海好像也有类似糯米饭团的小吃,叫做油粢饭;香港也有差不多的,是配粥吃的……

油粢饭其实才是最原始的上海点心,内馅也有油条,那为什么在台湾,糯米饭是人人喜爱的早点,而原始的油粢饭却没落了,在上海也不是到处都有的早点?我想了想,发现糯米饭和油粢饭有些不同。油粢饭的外皮总是紧紧的,里面的油条也软软的;而糯米饭团就很松软,还加了肉松馅,特别有滋味,肯定是有心人改良过的。换句话说,糯米饭团也就是经过改良的油粢饭了。

台湾人在油粢饭原有的基础上做了改良,便成了无人不知无人不晓的糯米饭团。人生似乎也是这样的。前人的发明,加上后人的改良,使东西变得更好,更值得流传下去。例如:黑白电视是英国约翰·洛克·贝尔德发明的,彩色电视是美国人发明的,但是现在是哪个国家的电视卖得最好?是日本。日本有SONY,SHARP,PANASONIC,HITACHI等知名的品牌,发明的人不是他们,但是因为他们善于改良应用,所以人人都喜欢用日本的电视机,日本也因此成为富强的国家。

我想读书也是一样的,像科学的原理经过专家的研究与改善,可以变得更完整。复杂的数学或许也可以有更简单方便的公式。有些知识虽然不可以改良,但是可以更好地加以应用,像我们学的古文,知道活学活用,就可以明确地表达自己的意思。如果只是硬背,不知道有什么含义,也不会应用,那就等于没学。

"砰"的一声,堂姐狠狠地敲了我的脑袋,说:"发什么呆?怎么还不回答我的问题?"我回过神,发现手上的油条已经冷了。

(本文获得第五届"原乡杯"台胞青少年征文竞赛初中组二等奖)

点评:

由油粢饭改造成糯米饭团,作者联想到科学发明和改良应用的问题,还联系到自己学古文的情况,这一切由油条触发,但远不限于烧饼油条,由小见大则是本文的特点。

我们缺少什么

中芯学校　梁玮琪

快清醒吧！我们快在蜜糖里溺死了！梁启超一声大吼:故今日之责任不在他人了！而全在我中国少年身上！孟子神色严肃,眉宇间如传递一个信息,意味深长地说:故天将降大任于斯人也……

我们缺少什么？——苦其心志！

在这科技发达的时代,什么电脑,手机,IPOD,PS2……我们似乎除了课业便闲下不来。全是安逸的生活,享乐的生活。孩子们集万千宠爱于一身,更别说独生子女了。但当我们走出学校,进入社会的时候,那些游戏、玩乐就变得毫无益处,我们就叹息痛恨自己将太多的精力耗费掉了,像是个身材健硕心灵婴孩化的人。那将有多可怕?

醒悟吧！我们缺少的是锻炼心志的机会,是变得成熟稳重的过程！

我们缺少什么？——劳其筋骨,饿其体肤！

这个时代的营养太丰富了,要吃什么？穿什么？种类繁多,任君挑选。这是好事吗？是！人体需要的都齐了;但也不是！因为我们没尝过饿的滋味,就不懂得珍惜。因为我们没经历过为一日三餐而奔波劳碌,就不了解疲惫工作后换来成果的甜美。

停止吧！衣来伸手、饭来张口的日子够多了！我们缺少的是失去后的珍惜,是劳苦后的满足。

我们缺少什么?——空乏其身!

父母像是为我们源源不断提供资源的靠山。可靠山也会老,也会倒。总有一天,我们将成为他们的靠山。难道真的不经历空乏其身的痛就无法未雨绸缪吗?难道不走到山穷水尽之时,就无法开辟新的道路吗?

警醒吧!我们缺少的是一颗深谋远虑的心,是一抹对家人的爱与关怀。

孟子感叹:然则生于忧患,而死于安乐也!少年人!别执迷不悟了!

梁启超盼望着美哉的少年中国,壮哉的中国少年。

我们缺少什么?是那即使溺在蜜糖里,仍选择跳出来,去经历,去创造的坚持和精神!

(本文获得第五届“原乡杯”台胞青少年征文竞赛高中组特等奖)

点评:

当今社会,我们正缺少孟子所说的“天将降大任于斯人也”中“苦其心志,劳其筋骨,饿其体肤,空乏其身”的要求,文章既对自身说,同时又对家长说,为的是肩负中国少年的责任,必须从享乐的蜜糖里跳出来,去坚持与创造;文章立意高远,也值得家长们一读。

细节断想

上海交通大学附属中学　吴蕴菁

原野,一丛蒲公英。

先是从松软的草地上拱出,渐渐地舒展开锯齿的叶芽,由黄变绿,叶片一天天变大。叶芯处,花蕾紧裹着,在阳光照耀下,金黄的花瓣伸展开来。不几日,它们蓬松得如同小伞,生命的种子系在伞翼里,无声无息地等待。风来了,先是外围,然后是里边的一圈,顺序地告别花座,开始了各自生命的又一旅程。

这片诗意,在繁忙世人的视野里都荒疏了,只有在电视特技镜头里才看得见细节的美丽。

细节,是最基础最细微的那一部分,生命的最初就是由细节组成的。微生物到三叶草,草履虫到高级动物,无涯的空间与缥缈的时间,许多细枝末节环环相扣,构成历史的漫长,组合了自然,组成了人生。细节让我们的生命细腻而丰满。

一叶知秋,是说落叶对季节的敏感。每一片落叶,都是对生命的郑重告别。可是它飘往何方,落在何处,却无人关注。人们看到的只是明年春天,依旧枝繁叶茂。

打开泛黄的史册,记载的只是浮光掠影,一笔带过的千年风霜,无数的细节都在时间的磨损中消失殆尽。人们只能从残砖断瓦、古墓文物中,去遐想追思那些争、那些战、那些爱恨悲欢的故事。风雨的侵蚀,细节已"零落成泥碾作尘"。

见微知著,细节识人。狱中的洪承畴心事浩茫,从外表上看他视死如归,清人的利诱之箭在他的气度面前纷纷折落,可最终他还是降清了。那是一个细节被对方捕捉到了——房梁上的一小撮尘团落下,不偏不倚正中洪承畴的衣襟,他撩起,十分仔细地掸了掸。弹指一挥间,明眼人已经洞见了他惜生的渴求。一个眼神、一个动作,都是某种细节流露。它是原初的,与生俱来。

千里之堤,溃于蚁穴。失之毫厘,谬之千里。一根烟头,足以酿成弥天大火;一只蝴蝶扇动翅膀,也能掀起一场龙卷风;一粒灰尘飘进培养器皿中而发明了青霉素,改变了人类的命运;一根发丝,一枚指纹,一个脚印,蛛丝马迹,都成为破案的线索。正如老子所言:"天下大事,必作于细。"

西谚云:丢了一个钉子,坏了一只蹄铁;坏了一只蹄铁,折了一匹战马;折了一匹战马,伤了一位骑士;伤了一位骑士,输了一场战斗;输了一场战斗,亡了一个帝国。

成也细节,败也细节。

(本文获得第五届"原乡杯"台胞青少年征文竞赛高中组一等奖)

点评:

用了自然界和人类生活中的实例,阐明"天下大事,必作于细"的道理,进而引用"西谚"论述"成也细节,败也细节",真可谓"细节决定成败";作者联想丰富,对重要的细节有自己的感悟,也掌握了大量材料,说服力颇强。

七色的军训

久隆模范中学　刘正麒

“不经历风雨，怎么见彩虹。”不经过挫折的磨炼，也不可能有精彩的人生。高一这七天的军训，给我带来了不少难忘的回忆。七天，积累了我们汗水的结晶，凝成晶莹的露珠，滴入心田，让我成熟。如七色的彩虹，相信它能照耀着我今后的生活，让我得到灵魂的升华。

红。第一天的我，兴奋，好奇，紧张，各种情感交织在一起充满我的脑海。都听大哥哥姐姐们说“军训苦，军训累。”这次轮到了自己，反而倔强地发誓要撑过去。烈日下，我精神抖擞，毫无一丝懈怠，让我的热情在这操场挥发吧。就是这种干劲，让我的热情盖过了骄阳的酷热，那片火红燃烧了我的每一滴汗珠，沸腾了我每一滴血液。

橙。到了第二天，我就累垮了，浑身都感觉酸痛不已，走每一步，做每一个动作，都像是刀刮在自己的肌肉上。多想在旁边阴凉的地方休息啊，我有些气馁了。“加油啊！大家一定要撑过去。”陌生的声音萦绕在耳边，是新的伙伴啊。对啊，我还有那么多新的同伴一起在酷热的条件下接受训练，他们一定和我一样累，不能就这样倒下。一声鼓励，一声加油，大家互相激励着前进。好像橙色的火焰，在这个新的集体里温暖着每一颗疲惫的心。友谊，永远不会灼伤自己的伙伴。

黄。“正步—走！一——二——一（1—2—1）！”教官不断下达严肃而有力的口令，几乎同时，阵阵整齐的踏步声回响在操场。经过两天的训练，大家开始习惯了军人的生活,无论训练,休息都要求听从命令,快速整齐。就算是烈日当空,也得任汗水浸湿自己的衣服。我想军训的目的就是让我们学会顽强、坚毅,从而能适应高中艰苦的生活吧。

绿。一大早,要进行小会操,然而在准备的时候,教官却有些不对劲。“立正……”平时昂扬有力的喊声不见了,大家听到的竟是沙哑的嗓子,平时的干劲全无,都懒懒散散地根本没进入状态。眼看就要到会操了,一旁的教官实在是看不下去了,跑上前来“立正!”一声响彻云霄的吼声立刻震得我们站直挺身。“连日来训练大家辛苦了,我的嗓子也叫哑了。”听到这里大家格外地心酸,毕竟教官也和我们一样接受炙烤,“但这不代表你们可以放松,在这关键时刻更应该发挥军人的本色,我们一起尽力克服困难!”短促的一席话却激起大家的信心,我们是最好的!会操时,教官的口令声格外的响亮,而同学们也跟着认真起来,当宣布最佳连队是我们连时,欢呼声震天,感谢我们的教官!也许希望就是在挫折中产生的,可能有更多的困难迎接我们,想想那些新生的嫩草是如何接受风雨的洗礼,是对未来永不言弃的希望!

青。天上黑压压的乌云,预示着今天将不再炎热,大家都为此兴奋了许久。所以,走起步子来特别卖力,铿锵有力的步伐让整个操场充满了朝气。果然不久,丝丝的“银丝”落了下来,紧张的心情终于放松了,“大家继续练习!”打断了正在庆幸的我们。“啊?还要继续啊!”抱怨声纷纷而起,而教官那不容置疑的口吻让同学们立刻归队。顷刻,大雨倾泻而出,却依然能看到依稀的雨中,排排整齐的身影。而我,却能看到这是青春的画面,大家都在挥散着自己的青春,如此的热烈……

蓝。下雨的日子结束了,骄阳又回来了,训练中,可以看到大家的脸都晒得发红,也有体力不支中暑倒下了,但牢骚和抱怨声消失了。休息时教官教我们唱军歌,看似很土气的歌——《团结就是力量》唱起来却让人特别舒服,特别是四个连和教官们齐声高歌时,才能感觉到“这力量是铁,这力量是钢”的用意,要抓紧希望,就需要五个手指一起用力,缺一不可,我们就是这个大家庭里每个不可分割的个体,让我们一起努力完成人生美满的蓝图!

紫。最后一天是“军民联欢”,即将告别一直不辞辛劳训练我们的教官了,大家都有些依依不舍。这七天,我们不能忘记,我们的毛巾,我们的杯子,还有蒸发的汗和泪,都已凝结成最美丽的记忆收藏在心中。当教官们一起上台唱起那首《朋友》时,虽然音调总是不对,还带上了点口音,它却让全场沸腾了。最后热烈的掌声中,教官们走出了校门,看着那背影,以后也许再也见不到了。谢谢了,我的教官,你们辛苦了。淡淡的紫色笼罩了整个上空,是些许伤感吧。

铭记这七色的军训,在那十六岁的雨季,筑起心中的彩虹,架着我走向未来。七天的军训让我更顽强,有了更多伙伴,它对我们的意义非同凡响,挥着手,让我们告别军训,迎接更灿烂的明天。

(本文获得第五届“原乡杯”台胞青少年征文竞赛高中组一等奖)

点评:

回忆七天的军训,总结了自己的收获,用“七色”描述了军训的内容,很具体,尤其是写了教官们的辛劳,临别时对教官发自内心的“依依不舍”,其实此中也包含了自己的收获;文章篇幅虽不短,但有一定的厚度和深度。

泪痕

市东中学　柳成杰

滑过脸颊的是泪,留下的是泪痕。泪水流淌的是感情,泪痕袒露的是感受。流泪改变不了沧海桑田,流泪追不回流年岁月……但泪水可以铭刻情感的宣泄,可以记录点点滴滴的岁月。有人为真情潸然泪下;有人为伤痛泣不成声;有人为成就喜极而泣。每一次的流泪都因一次感动而无比光彩,每一道泪痕都因一次流泪而无比珍贵。

不曾流泪又何知泪水的滋味?不曾流泪又何知泪痕的柔美?当一滴饱含着情感的泪滴从眼角深情地淌下,滑过脸颊的那道泪痕散发着彩虹般的光芒。无论为何流泪,至少淌下的泪水是真实的。

哪里有泪,哪里就有感动……

1970年12月7日,当时的联邦德国总理维利·勃兰特冒着凛冽的寒风来到华沙犹太人死难者纪念碑下。他向纪念碑献上花圈后,肃穆垂首,突然双腿下跪,并发出祈祷:"上帝饶恕我们吧,愿苦难的灵魂得到安宁。"勃兰特以此举向二战中无辜被纳粹党杀害的犹太人表示沉痛哀悼,并虔诚地为纳粹时代的德国认罪、赎罪。这个举动瞬间平息了受纳粹时代的德国所迫害的人民的愤怒。全世界为维利·勃兰特的伟大而流下了泪水。留下的泪痕诠释了世界和平的渴望,折射出世界对勃兰特这样的"巨人"的尊敬。

这是泪的和平之痕……

哪里有泪,哪里就有感动……

还记得是谁伴着“泰坦尼克号”的沉沦吗？最有条件逃生的船长愿与船同沉，他站在甲板上，深邃而坚定的眼神望穿了多少人的心……许多人泪光闪闪。留下的泪痕刻画了船长无私、伟大的背影。

这是泪的无私之痕……

哪里有泪，哪里就有感动……

唐朝陈子昂，因直言屡受打击，登上幽州的蓟北楼远望，吟出了“前不见古人，后不见来者”的诗句，那“怆然而涕下”的泪，曾使一个民族的眼睛湿润。留下的泪痕散发着民族精神的朝气。

这是泪的激昂之痕……

哪里有泪，哪里就有感动……

几十年前，朱自清望着父亲肥胖的、青布棉袍的背影，“泪很快地流了下来”。留下的泪痕饱含亲情的滋润，回忆起一件件陈年往事，犹如播放老旧默片，场景历历在目。

这是泪的亲情之痕……

无论是泪的和平之痕，泪的无私之痕，泪的激昂之痕，泪的亲情之痕……都是表达着不同的情感。请不要失落流泪，不要吝啬泪水，也让泪水在脸颊上滑出美丽的泪痕……

（本文获得第五届“原乡杯”台胞青少年征文竞赛高中组一等奖）

点评：

“哪里有泪，哪里就有感动”这句话贯穿全文，“流泪”留下了泪痕，文章列举了大量令人感动的“泪痕”，从勃兰特的“下跪”到朱自清父亲的“背影”，作者为“泪痕”作了分类，但事事都离不开“感动”；文章主旨鲜明，叙述也较有条理。

忧郁心理学

华东台商子女学校　徐　昕

曾经在深夜看过一档名为“鲁豫有约”的节目,主题是关于忧郁潜藏期与相关的表现。在节目中,她们请了一名大陆著名作家,一同分享忧郁症的最初表现。

有一道心理测验,将一张看似诡异的图片涂上各种深沉的色彩,问众人对哪种颜色下的图片感到特别恐惧。这个测试主要决定人们最害怕遇上以至于显现忧郁的因素。

作家选择了褐色。心理学家认为选择褐色的人群最容易在失意时引发忧郁,这项结果正好证实了作家曾经的回忆:曾有一段时间,她的事业与感情皆遭遇不顺。某夜凌晨,她站在高楼的阳台,探头向下看着,理智告诉自己不可能有胆往下跳,于是她没有行动。但隔日的深夜,她又回到阳台,耳边仿佛听见一个女性的声音:“这次你再不跳,我就会看不起你!”因为这个声音,她失去理智,纵身一跳……

作家在医院躺了数日,不仅莫名地排斥人群,更有一种“医治也没用,待我出院,马上会去跳河”的堕落心态。至今回想,作者的脸上还泛有一丝恐惧,甚至将当夜听到的声音,与自己小说中的角色联想起来,说是女鬼活在她的脑中。专家告诉她,那种表现已经是忧郁的中后期,若不及时治疗,可能会令她丧命。

实际上,如今的社会已有越来越多的忧郁症患者,他们潜伏在人群中,对于自己的病情毫无所知，甚至在他人提醒之后抗拒治疗，带来可怕的后果。其实忧郁并不是很可怕的病症，只是因为众多不好的示范，令人们惧怕忧郁，因此专家呼吁大众随时了解自己的心理状况，别让忧郁成为无形的杀手。

关于忧郁，我自己也有些看法：一般易患忧郁症的人，往往有强烈的自尊，自我中心，习惯控制他人，对突发状况没有应变能力，又或者拥有许多悲观想法以及丰富的想象力。忧郁的犯病程度也因重视事物的程度不同而有所改变。

当然，世上也有一种不易被忧郁缠身的人，他们的特点就是乐观、安分且不强求任何事；另外还有心性单纯的人，因为了解的不多，执著的欲望也不强烈。虽然这种人在处事待人方面不如前者细致圆滑，却有对自我心理极佳的调适能力。

忧郁常在不知不觉中侵入内心，适当的抒发压力将会是一种有效的避免方法。所以，找愿意倾听的好友或值得信赖的人倾诉，将生活的不如意慢慢转移，会让心中的抑郁一扫而空，远离忧郁，这就是我长期保持心情愉悦的良药。

（本文获得第五届“原乡杯”台胞青少年征文竞赛高中组二等奖）

点评：

心理忧郁产生的后果，诚如那位作家的遭遇，作者指出，如今的社会已有越来越多的人患上忧郁症，作者分析了症状，同时指出有乐观性格的人对自我心理有极佳的调适能力，听人倾诉、远离忧郁则是长期“保持心情愉悦的良药”。本文针对性强，立意深远，是一篇不错的文章。

朋友,你好!

中芯学校　祝振刚

朋友,你好!好久没有和你聊天了,也没有和你联系了,你还好吗?一切还好吗?你的心情还那么低落吗?到底是什么影响了你呢?你原来又是什么样的呢?你现在很确定你的目标吗?不要因为一个小小的冲动而让自己的一生都给毁了。

朋友,你现在要确定你的目标哦!你的任务又是什么呢?有时你会迷茫,有时你不够自信,有时你因为一点点的事情而影响了你的想法,有时你……那现在你好吗?

朋友,你很有个性。当别人对你说:"Are you OK?"(你好吗?)你经常说:"No! I'm not OK, just as I am Mose."(我不是OK,只因我是Mose。)

是的,你经常说你就是你自己,也说出了你不好。可是,你又有多少次开心过呢?当你看到你身边的人很开心的时候,你很希望那个人就是你自己,可是那不是你,你只是在一边为着不同的事情而操劳、思考、苦闷。你为其他的人想了很多,可是又有多少人明白你的想法呢?你曾经试过去放弃,可是你没有,因为你太爱你身边的每一个人了,不愿放弃为他们着想。

作为你朋友的我,想对你说:"朋友,你好!"真的,你真的很好,你的心好,脾气好,性格好,学习好,交际能力好,人缘好……只是有时你不愿自己去面对而已。因为你不想在别人面前太突出你的优点了,也不愿意得到太多的夸奖和荣耀了,你也不想把所有的风头都抢尽,因为你想让你身边的朋友也能够有机会来“秀”出他们自己。你想帮助你身边的朋友来完成他们的梦想,你想让你身边的朋友都能够开心。因为你的开心,乃是建立在你朋友的开心之上,你的不开心也是建立在他们的不开心之上的。因为只要你的一个朋友不开心,你都会不开心。似乎有“先天下之忧而忧,后天下之乐而乐”的担当。可是,你要记住,你经常说的你就是你自己,不是全能的人。

作为你朋友的我,想对你说:“朋友,你好!”真的,在这个世上,我们能够互相认识,我们能够成为朋友,我们能够彼此了解,我们是幸福的,我们应该感恩。同时,我们就像幸福的一家人。我们应当开心快乐,因为你的微笑,你的快乐可以感染你身边的很多朋友,同时你很好时,你的朋友也会很好的。

作为你朋友的我,想对你说:“朋友,你好!”朋友,我对你很了解。你在你的网页空间里的标题“不管你是谁,我们都是幸福的一家人(It doesn’t matter who you are, we’re a happy family)”,不是说了你很幸福吗?可是,你为什么说你不好呢?也许在别人眼里是你在开玩笑,而没有太在意你的心情。事实上,你是不开心而不愿意与他人分享,因为你不想让你的朋友知道你的不开心而不开心。可是,俗话说一份快乐分享而成为两份快乐,一份痛苦分享而成为半份痛苦。难道你不知道这个道理吗?你是知道的,可是你就是不愿意去改正。这也是世人的通病,明知道自己是错的,可是就是不愿意去改正。你也不例外。

作为你朋友的我,想对你说:“朋友,你好!”因为作为你朋友的我,也希望看到你开心的笑容。我想送给你几句话:“人生本无束缚,束缚自己的乃是自己的思想包袱,何不放下包袱,快乐地环看世界?就算有烦恼也应笑脸迎人,怀一丝梦走向未来的世界”;“笑一笑,十年少。”

朋友,你好吗?我希望得到你肯定的回答,也希望看到你展示你的开心,好吗?

(本文获得第五届“原乡杯”台胞青少年征文竞赛高中组二等奖)

点评:

希望朋友开心,指出朋友常常不开心的缘由,也为朋友开出了“开心”的药方,期待朋友的转变,本文首尾呼应,主旨贯穿全文,并反复强调以深化立意,体现了一定的构思能力。

彩虹之爱

梅山高级中学　钟国屿

每当雨后天晴的时候，我都会独自来到阳台上静静地看着天空。渐渐地，渐渐地，远方的天边便浮现出一道优美的彩色弧线。我爱这彩虹的弧线，常常陶醉于其中。因为彩虹让我想起了妈妈——这个已经很久没有叫过的名字了。

同学问我："你最喜欢哪个季节啊?"我毫不犹豫地回答："夏天！因为夏季总是会下雨，然后……""然后怎么啦?"同学好奇地追问着。我只是微微地绷紧脸上的肌肉，勉强地笑笑，然后就不再言语了。

是啊！一直以来我都无法从那件事中脱离出来，我不愿意承认这就是事实。"妈妈已经离开我了吗?"我常常这样问自己。但没有人回答，没有。不，只能说是我太懦弱了，不敢接受这一沉重的事实。握着母亲渐渐冰冷的手，一切仿佛在做梦——一个我永远也不想做的噩梦。我除了哭泣就是沉默……沉默，我不愿多想未来，因为当时的我觉得根本已经没有了未来，只想活在以前的日子里。

直到有一天，当我整理书桌的时候，无意在抽屉里发现了一幅已布满灰尘的油画。虽然透过灰尘只能大致看到模糊的轮廓，我却一眼就认出了那是在我十岁时，母亲送我的生日礼物。我还记得母亲对我说："你看见这幅'雨后天空'的画了吗？那彩虹是只有在暴风雨过后才会出现，虽然它现在美丽，但那美丽是建立在之前暴风雨的摧残之下的。我希望你以后能够做一个具有彩虹般品质的人,这样才是我期望的儿子。”

我不禁惊醒,是啊!现在的我不正处于猛烈的狂风暴雨之中吗?如果我这样子消沉下去,母亲在另一个世界里是不会快乐的。我要坚强起来,做一个真正的男子汉。以前的事已成为历史,历史终归是历史的,它不能改变。对于一个活在世上的人来说,重要的是明天的天空中会浮现优美的彩虹。我抬起头看见窗外远方的天空中忽隐忽现的一道七彩弧线,深深吸了一口气。我才发现原来世间的空气是这么清新……

我爱母亲,我爱彩虹。我静静地陶醉于彩虹之中,感受着母亲永远温暖的爱。

妈妈,相信我,你的儿子不会辜负你,他定将成为明日的天空中最绚烂的一道彩虹。

(本文获得第五届“原乡杯”台胞青少年征文竞赛高中组二等奖)

点评:

母亲虽已离开人世,但“我”记住了母亲的话,母亲希望儿子能经受风雨,从而成为一个“坚强的真正的男子汉”,“我”理解母亲的期望,“雨后天空”的彩虹正是“在暴风雨过后才会出现”,“我”要成为“一道彩虹”是文章的结束语,也是对妈妈真切的爱的表露。

苏老师黑白讲

华东台商子女学校　杨　容

虽然有了《苏老师辨化学》的经验，但这次仍然被苏老师诙谐的表述法折服，可细心一想，却又发现苏老师能如此幽默地讲述原本生涩无聊的知识，要许多年的学识在背后推动。

这次的主题是食品科学。书中告诉我们如何看清那些披着科学外衣的各类先进用品与食品。比如说自来水里的氯有害健康，天然药草就绝对安全无虞，吞下肚的银杏能增强记忆，这些真的完全正确吗？在书中苏老师通通帮我厘清了。

我们在台湾电视上所看到的广告，固然受到法律的限制而不能过度虚报。但各家厂商却为利所使，在媒体上对某些优点不断地夸大，或把一些已知的缺点无限地缩小或不报。就以近来大众所流行的喝绿茶风潮来说，我们在厂商的广告下得知绿茶含有大量的儿茶素，并且在数位科学家和营养学家的背书下，把这则信息当成“圣经”来强迫自己养成每天喝绿茶的习惯。厂商也乐得大发横财，于是各种绿茶制品瞬间身价大涨。销售商更是开始标榜其他的茶饮料，如红茶、白茶、乌龙茶等也富含儿茶素，以此来增长自己的获利空间，就连我也经常喝起茶来。

而那些每天饮茶维生，并以为这样就能获得养生效果的人，想必没有看过《商业周刊》近期的一份报道：大量饮用茶类制品的人，不但无法获得健康，还会更容易得肠胃疾病，甚至有患上肠胃癌的危险。这份令人震惊的消息来自日本科学家,他们发现日本人饮用绿茶的习惯,使得日本国民获得肠胃癌的概率接近世界第一。

同样的案例发生在维生素C的风潮下。在美国,一项叫做“妇女健康研究”的大型研究表明,维生素C除了对那些缺乏维生素C的人有一定的效果,对我们一般人而言,犹如安慰品,更别提那些厂商和科学家所标榜的抗癌效果。而且大量服用维生素C,不但得不到降低自由基伤害的疗效,还可能加速一些糖尿病人的动脉硬化症。

苏老师提到的案例,显示许多问题,如厂商和科学家的职业道德不佳;还反映了我们对专家的盲从,及对药理学知识的严重缺乏。同时苏老师在书中还强调过量的良药也会成为毒药,这也是值得学习的地方。

(本文获得第五届“原乡杯”台胞青少年征文竞赛高中组二等奖)

点评:

对充斥台湾媒体的虚假广告,通过苏老师的讲述,已“通通帮我厘清了”,苏老师提到的案例,还反映了我们“对专家的盲从,及对药理知识的严重缺乏”;本文指出苏老师的讲述“要多少年的学识在背后推动”,实际上强调了学识对正确分析事物的重要性,本文立意深刻,论述有一定的说服力。

“原乡杯”台胞青少年征文菁华集

第六届

（2008 年）

盼

中芯学校　苑以蒙

从北京到台湾，
到底有多远。
为什么奥运的圣火，
台湾没法传?

我想让圣火，
燃烧在阿里山巅。
熊熊的火光，
一起照亮日月潭。

我想让圣火，
传递在凯达格兰大道。
夹道的人民，
一定会欢声呼喊。

可是圣火没有来，
我的朋友都没法看。
我的心情真是糟糕，
老是把气来叹。

爸爸笑着宽慰我，
即使圣火没有来，
一样的血脉一样的情，
还是开心来把奥运看。

可我还是很希望，
圣火能来宝岛传。
相信不久的将来，
我的心愿一定能实现。

（本文获得第六届“原乡杯”台胞青少年征文竞赛小学组特等奖）

点评：

小作者以奥运会圣火未去台湾传递为由头，表达了自己企盼两岸早日统一的鲜明立场和浓烈感情。所采用的诗歌形式又使作品更形象感人。

诗歌叙事不能抽象，作者选择了“圣火照亮日月潭”和“凯达格兰大道人们夹道欢呼”两个想象中的镜头来描述自己的渴盼，既典型又生动。

诗以抒情为主，作者对现实的不满与遗憾之情、对两岸统一合作的企盼渴望之情、对美好愿望一定能实现的追求激情，以第一人称的设问语气表达出来，更利于与读者交流互动，更能感染人，打动人。

在诗歌特有形式的把握上，作者已比较熟练，四句一段的结构，每段中的起伏推进，使诗歌的节奏感增强；而在韵律上，逢双句均押，且一韵到底（个别地方破），读来琅琅上口，更增加了作品的音乐性。

诗题“盼”，含蓄委婉，也是画龙点睛之处。

我会帮忙做家务

上海台商子女学校　杨宇宏

每个人家中都会有很多家务,但是有些人会请一个阿姨代劳,不会自己做家务;当然也有一些人,不请阿姨,自己动手做,像我们家就是这样。妈妈拖地、洗衣服,爸爸负责切水果、擦桌子,我经常看爸爸妈妈做家务,爸爸妈妈都很辛苦,所以,我想分担一些家务。

我学到的第一件家务是拖地。一开始,我只是好奇,因此,只拖了一小块地方;后来,妈妈看到了就说:"你想要帮忙拖地可以,可是,不要只拖那一点,其他地方也要拖。"我听完这句话后,就马上朝其他地方拖去。拖完后,我发现拖地不只好玩而已,还可以运动,而且妈妈也轻松了不少。从那以后,拖地就一直是我每个礼拜日该做的事了。除了拖地以外,我还学了其他的家务,比如做早餐、扫地、收玩具、折衣服、叠棉被等。其中我最拿手的是做早餐,因为这是我学会的第二件家务,难度比其他的家务高,所以爸爸妈妈也教得很仔细,因此我能做出几道美味可口的早餐。

我经常做的早餐是荷包蛋。煎荷包蛋十分容易,只要滴几滴油在平底锅上,然后开火,再把鸡蛋打进去,翻面两三次,营养好吃的荷包蛋就可以上桌了。我煎的荷包蛋不是只有我自己喜欢,爸爸妈妈也赞不绝口,说我煎的荷包蛋真的很好吃。听完这句话后,我非常高兴,决定要再学会做几件家务,让爸妈更高兴。于是我又学了另一件家务,那就是帮忙倒垃圾。自从我学会帮忙分担一些家务以后,爸妈省下了很多时间,所以,放假时,我们更常出去玩了。

我学会做了许许多多家务。我发现,做家务没有想象中那么容易。小时候我很淘气,爸妈又要做家务又要照顾我,一天下来不知道要花掉多少体力和精神,所以,我现在常常帮忙做一些家务,爸妈就可以轻松一点了。当然,除了帮忙做家务外,也要把功课做好,这样爸妈就不必多花时间为我检查功课了。另外,照顾弟弟也算是帮忙,因为爸妈上班和做家务就已经够累了,如果还要照顾弟弟的话就更辛苦了。而且,爸妈如果因为太累而生病的话,那该怎么办呢?所以最好的办法就是我和弟弟一起帮忙做家务。

家务就是家里的事,没有分谁该做谁不用做。我觉得只要是家里的一分子都要做家务。所以小孩子不应该只会读书,而且还要帮父母分担家务,如此一来,这个家庭才会更快乐、更圆满!

(本文获得第六届“原乡杯”台胞青少年征文竞赛小学组一等奖)

点评:

以十分朴实的语言,记述了自己做家务事的情况和感受。无论是拖地、做早餐还是倒垃圾,都交代得明白利索,而从中得出的感受,更是亲切自然,是一篇实实在在的文章。

倘能再形象生动些,多些文采,就更好了。

信

中芯学校　柯沛妤

我学会了写信，
用笔和纸，
用手和心。
我多么想写啊，
写许多许多的信。

替蝌蚪给青蛙写，
让妈妈快回池塘，
天色已近黄昏。

替树林给小动物写，
请快来玩耍，
树儿已长得亭亭玉立。

替狗给猫写，
请小心一点，
我正要来追你。

替大地给种子写，
请快快长大，
愿变成丰收的喜悦。

给自己，
我也要，
写一封封信，
让自己的心，
和别人的心，
贴得紧紧、紧紧地……

（本文获得第六届“原乡杯”台胞青少年征文竞赛小学组一等奖）

点评：

这是作者用火热的心写成的诗，充满了诗情画意。诗中无论是蝌蚪、青蛙，小猫小狗，还是树林、大地、种子，都那么可爱、有趣，这是作者的爱赋予了他们的结果。末一段让自己的心和别人的心“贴紧”的呼喊，传达了动人的情愫。

我爱含羞草

中芯学校　林佳宜

我家的院子并不大,却种着许多花草树木。在这些花草中,我最喜欢的要数含羞草了!

我第一次看到含羞草是我三岁的时候。有一天朋友咪咪给了我两粒小黑籽儿。“咦?这是什么东西?”我好奇地问。“这是含羞草的籽。”她笑容满面地说。说着,我向爸爸拿了个花盆,在里头加上三分之二的土,然后把籽种了下去。

两个星期以后,一棵嫩绿的小苗长了出来,嫩绿嫩绿的,美极了。从这天以后,我天天给小苗浇水。嗬!长得可真快,真是一天一个样儿。才两个星期小苗就长大了不少呢!

我仔细端详着这棵含羞草,青里带紫的茎,不是很粗,也不太直,但很结实。茎上有明显枝节,枝上有许多卵形的小叶子,一片挨一片,整整齐齐地排列着,左一排,右一排……

几周后,含羞草竟然开花了!粉紫色的小花,毛茸茸的,可爱极了。风柔柔地吹来,花儿们和风跳起了一支优美的舞蹈,跳啊、跳啊……

有一天,我去浇水的时候,见叶子全都耷拉着,一个个垂头丧气。我觉得很奇怪,是谁动过它了?看它好半天叶子也没张开,我想它可能是生病了,心里又着急又发愁……

不一会儿,天空乌云密布,紧接着下起了倾盆大雨。我匆匆地来到阳台打算把花盆拿进来。哇！含羞草的"病"被雨先生医好了——一个个昂首挺胸，在雨中摇摆着身子，欢笑着。

"耶！"我惊奇地大叫。

这时，爸爸悄悄地走到我身边，笑眯眯地对我说："含羞草是为了保护自己才这样做的。不信的话，你用手动动它的叶子看看？"我的手才摸到叶片，含羞草就已经害羞地低下了头……

我爱你，含羞草！

（本文获得第六届"原乡杯"台胞青少年征文竞赛小学组一等奖）

点评：

文章十分细腻而生动地描绘了栽种含羞草的全过程，尤其是"垂头丧气"的含羞草雨中"昂首挺胸"的情景，更是令人惊讶与喜悦，而且还点了题。贯穿全篇的对含羞草的关爱之情也很有感染力。

棒球与我

华东台商子女学校　刘翰夫

今年暑假,我参加了两个礼拜的棒球夏令营。每天下午我们在天母棒球场集合,一开始先做暖身操,然后分组练习跑垒,接下来练习守备与打击。每天的最后一点时间,我们都会打一场六局的友谊赛。好耶!终于可以比赛了!最后一天,我们会打两场冠军赛,来分出两队的冠军。

棒球是一种体育运动,运动员分为攻与守两方,利用球棒与手套在一个扇形的棒球场里比赛。场内有四个垒包,比赛中,两方轮流进攻与防守。进攻方式是每次由一名打者上场打击。打击者的任务是将球击出之后,从本垒以逆转的方向经过一垒、二垒、三垒最后回到本垒得分。如果三颗球没打中或打击者打出高飞球被防守队直接接到,或者在垒守员拿到球后,在打击者还没碰到垒包时,垒手先碰到垒包,打击者便被判出局。如果打击者击出全垒打,也就是球飞到了场外,这样打击者就可以顺利地从本垒到一、二、三垒绕回来得分。进攻方一有三人出局之后,双方交换攻守,在正规比赛九局中,获得较多分数的一方获胜。

投手主要是投球。想成为一个好投手,大致上得具备以下这四项条件:一、直球要强劲快速、曲球要曲降锐利,并且最好拥有三振对手的能力。二、控球要精准。三、遇到不同的打击者时,要依打击者习性投出不同球路来吊打者挥棒。四、不管在什么时候都要从容不迫、头脑冷静、不慌不乱。

捕手是整个队的领导。要当好捕手不是那么简单。捕手的头脑要很好,要了解各个打击者的习性,以便配球来吊打者挥棒。通常捕手的体型非常高大,因为它必须穿上将近十五磅的装备上场蹲两三个小时。

一垒手主要是接队友传来的球来刺杀打击者;二垒手主要是守二垒;三垒手比较适合爆发力十足、反应灵敏、思想细致以及智勇双全的选手。因为通往三垒的球,往往力道都非常大,速度也很惊人,所以三垒手没有一个是没有胆量的。

游击手就比较忙了,不过游击区域的球主要是弹地球或滚地球,游击手还必须要常常到二、三垒补位以便击杀。

右外野手的臂力是三位野手中最强的,因为有打击者敲出一颗飞过一垒的球,一垒手没接到,右外野手可能要直传二垒或三垒;中外野手是三位外野手中最快的,因为他守卫的区域比较大;左外野手比较轻松,不过他还是要接游击手与三垒手接不到的平飞球。

棒球是一件规则复杂的运动,当初我是因为看了美国职棒大联盟的棒球比赛,才喜欢上棒球的。棒球需要大家的团结,还需要智慧与能力,可以说是一项很好的运动。我想,我一定会往当棒球选手的梦想前进的。

(本文获得第六届“原乡杯”台胞青少年征文竞赛小学组一等奖)

点评:

这其实是一篇说明文,较详细地介绍了棒球运动的有关规则和对相关运动员的一些要求。由于这项运动比较复杂,要让从未接触过的人听明白不是一件容易的事。作为一个小学生,写成这样已经不易了。

我最喜欢的季节

台北市永乐小学　黄菡颐

一年四季,有春暖花开的春天,有炙热无比的夏天,有秋高气爽的秋天和冰天雪地的冬天。每一季都有它迷人的景色和鲜明的活力,但其中,我最喜欢的是——秋天。

秋天是丰收的季节。每到秋天,稻田里金黄色的稻子随风摇曳,像极了金黄色的海浪,风一吹,稻子起起伏伏,真是美极了!黄澄澄的柿子和橙子也成熟了,树上果实累累,一颗颗香甜饱满的果实令人垂涎欲滴,农夫脸上挂着满足灿烂的笑容。瓜棚架上的丝瓜也来凑热闹,开出一朵一朵的小黄花,给秋天增添一点惊喜!

秋天是美丽的季节。这时候,路上的台湾栾树会换上咖啡色蕾丝花边的黄色礼服,令人惊艳!枫树则是穿上一件红叶做成的舞衣,随着秋风,跳出动人的舞姿。秋天的黄昏是一年最美的时刻,当夜幕低垂,天空像孩子们打翻了五颜六色的颜料似的,有黄,有红,有橙,有紫,再带点蓝,看似不搭的颜色,在天空这张画布上,竟是如此协调融洽!

秋天是个忙碌的季节。候鸟纷纷南迁过冬,那成群结队飞向天际的模样,十分壮观,令人叹为观止!小昆虫们也都忙着准备储存寒冬所需的食物——小蜜蜂辛勤地采蜜;小蚂蚁忙着搬食物回洞穴……大家辛苦地忙进忙出,也让秋天热闹了起来呢!

秋天的美丽,秋天的丰收,秋天的热闹,秋天的忙碌,在这秋高气爽的季节里,呈现独一无二的风情,总之,我最喜欢的季节是——秋天。

（本文获得第六届“原乡杯”台胞青少年征文竞赛小学组二等奖）

点评：

抓住丰收、美丽、忙碌这些独一无二的特点,把对秋季的喜爱写得生动而有文采。把自己见闻中的有关材料铺排起来,是本文的优点,但也因此使人感到有些平面化、一般化。

幸福是什么

台北市永乐小学　黄仲枬

幸福是什么？有人觉得是一夕之间变成比尔·盖茨;有人觉得是每天享受美食……我认为,幸福是得到一个人的关怀。

几年前发生南亚大海啸,害得当地居民家破人亡,游客死的死、伤的伤,这时,英国、日本、美国等国家,大家团结一致,对印度尼西亚伸出援手,捐出粮食、金钱等,并重新整顿印度尼西亚海岸,印度尼西亚人的心里一定觉得暖烘烘的,这就是幸福。

我也觉得看书是一种幸福。看书可以吸收知识,走入书中的世界,可以使自己更有修养,也可以让自己的见闻更广。当沉浸在书中的情节,充满想象的时候,就是幸福的时刻。

可以自由自在地运动也是一种幸福。运动不但可以锻炼体魄,还可以培养团队精神及默契,真是一举数得啊！当运动过后,全身大汗淋漓,那种全身舒畅的感觉,也是一种幸福的滋味。

我认为,幸福就像空气,无所不在。只要你认为它在,它就在;只要你认为它不在这世上,它就会消失。因为每个人的幸福不一样,只要能用心去体会身边的事物,幸福就任由我们去享受它的滋味。

(本文获得第六届“原乡杯”台胞青少年征文竞赛小学组二等奖)

点评：

文章篇幅不长，但因为有独特见解，令人感到饶有兴味。幸福便是受到关怀，而且它如同无所不在的空气一样，要你自己去感受，这个观点很真切。举例也好，有多个角度。缺点是较简单，还未充分展开就煞车了。

风

中芯学校　林政弦

谁也没有看见过风，
不用说你和我了。
但是树叶颤动的时候，
我们知道风在那里了。

谁也没有看见过风，
不用说你和我了。
但是小草点头的时候，
我们知道风正悄悄路过。

谁也没有看见过风，
不用说你和我了。
但是河水起波的时候，
我们知道风来游戏了。

谁也没有看见过风，
不用说你和我了。
但是雨丝斜斜的时候，
我们知道风在叹气了。

谁也没有看见过风，
不用说你和我了。
但是头发舞动的时候，
我们知道风在和我们打招呼了。

（本文获得第六届“原乡杯”台胞青少年征文竞赛小学组二等奖）

点评：

抓住一些由风引起的镜头，从侧面充满情趣地写出了实际上看不见的风的形象。观察生活有心，语言表达有趣。诗歌的特点也能把握。

台湾真好

中芯学校　林宥廷

台湾真好,
有那巨大的“小人国”可玩。
台湾真好,
有那台湾巨投手王建明为台湾争光。
台湾真好,
有那方便的7-ELEVEN让人民更方便。
台湾真好,
有那些善良的服务生热心地为你服务。
台湾真好,
有那香甜无比、百吃不厌的高级水果。
台湾真好,
有那造型奇特的悬挂在空中的猫空缆车。
台湾真好,
有那高昂又快速的台湾高铁。
台湾真好,
有那专门传达爱心的大爱、慈济。
台湾真好,真是个美丽的宝岛。

(本文获得第六届“原乡杯”台胞青少年征文竞赛小学组二等奖)

点评：

这首小诗像个万花筒，从物质到精神，从人际到社会，通过一个个小镜头地掠过，呈现了台湾这个美丽宝岛的迷人景象。缺点是有点随意性，有些凌乱。

2008,我来到了北京“水立方”!

中芯学校　张哲远

2008 年 8 月 13 日,
那一天,舅舅带着我和妹妹来到了北京的“水立方”!
那是一座神奇的水晶宫,
谜一样的建筑,梦幻般的蔚蓝色,
那是我们的国家游泳中心,在鸟巢旁边,同鸟巢一样,
承载着我们的百年梦想,
我心里从来没有感到这样的骄傲
——中国北京终于成为奥运会的圣场!
我的眼睛左顾右盼,
都不知道自己究竟是怎样走进的“水立方”!

在北京的“水立方”,
我看见了来自五洲四海的人们,
他们的脸看上去是那样兴奋,
看比赛时都很疯狂。
不同的肤色,
不同的眼睛,
不同的语言,

他们竟然都会说"北京,加油!"
妹妹说她真是感到奇怪,
在这世界上最先进的水上赛场!

"水立方"充满了神奇,
蓝色气泡下的一池碧水,
闪烁着夺目的光芒。
24 项世界纪录和 66 项奥运会纪录在"水立方"中诞生,
北京的"水立方"创造了世界泳池比赛历史上的奇迹,
哈哈,所以人们都管它叫做"水魔方"!

妹妹的注意力没有我长,
看了半天,身子就往椅子上躺!
你猜,为什么她突然差点从座位上吓得跳起来?
原来,是因为美国人的啦啦队声音叫得太响!
解说员说"飞人"菲尔普斯像一条飞鱼,
转眼就从这面游向了那面,
他今天在"水立方"取得了在北京奥运会上的第四、第五块金牌,
不过,我那时也很怀疑,
他很难实现自己在一届奥运会上连拿 8 枚金牌的梦想,
(其实,他成功啦!)
真遗憾,游泳看台离我们比较远,
我只觉得选手们溅起的水花真像大海的波浪!

看男子双人三米板比赛最难忘,
舅舅骄傲地说,我们是"近水楼台",
因为我们的座位是在跳台旁,

有时真怕溅起的水花会落在我们的身上!
快看,王峰和秦凯,
他们将代表中国队出场!
我觉得看中国队跳水可比看菲尔普斯游泳紧张!
我的手心都渗出了汗,眼睛不知想瞪大还是闭上!
心里默默祈祷:“你们俩一定要成功呀!
这样,‘水立方’将会把中国的国歌高唱!”
舒展的身姿,完美的配合,技压群芳!
王峰、秦凯,你们真棒!
全场的中国人都在欢呼,
我和妹妹差点把耳朵捂上!
瞧,这里,是我们的主场!

北京的“水立方”真是梦的天堂,
在这里洒满了整个世界的目光,
舅舅说我和妹妹见证了历史,
我有些不解,
但我看到了8月的北京是微笑的海洋,
而“水立方”,是美丽的蓝色变幻成的金太阳!
从那天起,我和妹妹逢人便骄傲地说:
“2008,我们到过北京的‘水立方’!”
“2008,我们到过北京的‘水立方’……”

(本文获得第六届“原乡杯”台胞青少年征文竞赛小学组二等奖)

点评：

“谜一样”的“梦幻般”的设施，来自五洲四海的观众，一项又一项令人瞩目的赛事……作者把奥运会期间的“水立方”写得奇光异彩、琳琅满目，但一首小诗毕竟难以容纳如此大的含量，有时会让人感到力不从心。

假日生活

上海台商子女学校 彭冠程

我的假日生活总是充满了欢乐与趣味。每到了周末,我总会很期待全家人能够安排外出郊游的活动。悠闲的假日,会发生哪些新鲜事呢?刺激的还是平常的?如果可以把平时作的白日梦,真正实现在假日生活中,那这些日子想必是多姿多彩呢!

在假日我喜欢听着优美的音乐,伴着武侠小说,在这假日时光进入小说里与书中的武林大侠一起遨游四海,让心与音符一起澎湃汹涌,它们让我们的假日充满了简单却又美好的经历,不用特别开车到观光胜地,就可以感受到自然中的美。听音乐伴小说满足了我所有的梦。

不过有时到户外与大自然约会也是一大享受,看着满山遍野的奇花异草,平时紧张的心全都放松了,吸一口新鲜空气让全身都清爽。看着蜜蜂忙采蜜,蝴蝶学跳舞,不管任何时间,自然里总是那么热闹啊!把心打开,欣赏着这片美丽的景色,会替生活中增添不少乐趣呢!

临近考试的假日,却令人坐立不安啊!不但有堆积如山的作业要写,电脑、电视也都不愿来访,过着水深火热的假日生活,一分一秒都停不了,临时抱佛脚就是如此的悲惨啊!所以最好是按部就班,才不会白白浪费了这得来不易的假日生活啊!

有些人的假日是无聊的、有些人的假日是丰富的。我们该如何运用这段时光呢?这一切都掌握在自己的手中,不要白白浪费了这看似不起眼的小时间，光阴似箭，一个、二个、三个……好多个假日加起来就是一辈子，用心去把生活中的每分每秒做好，串联起来就是美丽的彩色人生。

懂得运用假日的人，在人生中会多出一个美好的回忆，悠闲的假日可能带来突如其来的意外，却也可能学到特别的人生意义，每个假日有不同的趣事会发生，用心对待假日里的每件事物，会给繁忙的日常生活增添了些喘口气的时间，也会为人生的每一页增加一个特别的惊叹号！

我的假日生活是丰富又充满乐趣的。而在每个假日生活所发生的趣事，也都成了我难忘的回忆。

（本文获得第六届“原乡杯”台胞青少年征文竞赛小学组二等奖）

点评：

夹叙夹议是本文的特点和长处。作者思路开阔，考察深入，不仅在平面上分析不同类型的假日生活，而且能立体地把假日放在人生旅程的长河中来剖析它的意义，这就使文章带有一些哲理性。所叙的内容简明扼要、服从于议，也是好的。但题目太大，有蜻蜓点水之嫌。

快乐的毕业之旅——西安行

上海台商子女学校　张证皓

早晨,灰蒙蒙的天空和深秋的凉意,都无法掩盖我们内心的兴奋和热情,因为期待已久的毕业之旅——西安行,就要出发了。

我们在校门口听完行前校长的叮咛,就搭上游览车前往浦东机场。一进机场,老师和导游忙着办理登机手续,同学们就协助随行的家长托运行李。好不容易登上了飞机,却在机上枯坐好久,正感到纳闷,才听到机长报告这班飞机要延迟起飞,所以先送餐点。咦!真有趣,这可是我第一次见识到飞机还没起飞就先用餐哦。也好!因为一早的兴奋和忙碌,大伙儿早已消耗不少能量,是该补充体力了。简餐匆匆下肚,还来不及品尝甜食,忽然机身开始滑动了,只见机上的服务人员神情紧张,迅速地坐回位子,系上安全带,一阵引擎急转,哇!终于起飞啦!不过,我们这一餐,肯定是消化不良了。

西安是一座古都,孕育着中华五千年历史文化。我们一下飞机就驱车前往"明城墙"参观,这座城墙仍保存着完整的古代军事防御设施。大家一边听着导游张姐姐精彩的历史故事,一边漫步在城墙上,夕阳余晖就照在长长的十里墙,我望着护城河那粼粼波光,仿佛回到古代时空:戍守在城墙上的战士,披盔戴甲,手持弓箭,英勇地站立在城墙上,环顾四周,防御敌人来袭。

晚餐过后,到大唐芙蓉园欣赏全球最大型的水幕电影——"美猴王、二郎神大战水妖",激光炫光加上震耳的音乐,打打杀杀的热烈气氛,顿时让寒夜加温不少。不过户外的冷还是令人受不了,大伙儿看完水幕电影,也顾不得欣赏园内美景，就纷纷上车。回到饭店，分配房间放好行李，同学们就开始串门，第一次和同学住在一起，特别兴奋，大家都舍不得睡觉。

第二天，我和太阳一起起床，心情特别好。这天的行程是参观华清池和兵马俑。华清池因杨贵妃而闻名，我们一边游园，一边想象着唐玄宗和杨贵妃那一段凄美的爱情故事。无奈的结局，令人同情。下午，我们参观世界八大奇迹之一的兵马俑。当我进入一号馆，就被那阵容庞大的地下军队给震憾了，这么多的陶俑，个个面容迥异，模样和神情都很逼真，令人不禁赞叹古人精湛的雕塑技术和丰富的创造力。

第三天，我们来到武则天和唐高宗李治的合葬陵墓，武则天是中国唯一的女皇帝，墓园中的一尊“无字碑”令我印象最深刻。据说，她之所以不在碑上刻任何字，是希望将自己的功与过，留给后世人评断。比起有些君王强逼史官篡改历史来掩盖自己的恶行，这尊无字碑确有警惕世人的深远意义。

俗语说：“看中国五千年历史文化就要到西安。”这一趟西安之旅，的确让我们感受到中华文化的博大精深，古人的智慧结晶确实值得我们景仰尊崇。所谓“鉴往知来”，历史是我们的借镜，我们也时时刻刻在创造历史。坐在回程的机舱里，我望着窗外火红的夕阳，回想着这三天两夜的古迹寻访，这趟快乐而充实的毕业旅行，就在加速升空的飞机的引擎声中画下句号。

（本文获得第六届“原乡杯”台胞青少年征文竞赛小学组二等奖）

点评：

抓住几个场景，把西安之旅的内容记叙得颇有光彩，这是好的。但选材较泛，巨细无遗，又难免有记流水账之弊，还是要在提取和升华上下功夫。

美国的野生动物园

中芯学校　李忻祐

这次暑假我们有机会去美国的圣地亚哥野生动物园,在那里有很多有趣的动物:有斑马、羚羊、鹿、狮子、大象、美国水牛、北部白犀牛和长颈鹿等。更特别的是圣地亚哥野生动物园和其他的动物园不太一样,其他的动物园都把动物关在笼子里,而这里却让动物们像在野外一样,可以自由地活动!

我们一到野生动物园,就迫不及待地去参观这些有趣的动物了!我们参加了一个特别的行程,就是坐游园车游览整个动物园。游园车像火车一样有一节一节的车厢。我们坐到了游园车的最好位子:第二节车厢的第一排,既不会被车头挡到,也不会因为离解说员太远而听不见解说。我们坐在游园车上看到斑马、羚羊、鹿、狮子、大象、美国水牛、北部白犀牛和长颈鹿。其中美国水牛和北部白犀牛最特别。北部白犀牛在世界上只剩下七头了,其中有六头是母的,有一头是公的,这个野生动物园里有四头北部白犀牛,而且世界上唯一的雄性北部白犀牛也在这个野生动物园里!

看过北部白犀牛后,游园车把我们送到美国水牛区。美国水牛和普通水牛很不一样,因为美国水牛有很长的毛。而且美国水牛头上的角像玄月,远远地看去就像带了一顶大帽子。

紧接着我们去了狮子馆,那里共有七只狮子,有一只是公的,两只是母的,剩下的都是活泼好动的小狮子。我们见到这群狮子时,有几只小狮子正打成一团呢!公狮子和母狮子躺在一辆报废的越野车上晒太阳。过了一会儿,狮子们开始追逐打闹了起来，有一只小狮子隔着玻璃看着我呢！我还是第一次离狮子这么近，我兴奋极了！虽然并不是第一次看见狮子，但以前看见的狮子都在睡觉，像雕像一样一动也不动，所以这次看见活蹦乱跳的狮子，真开心！

圣地亚哥野生动物园真是名不虚传，不仅让我看见了世界上唯一的雄性北部白犀牛，而且我第一次离凶猛的狮子们这么近。我和狮子之间只隔了一片玻璃，好像伸手就能摸到它们。这真是一次难忘的经历。如果你有机会去美国玩，一定要去美国圣地亚哥野生动物园。

（本文获得第六届“原乡杯”台胞青少年征文竞赛小学组二等奖）

点评：

对白犀牛、美国水牛和狮子的描写有特点，也有感受，但仍不够细腻与生动。要处理好介绍与描写的关系，现在一般的介绍多了，影响了描写的笔墨。

倾听树的心跳

中芯学校　张思亚

冰雪渐渐融化,迎来了绿油油的草地和那一片片嫩绿的叶芽。原本在白被子底下睡觉的大地突然变得绿意盎然,生机勃勃。阳光透过树叶照射在地上,暖洋洋的,照亮了我们的心,也照亮了树的心。

你听见树的心跳了吗?两只小鸟停在枝头上,开始建造自己的家园。树是小鸟结婚的证人,是鸟巢住户的房东,还是那些小家伙的避风港。树的心在跳,那是开心的心跳,是关心的心跳。

你听见树的心跳了吗?一片片嫩绿的叶芽从她的树枝上探出头来,越长越大,越长越绿。她是树叶们的母亲,是它们的营养师,更是它们的老师。树的心在跳,那是母亲对儿女慈祥的心跳,是关爱的心跳。

你听见树的心跳了吗?春天来临,孩子们在树上爬来爬去;老人们在树下乘凉下棋;情侣们在树下牵着手,谈着心。树的心在跳,那是带着童心的心跳,是对她的朋友慷慨大方的心跳。

这是多么美妙的天籁之音啊!可是有一天,不管你再怎么努力地去倾听,你都听不见树的心跳。

当鸟儿不再筑巢,当叶儿不再长大,当孩子们不再到树上玩耍,当老人不再到树下活动,当情侣不再到树下约会。树的心再也不快乐了,她,生病了。

那是十年后的一个春天,人们依然和以往一样早上忙着上班、上学,可没有人停下自己沉重的脚步去倾听,没有人在和那棵早已枯黄的老树玩耍。孩子们只喜欢到那有着一系列游乐设施的游乐场去游戏,老人们被送进了养老院,情侣们只喜欢到那一家比一家高级的餐厅去共进晚餐。而嫩叶再也长不出来,小鸟再也飞不进这个乌烟瘴气、被污染的城市。人们似乎忘了那棵曾经陪伴在他们身边的树,似乎忘了如何倾听树的心跳。可是树依然坚持着,用那缓慢的心跳盼望着有一天一切都会恢复原状,希望大家有一天会回到她身边。

终于有一天,人们觉得树不再有用,便把她砍了,树干被做成了房子里的装饰品。但那只剩下树桩的树依然坚持着,她依旧相信大家都会回来的,回来倾听埋藏在她心中数年的心跳。

又是十年后的一天,一个小女孩在回家的路上看见了这个奇怪的东西。她走到前面,用那天真的双眼看着那个东西,不知怎么的,她情不自禁把自己一只灵敏的耳朵贴在树桩上。"我可以保护你们,我可以让你们远离伤害,我可以吸收不好的空气!"由于小女孩的天真烂漫,树的心跳才可再次传入人的心中,只听树的心又开始跳动:"谢谢你倾听我的心跳,谢谢你!"小女孩用自己纯真的心灵吸收了这段话。

又一个十年后的春天,这个地方又再一次恢复了从前的样子,一样的绿意盎然,一样的生机勃勃。树又恢复了以前的快乐!大家都说这都是年轻有为的市长的功劳。原来当年的小女孩自从听到树的心跳以后,决心要改变现状,奋发图强,成了市长,改善了环境,加强了绿化。此后她便时常到树的身边陪伴树,并倾听树的心跳。

大树坚韧不拔,她有力,有爱!让我们怀着真诚,洗净心灵,一起倾听树的心跳……

(本文获得第六届"原乡杯"台胞青少年征文竞赛初中组特等奖)

点评：

通过描写“树的心跳”，折射了人们环保意识的长进，借助小鸟、嫩叶、儿童、老人、情侣的形象，覆盖了大自然和城市居民的方方面面。作者的想象力丰富，文章对比鲜明，情味醇厚，希望“年轻有为的市长”们带领群众改变城市和大自然的面貌，从而突显了高远的主旨。

狼的报恩

台北市民生中学　罗　煜

这是一个皓月当空的夜晚，皎洁的月亮发出明亮的光芒。现在是寒冷的隆冬，放眼望去，地上的皑皑白雪和美丽的月亮形成一幅动人的图画。此时，一个男孩正走在雪地里。他为什么会在此时此刻在此出现呢？

他的表情看似从容，身上披着黑色大衣，戴着围巾，过了不久，走进了一座森林。深夜，天空下起了大雪。男孩加快了脚步，接下来恐怕会有一阵暴风雪。这时，他的身旁隐约出现的一个黑影，一个看似邪恶、巨大的黑影。那个黑影越来越逼近男孩，他有危险了。黑影隐约发出了低沉且鬼祟的声音。那种声音，好像是狼发出的。大雪缓和了许多，月光趁机悄悄地溜进森林。在蒙眬的光线下，那个黑影渐渐淡掉，出现了一只灰灰的、毛茸茸的动物。它快闪而过，不见踪影。它究竟是什么？

男孩的脚步缓慢了些，那只动物丝毫没有跟丢他。突然，森林中发出了一阵奇怪的声音，“咔嚓咔嚓”的，像是树枝折断的声音。男孩停了下来，不安地四下顾盼。顷刻之间，那只动物一跃而起，扑向男孩。它是只灰狼！一只表情凶恶的狼。

那只狼衔着男孩的右手臂，把他扑倒在一旁。一棵枯萎的松树在他们的后面，男孩刚才停留的地方，应声而倒。树枝断裂散落在雪地中。那只灰狼救了男孩。

男孩起身，抹掉了额头上的冷汗。“谢谢你救了我。”他轻声地说，注视着这只巨大的灰狼,觉得似曾相识。顿时,有一只小灰狼跑到了他的脑海中,亲切地对他叫着,他想起来了。

那天也是暴风雪的夜晚,狂风不停地嘶吼着。那时的男孩约八九岁,同样一个人走进森林,目的地是森林后面不远的家。他走到一棵大树下时,听到了一个细小的叫声,那是一只小灰狼发出的求救声。它奄奄一息,身上多处冻伤。当时的男孩立刻将它抱回家里,放在壁炉旁取暖。替它准备食物 ,每天细心地照顾着它。一星期后的一天早晨,大地才刚清醒,男孩就发现小狼不见了。他发现屋外的雪地里有两种足印,一大一小。男孩心想大概是小狼的父母把它带走了,从此他再也没见过那只小灰狼。

昔日的小狼如今已长成大狼,身上依旧保有独特的枫叶花纹。它看起来很兴奋,想跟男孩诉说许多事似的。男孩感动地抱着灰狼,泪水盈眶,一刻都不想松手……

(本文获得第六届“原乡杯”台胞青少年征文竞赛初中组一等奖)

点评:

这是一个发人深省的故事。狼尚且懂得报恩,那么人呢?故事有悬念,线索清晰,前后呼应,虽然大灰狼救男孩只是一刹那的事,却写得惊心动魄,“闪”“跃”“扑”等动词用得准确、灵活,结尾交代小灰狼的故事,使文章更加完整。

我是体育“困难户”

中芯学校　周子芸

虽然举家来上海已经半年了,但发生在台湾的一件事,还一直让我记忆犹新。

记得是在台湾的小学,那时的我肥肥胖胖的,体育这个科目,一向是我害怕的、最差的。

“丁零零……”上课的钟声在我耳边萦绕着,我心中那种恐惧感仍旧未消失,喃喃自语:“怎么办,是体育课,我到底要不要上课呢?还是别上了吧!”“你看看,那个‘体育困难户’一定是不想上课了……”一个女生讽刺道。我气呼呼地白了她一眼,便故意挺起胸大声地说:“谁不想上体育课?我巴不得每天都上!”说完,便跑向集合处。

“今天,我们练习前滚翻。来,大家排好队!”老师说。同学们一个接一个顺利地翻着,这时,我心中的恐惧涌现出来,“怎么办,怎么办,早知道会这样,就别跟其他的同学赌气了。”我从心中后悔得要死。时间飞逝,该来的还是来了,我战战兢兢地来到垫子前,蹲下身子,一翻,一阵哄堂大笑迎我而来:“你看她那副蠢样,哈……”这时无地自容的我恨不得把头钻进土里。“明日要考前滚翻,回家好好练习,相信你一定做得到,加油。”老师的一番鼓励让我恢复了自信。回到家,我左思右想,父亲的一句话不断地回荡在我的脑海里,“只要努力,肯下点功夫,就没有办不成的事,一分耕耘,一分收获。”想到它,我来到床前,反复练习起来,我放慢了自己的速度,蹲下身子,手扶着床,头往里一缩,脚一蹬,“我成功了,我成功了……”我雀跃起来,一蹦三尺高。

第二天,体育课上,轮到我,我自信满满地走到垫子前。我环视了四周,这时,旁边的同学开始说道:“别拖时间,反正你是翻不成的,干脆弃权好了。”“就是嘛,好了,快点翻啦!”同学们用手捂着嘴不让自己笑出声,我看了这种情景暗自想:你们等着瞧吧!我摆好了姿势,脚一蹬,翻过去了,这时的同学个个目瞪口呆,惊讶不已。

通过这件事,我真正懂得了一个道理:只要努力,就会有收获。从那以后,我这个“体育困难户”终于“摘帽”了,这个词也慢慢被人遗忘了。

(本文获得第六届“原乡杯”台胞青少年征文竞赛初中组一等奖)

点评:

文章经历“前滚翻”一事,心有所感,写了同学、老师、父亲,更写了自己的心理,通过前后对比的描写,揭示了父亲说的“只要努力,就会有收获”的道理,于平凡中见深意。

尊重

中芯学校　黄诗芸

一个不尊重他人的人，也绝不会得到别人的尊重。就如一个人对着空旷的大山大声呼喊，你对它友好，它友好回应。在同学之间的交往中，自己待人、处事的态度往往决定了别人对你的态度。

在我的记忆深处有一件事深深地教育了我，让我明白：只有学会尊重别人，才会赢得别人的尊重。走过 12 个春秋，当我回头望望我走过的路时，心里不由得有些酸楚。事情是这样的：

小学五年级的时候，我的成绩在班上较好。我和一些聊得来的同学都会玩得开心，而有些同学我从来都没与他们说过话。这仿佛是一条河，隔开了两岸，我们彼此不曾沟通，也没有沟通的桥梁。

一次音乐课上的唱歌考试，老师抽签决定两个人一组考。轮到我时，我看见了和我一组的她，心里很不高兴，但仍怀着希望走上讲台。她平时默默无闻，成绩很差，瘦瘦的身子，小小的声音。我还记得我抽到的是《萤火虫》这首歌。老师开始弹琴，我跟着唱起来，身旁的她却一直没有开口。我便急了，用手捅了捅她。可是她似乎没有感觉到，依然呆呆地望着书本，一声不吭。我的声音在琴声下显得那么微小，我用余光看见老师生气的眼神，紧绷着的脸。我突然觉得挺委屈的，声音哽咽了。老师停下来，两手重重地摔在琴上。“下去吧！”歌并没有唱完，老师听不清我们唱歌的声音，给我打了 60 分。她，没有及格。

下课后,我才知道朋友考了90分,我羡慕极了。瞥见她,她趴在桌上,我的一股怒气冲上了心头,我便在朋友面前责备她:“哼,要不是因为她没唱!我又怎么可能得这么少的分?我怎么会被抽到和她一组?倒霉死了……”直到把话说完,我才意识到,自己说话声音太大了,临组的同学都向我投来异样的目光。朋友们听到我的话,都说:“是呀,都怪她!”我无意识看见了她,她在看着我,那眼神有些愧疚,又好像是悲伤,我不想再看下去了,便扭过了头。

后来,我的成绩有些下滑,已经不是班上的佼佼者。那次,一个同学不屑地对我说:“你好笨啊!这么简单的题目都不会做!”我突然感觉受到打击,晕晕的,眼泪都快流出来了。我趴在桌上,想起了她。我终于明白她的眼神,她的心情。从那以后,我的心灵一直有一块抹不掉的阴影。偶尔问起那个曾经讽刺过我的同学,她似乎早已忘记了自己说过的话。如果不是她的这句话,我也不会想起唱歌考试和我一组的她。我的心里无比忏悔,忏悔自己的所作所为……

也许自己曾经不经意的一句话,给他人的心灵抹上了一层阴影,自己却不曾察觉。当我们处在“上游”时,对“下游”同学的一个不屑的眼神也许会使他们更加自卑,“游”得越来越慢……

从此,我说话时都会三思而后行,不说任何伤害他人自尊心的话。因为我明白,不尊重别人,对别人不屑,终有一天,自己也会遭受同样的待遇。

生活中时时刻刻都需要我们学会尊重。尊重别人要从小事做起。对自己的同窗不取笑、不打闹、不揭短,以诚相待,是对同学最起码的尊重,是纯真友谊的基础;回到家时与父母长辈打声招呼是一种对长辈亲人的尊重;在食堂就餐后,把餐具放好是对食堂师傅的尊重……感谢“尊重”,尊重让我们的世界变得如此美好。

(本文获得第六届“原乡杯”台胞青少年征文竞赛初中组一等奖)

点评：

文章从不尊重同窗谈起，埋下伏笔，唱歌得分是导火索，后来自己也遭遇他人的不尊重，前后对照使自己受到深刻教育，结尾有延伸，表达了忏悔的心情，升华了文章的主题。

谁是最可爱的人

中芯学校　廖倩仪

在人生的旅途中,我们总是步履匆匆,很少会特意驻足观望身边的世界。可有些可能瞬间消逝的风景却一直深刻在我的脑海心田,我发现总会有些人在默默地为这个社会付出、不求回报,而我们却不知道他们的名字,但是我知道,他们一定是这个世界上最可爱的人。

不管在世界哪个角落,不管是天灾还是人祸,只要是需要帮助的地方,我们就可以看到一群身穿蓝衣白裤四处忙碌、默默付出的身影。他们无怨无悔,不辞辛劳,他们就是慈济人。1999年,台湾发生了"九·二一集集大地震",当时灾情非常严重,很多百姓身陷困境,等待援助。充满爱心的慈济人将"跑在最前,做到最后"的精神发挥到极致,让那些深受灾害的人脱离困境与苦难,感受到慈济人的关怀与温暖,感受到同胞的无私与热情。谁能说他们不是这个世界最可爱的人呢?

我永远忘不了在医院里的亲身经历。我常常看到一些义工在默默地帮助病患,这些义工没有任何报酬或是回报,但当他们看到在自己帮助照顾下的病人一天天恢复健康时,他们的脸上总是焕发出由衷的微笑。我时常在想,究竟是什么力量促使了这些热心人无私付出,从始至终对那些和自己没有任何血缘关系的病人无私地施以援手却又不求回报呢?同时让人费解的还有这样的情景:垂垂病危的老人孤独痛苦地卧在病床上,可身边没有一个子女,终日陪伴在他们左右的却是这些义工,他们总是无微不至地照顾这些老人,没有任何嫌弃或厌恶,就像对待自己的家人一样。每每看到这一幕,我总会感动得流下泪来。谁能说他们不是这个世界最可爱的人呢?

我一直带着感激之情沉浸在生命崇高的愉悦之中,我不止一次地发现这个世界的每一个角落,都有着可爱的人。在寒冷的冬天,当我们还贪恋被窝的温暖和舒适时,窗外早已传来清洁工人打扫街道的声音了;在拥挤颠簸的公车里,有人主动站起身子,为孕妇和老人孩子让座;马路上,有个调皮的小孩不小心摔倒了,好心的过路人微笑着将他扶起……即便只是些微不足道的小事,可是谁又能说他们不是这个世界最可爱的人呢?

记得一首老歌里有这样一句歌词:只要人人都献出一点爱,世界将变成美好的人间。是呀,这个世界是美好的,如果我们每个人都有无私博大的胸怀,如果我们都能为身边需要帮助的人献出我们一点点的关爱。做这个世界最可爱的人,我们会一直生活在美好的人间。

(本文获得第六届"原乡杯"台胞青少年征文竞赛初中组二等奖)

点评:

具体描述了慈济人和义工们对他人的无私援助,强调了他们是这个世界上"最可爱的人",结尾联想到一些"微不足道的小事",拓宽了主题,点出"只要人人都献出一点爱,世界将变成美好的人间",表达了自己的心愿,文章也显得朴实自然。

生活因努力而精彩

中芯学校　潘薇婷

一枚贝壳要用一生的时间,才能将一颗细沙粒转化成一颗珍珠;雨后的彩虹也要积聚无数的水汽才能绽放刹那的美丽;在春风中绽放的花朵,人们只是惊羡它出现时的美丽,殊不知,它的花蕾同样浸透了努力的汗水。

翻着一张张有点泛黄的照片,阳光从窗帘缝间偷偷地溜了进来,一步一步踏进我的房间,连它们也因为我精彩的记忆而跳进了我的相片中。

回想起运动会那天,我为了那场重要的比赛,拼了命地练习赛跑,可是我的成绩还是使我忧虑重重,因为在所有的对手中唯独我最为娇小。但我拍了拍衣服上的灰尘,握起拳头,在心里默默地为自己喊一声"加油!"向起跑点走了过去。一瞬间,我觉得自己的信心升到了最高点。"各就各位,预备……"在我听到枪声之前,操场上舞动着的花朵,飘扬着的班旗,大家的加油声,一切仿佛都停止了。当我听到他们都再度响起时,我已经在跑道上奋力奔跑了,我眼看选手们都奋力往前冲,一个个不分上下,我用力地甩甩头,脚步渐渐踏得越来越快,越来越远。手,也像跑车的轮胎一样,动得不可开交。我当时闭着眼,不敢面对现实。而我也只听到班上同学们的欢呼声,才逐渐停止了脚步,当我睁开眼,已经是全班的同学围绕着我,大家七嘴八舌地诉说着喜悦:"你拿下第一名了,好厉害哦!"当时的我心中有多开心,也许连形容词也找不到的。

又看到一张紧张备考前的照片,不禁让我偷偷地发笑。

满脸的紧张,手里捧着一本历史书,一直在皱着眉头,哈!你猜对了,这就是历史会考前的我。我的记忆伴随着照片回到了正在备考的我。历史,历史,我学得最不好的一门学科马上就要进行会考了,可我,面对着四本书,真不知从何下手。历史老师好像看透了我的心似的对我说:“只要你充分利用这一周进行复习、归纳,一定会没问题的……”放学后,耳边不断响起老师鼓励的话语,“对,只要你努力,你就可以,加油!”于是,我抱着一沓沓标签纸,一页一页认真仔细地用彩色笔画着重点,再用标签贴在书上做记号,以便考试的时候可以轻松找到答案。考试当天,我抱着翻破的历史书走向考场,看到考卷,我深深呼吸一口气,拿起笔,自信地开始写答案。隔天,我充满期待地跑向办公室,匆忙地翻着一叠叠的考卷,终于看到了红红的“89分”。脸上写满了成功的喜悦,我知道,这一切——因为努力!

生活中,我们只有努力,才会收获光彩夺目的珍珠,欣赏到美丽奇特的彩虹,聆听到朵朵花开的声音。让我们努力像花儿一样,在生机勃勃的春天,尽情绽放快乐、自信、美丽的笑脸!

生活,因努力而精彩!

(本文获得第六届“原乡杯”台胞青少年征文竞赛初中组二等奖)

点评:

鲜明的对比,突出了“生活因努力而精彩”的主旨,尤其是运动会夺冠的场面,写得具体而发人深思,首尾呼应也是文章的一个特点。

100元的信任

中芯学校　蔡至璇

在我眼中,爸爸是个很善解人意的人。每次当我犯错时,爸爸并不会骂我或打我,取而代之的是和我沟通。我们彼此信任。所以我一直认为他是世界上最好的爸爸。可是后来发生了一件事,让我对爸爸的印象有了"天翻地覆"的变化。

事情是这样的:那是个周末的晴空万里的下午,我的心情和这阳光明媚的天气一样好。我哼着小曲,打开了电视,电视上正在播放一种新颖玩具的广告,它深深地吸引了我的眼球。于是我死缠着妈妈给我100元,去买这个玩具。妈妈却说,花钱买玩具,就等于买废物,她是绝对不同意的。过了一会儿,当我正在生闷气的时候,突然听到妈妈气愤地对我说:"你是不是拿了我桌上的100元,要去买玩具?""没有啊。"我随口回答了一句。妈妈面红耳赤地说道:"不是你,还有谁?难道钱会自己长脚跑掉吗?"

就这样,我们一直争辩到爸爸回来。妈妈把情况告诉了爸爸,还不停地说肯定是我拿的。没想到,爸爸信以为真了。他温和地对我说:"我不会怪你,只要知错就改,就是好孩子。""可是……我真的没拿。"我拼命忍住即将夺眶而出的眼泪。这下爸爸真的发怒了,他命令我回房间睡觉。我无可奈何,拖着沉重的脚步,回房睡觉了。

时间一分一秒地过去了,可我翻来覆去都睡不着,朝窗外一看,所有的灯都熄灭了。这时我又想起了下午的事,顿时,满心的委屈只能用眼泪发泄,泪水已把枕头浸湿了。突然,我隐隐约约听见了脚步声,我知道那是爸爸走路的声音。爸爸轻轻地走了进来。我假装已经睡着了,背对着他。爸爸坐在床边,轻声细语地说:“女儿,我知道你在生爸爸的气,所以才装睡的吧。爸爸仔细想过了,我之前可能太冲动了。其实今天不管是不是你拿了那100元,我都应该像以前一样,信任你,我永远都会相信你的。”这是我第一次听到一个身为长辈的大人向一个小孩道歉。眼泪再次默默地流了下来,但这次的泪不是苦涩的,而是幸福的。

第二天,我要帮妈妈扫地。当我搬开小桌子时,看到了一样令我格外熟悉的东西——那张100元钞票。我终于“清白”了,我心里对自己说,尽管这件事其他人都不知道。最后怎样了呢?我并没有把钱直接给妈妈,证实我当初没拿过。而是趁她出门时,把钱悄悄地放回了妈妈的钱包……

(本文获得第六届“原乡杯”台胞青少年征文竞赛初中组二等奖)

点评:

事情很小,也不新奇,但因为涉及到人际关系,关乎人们的是非观念和爱憎感情,就产生了以小见大的明显效果,这是本文的优势所在。如何表达得准确明白些,如作者对爸爸的印象是否真有了“天翻地覆”的变化,这变化的过程和终始是怎么一条线,似乎都还应该交代得更明白些。

陶艺在我心坎里

西南位育中学　洪夏于郊

有着上古的神韵,古朴的味道,朴素却不失华丽的外表,带着史前文明的底蕴——这便是陶土文化。因为从小参加了学校陶艺兴趣小组的缘故,我对陶器有了特殊的感情。

陶器是有温度的,用手触及它,能感到它传递给你的热量。这热量不仅是陶器艺人注入其中的,更是从先人的古朴、朴实中得来的。陶器是上古社会必不可少的器物,是古代文明的象征。而这种文明正渐渐失去了它往日的影响力。

在一个秋日的午后,我们一群陶艺爱好者随陶艺老师漫步于景德镇的泥路上,脚下便是此处盛产的高岭土,土作为这个城市的基础已有数百年的历史。推开一扇破旧的门,屋内是陶艺师傅制作陶器的场景,尚有些湿润的陶土在飞速旋转的转盘上,土屑都飞溅到了我们的脸颊上。见我们这群不速之客进屋,小屋的主人马上停下手中的陶艺,洗去手上的陶土,给我们每人递上一个陶土茶杯,茶杯里是浓香四溢的好茶。摸去额头的泥斑,老师傅带着一点哀愁地说:“这年头,陶器卖得不好。那瓷器才卖得好哩。”

可不是吗,在都市现代化的大商场里,多的是动辄上千元一套的白瓷餐具、茶具,一些追逐时尚的购买者无不趋之若鹜。诚然,洁白且毫无瑕疵的白瓷不愧为瓷中珍品。可我总觉得那种白太过妖娆,反而泛出刺眼的冷光;而灰黄略带粗糙手感的陶器却让人更感到厚实和温润。随手拿起老师傅多年前的一个作品，仔细端详，发觉其蕴藏着独特的内涵，不怎么细腻的釉质衬托出其不同于瓷器的古朴。与代表高贵的白瓷不同，它不需要华丽的彩釉，也不必有惊世绝笔，那回归于原始的色彩融入了祖辈的灵魂，也把制陶艺人的情感注入其中。制作陶器的过程不仅是制作一件工艺品，更是陶冶情操、抒发情感的过程，是返璞归真、回归自然的心灵历险。

坐在操作台前，取出一块加工好的高岭泥土，加上点儿水，慢慢加快转盘的旋转，双手扶着泥胚，轻轻用力触压。在不断旋转中，泥胚逐渐有了形状，用手指点缀出朴素花纹。湿滑的泥土在手心摩擦产生的微热令人惬意。接下来，泥胚风干，入窑，烧制，每一道工序都透射着自然和谐之美，每一个动作都闪耀着人性的光泽。

或许这便是现代城市人所缺乏的古朴品质和与自然亲密接触的经历？

踏在泥路上，捧起一把泥土，撒向天空。文化不在别处，就在我们脚下，就在这烙下过无数先人足迹的古老土地之上。而传承了几千年的陶土艺术，不，是陶土文化，将永远是我们宝贵的财富。

老师傅还将继续着他对陶艺的执著坚守，我也深深感悟到扎根于最深层的文化情结其实是无法磨灭的。或许有一天，陶艺这门最古朴的艺术会重新焕发出新的生命和光彩。

（本文获得第六届“原乡杯”台胞青少年征文竞赛初中组二等奖）

点评：

作者对陶器倾注了强烈的感情，有叙有议，叙陶器之古朴，议陶器被冷落；说的是陶器，其实是抒发内心的陶土文化情结，也是对坚守传统文化的呼喊。作者有一定的历史意识和文化底蕴，文章显示了一定的厚度和深度。

大爱无声

复旦大学附属中学　钟　慧

大爱无声,却默默感动着我们;

大爱无声,却带给我们巨大的震撼……

大爱,是父亲坚定而鼓励的眼神;大爱,是母亲微微弯曲的背影。大爱很神圣,却可以让许许多多享受着亲情的人深深体会。这种爱默默地在每时每刻洋溢在我们身旁;这种爱无声无息地在平凡中烙印在我们的心坎里。曾记得,当我面临挫折时,总有一双温柔的手在抚摸着我,让我有力量重新启航;曾记得,当我紧张备考时,总有一杯热腾腾的牛奶在温暖着我,让我有力量继续挑灯夜战;曾记得,当我感受孤独时,总有一个熟悉的身影陪伴着我,让我有力量学会独立。这平凡中的爱真挚永恒,这平凡中的爱不求回报,这便是大爱。

大爱是陌生人之间一次不曾犹豫的伸手援助;大爱是人类之间一次无私的奉献。你一定还记得,2008年5月12日,山崩地裂的那一刻,四川成了全国人民乃至全世界人民关注的焦点。在那一刻,许许多多的人们心中都萌发了前往灾区的想法;在那一刻,许许多多的人们都没有顾及自己的家庭,而只牵挂着四川的灾区人民;在那一刻,许许多多的英雄无声地把生的希望留给了别人……四川的废墟让无数人流泪震撼,但让我们欣慰的是,我们看到这废墟上的力量——那就是爱。还记得全国上下的各界人士在没有号召的情况下,默默地、主动地献上了自己的力量,没有人自我宣扬,没有人索求回报;还记得宝岛台湾的支援:抢险救援队、医疗队敬业地奋战着,在沪台胞们也纷纷涌向市台联会为四川人民捐款捐物,表达自己的心意和祝福;海峡的另一端更是心系大陆,慷慨解囊。中国空前地团结在一起,没有太多的号召,没有太多的言语,有的是在无声中充满的大爱。真可谓"大难可兴邦,大爱则兴国"。大难让所有的中国人不分你我奉献爱。这种无声的爱所带来的力量让一切经历者都深深折服。这难道不是大爱吗?

大爱让我们看到了中国人的力量。我们在大爱中不断地成长,我们在大爱中不断地坚强。中国用这种大爱养育了一代代勇于创造的接班人,中国用这种爱向全世界展示了一个坚毅的民族,中国用这种爱欢迎五湖四海的朋友,中国用这种爱让奥运之花在黄土地上绽放。台湾同胞融入于此,各国朋友欢笑于此。因为有这样的大爱,每一个大陆观众用同样热烈的掌声为台湾运动员鼓掌、加油;因为有这样的大爱,台湾与大陆永远是一个完满的整体。因为有这样的大爱,世界人民共聚一堂为同一个梦想而努力。

大爱无声。大爱是那么的平凡,真挚的、不求回报的爱就像蝴蝶,在我们心头永远地、美丽地盘旋。大爱是那么的无声无息,让我们要用心去感受这种潜隐的力量。大爱是那么的伟大,支持着我们创造一个又一个的奇迹。也许有时候,大爱于无声时胜有声!

(本文获得第六届"原乡杯"台胞青少年征文竞赛高中组特等奖)

点评:

不求回报,无声奉献,这是作者告诉我们的"大爱"。作者论述了"大爱"的力量:家庭的支持,社会的回报,都是这种力量的体现。文章视野开阔,论述有深度和广度,列举的家人的爱,对四川灾区人民的爱以及两岸同胞的爱,能揭示"大爱"的内涵,令人感动。"大爱"无声,不求回报,默默奉献……文章强调的主旨鲜明,有较强的社会现实意义。

也无风雨也无晴

久隆模范中学　刘正麒

连日的烟雨，敲打出水塘泛着微漾的涟漪。一片泛黄的梧桐叶在我眼前飘落，不羁的风渐起，拂过肌肤不禁感觉萧瑟……不知不觉，这场告别夏日的音乐会已经开始，一切都预示着秋天的号角已经吹起。浸漫，陶醉，不言而喻的感触，也勾起那有伤感，有快乐，交融着幸福与悲酸的年岁……

难以忘怀青黑色黑板残留呛人的粉笔灰，难以忘怀光滑整洁的木刻桌上清晰的三八线，难以忘怀曾经乏味而厌倦的书本上的字里行间，难以忘怀夏日篮球场上充满热血与汗水的身影，难以忘怀放学后小卖部的热闹和喧嚣，难以忘怀庆功晚会上的告别与泪水。一年前还若无其事，认为平凡无奇的生活如今却成了弥足珍贵的记忆，泛着令人回味的馨香弥漫在心房。

前阵子，正巧听到新闻里提到最新一届的中考情况，我才恍然发觉，一年的光阴已不知不觉消逝。去年的六月我还背负重重压力，每日埋头苦读，挑灯夜战，咖啡成了日常的必需品，而黑眼圈也成了脸上不可磨灭的印记，痛骂过教育制度的残酷，抱怨过有限青春的虚度，也虚幻地希望中考可以第二天就开始，让我早些摆脱这暗无天日的生活。渐渐迷失在试卷中，成了传说中的“考试机器”，一切都为了应付表面说“为了我们将来好”的老师和一心望子成龙的父母，我觉得这些就是人们所谓的虚伪，做作，整天用一副丑陋的脸孔伪装，假惺惺地摧残我们少年的身心。如今再想起如此天真单纯的自己，心里不禁觉得可笑，又含有一丝愧怍，一丝悲凉……

父母，我为不懂事的自己道歉。中考前的每一个艰辛的夜里，一杯不加糖的奶咖，一份可口的夜宵，如今我才能体会它那足以融化人心的温暖。每每时钟敲响12下，有时我仍在奋笔赶天书一样难的试卷，没有注意过陪伴在身边的你们，没有想过你们额上渐多的皱纹和两鬓的银丝，更没有思索过你们安宁沉稳的脸上掩盖了那纠葛着不忍与疲倦的心。有时我已进入甜美的梦乡，而你们仍在为生活的琐碎事务而烦恼，为我的将来担心。平日里，你们的唠叨，你们的劝告，你们的安慰，我都当作耳旁风，除了烦还是烦，顶嘴和吵架成了家常便饭，叛逆的我让一向耐心十足的爸爸变得暴躁，让一向温柔慈爱的妈妈变得忧郁。我想，如果中考对于我而言是一场噩梦，那它大概就是你们的世界末日了。爸爸妈妈，我爱你们，我曾经错过，我也不能保证在未来不再犯错，请你们继续支持我，勉励我，我一定会努力用自己的成功来拭去一直以来你们无言的泪！

老师，我为桀骜的自己致歉。我曾经痛恨你们，诅咒你们。每天铺天盖地足以砸死人的作业，课堂上刁钻到可以穿过牛角的问题，一道习题足以秒杀上百亿的脑细胞，还有最最让人咬牙切齿紧张又讨厌的考试。虽然这些锻炼我们成为金刚不败的考试铁人，虽然我们也早已习惯了这种地狱般的折磨，但这些让我没有理由不对你们恨之入骨。于是我们背地里给你们起搞笑的“绰号”，抱怨你们的残酷，我们就像地主手下饱受煎熬的奴隶，无时无刻不想起义反抗。然而，每夜面对那一份你们精心挑选的试卷时，我们还不曾意识到，你们同时在面对整整一个班的试卷，面对或“龙飞凤舞”的作业，微微扶正那厚厚的老花镜，不知疲倦地批阅着。有时还要抽出宝贵的非工作时间给差生补习，管理班上的纪律。老师的付出，我们一无所知。你们病倒，我们暗自窃喜，幸灾乐祸；你们出错，我们冷嘲热讽，百般苛求……直到我手捧重点高中的录取通知书，满怀“春风得意马蹄疾，一日看尽长安花”的心情来探望你们，发现班主任愈加憔悴，发现你们毫不介怀我的过去，发现你们对我未来的鼓励，也发现你们如出一辙的，为我的成功而喜悦。而过两个月，你们又将回归正轨，面对新的“我们”，新的烦恼和痛苦。我才发觉一直深恶痛绝的老师是真正可爱的人,愿你们心想事成,桃李满天下。

一个月前,我应约参加了同学会,看见一张张曾经如此熟悉的脸,有的改变了不少,有的与我十分生疏,也有让我吃惊的,不免感慨,一年也就像沧海桑田一样。不知多年过后,我们还能不能像以前一样爽朗地笑,如此酣畅地一起聊着天。

突然发现了我的铁杆兄弟,我的超级死党,回忆我们在公车上认识,每天都形影不离,谈论我们感兴趣的话题,玩我们钟爱的游戏,聊聊可爱的"班花",有时一起抄答案还老被抓,那被罚的经历历历在目。偶尔吵回架,第二天他递来一份"保证书",写得非常肉麻,让我笑得差点站不起来,至今还保存在回忆录的封页里。这样的日子一天天过,不知不觉,他成了我的知己,我的密友,也是我的参谋。哈哈,平日里糊里糊涂混日子的两个人在一起谈天说地,却从未想过会有分离的一天。我不喜欢"人生过客"一说,相信他会是我天长地久的朋友,然而平时混得比我还浑浑噩噩的他却提早"登仙成佛享受极乐"(进了零志愿),与我两校分离,原本坚信的FOREVER却就此动摇。

聚会上我也遇到了自己的"敌人"。四年都过得平淡无奇,喜欢嬉笑怒骂,喜怒无常。当然也碰到了与自己性情不合乐趣不一的人。我并不讨厌他,有时我们能斗嘴斗得稀里哗啦,心里却蛮快活的,有这么一个能让自己痛快发泄的人也不错。久而久之,便把他当成能与自己互补的朋友,而他却似乎什么都要和我争,永不给我宁静,讥笑,排斥着我,那我也无所谓。然而自己的一句玩笑或是真心的安慰却往往直指他的伤疤,竟是在他的伤口撒盐的把戏,使他更讨厌我……痛恨这种被讨厌的感觉,令我无地自容...也许再也无法弥补自己的愧疚了,还是想道一声"sorry"。如今想起当初的针锋相对,我们都已坦然,握了握手,我想我们彼此都已经将对方深烙在心底。

朋友,请不要跟我说:"天各一方,各奔东西",因为:"阳关道"和"独木桥",我都需要有人陪我走过……

朋友们,也许我们再也回不到从前,但是我们曾经的嬉笑,共同的伤痛,互相的勉励都将成为我最为宝贵的回忆。如今面对这一张毕业照,我已毫无顾忌地泪流满面。这四年,我痛过,伤过,失败过,后悔过,但有你们的日子,我痛并快乐着。无法想象离开你们,我还会不会如此坚强地面对人生路上更多的挫败。我终究无法避免失去你们,悲伤不可抑止地涌上心头。无论将来我们还会不会再有一丝牵绊,一点关系,就算我们会沦为最熟悉的陌生人,而记忆会为我们证明我们曾经拥有过的友情。

倾听着悲凉的秋歌,我想起以前的经历,分明是自己已经走向成熟,就像一切植物,在这金色的季节里成熟。父母是永远温暖的阳光,老师就像孜孜不倦辛勤劳作的园丁,而朋友则是滋润的水露。你们的呵护,你们的扶助伴随着我的青春,让我成长,相信不久以后也会开花结果。这交织着幸福与悲酸的青春,在不知不觉中升华。告别夏日的日子里,我再次丰收,奔向新生的未来,也无风雨也无晴……

（本文获得第六届"原乡杯"台胞青少年征文竞赛高中组一等奖）

点评：

对父母、老师、朋友的感谢和眷恋之情洋溢纸面,种种往事成了珍贵的记忆。中考前父母的唠叨、老师的严厉,都给了"我"一份青春的成熟。作者的散漫笔法,看似随心所写,实则笔触所至,散而有序。结尾用比喻"父母是永远温暖的阳光,老师就像孜孜不倦辛勤劳作的园丁,而朋友则是滋润的水露",是肺腑之言,也是全文的主旨。

这也是考试

中芯学校　孟邵儒

我们在一生中都将有许许多多大大小小的考试,好比中考,高考等。我在六年级时就经历了一场意义重大的考试,然而那也是截然不同的一种考试。

那一次考试我考了第一名,但是第二名跟我只有一分之差。之后老师在讲卷子的时候,我发现老师没发觉我的一个错误,而且它的分值很高。我不知道该不该去找老师“自首”。但如果我真的去承认这个错,我会从第一名下滑到第三名。我觉得这样有点不值得。但到了下课后,我又感到心虚,觉得这不是我该得到的东西。心里自己跟自己起了争执。我觉得如果我真的不去承认的话,心里会很难过的。于是我去找了老师。老师一听完我的话,就以一种很高兴的口吻说:“没想到你那么诚实,现在很少有像你这样的小孩了。我真的感到很开心,你虽然没有在这次考试中名列榜首,但是在‘诚实’这一关你确确实实拿到了第一名。”我这才发现我通过了另一场特殊的考试。

又一次在我们重要的英语考试上,老师要我们班同学互相改试卷。我改到我一个好朋友的卷子。我仔细地改着,发现了一个很细小的一般人不会发现的错误。这时,他走过来看看他的试卷改的状况怎么样?我指出了他的这个细小的错误,他小声地对我说:“那么小的一个错就算了吧,反正老师也不一定看得到。”当时我心里想,这样应该不太好吧,要是老师发现了,那不就糟了,两个人都要被老师抓去训话。于是我对他说了我的想法,他说:“别想那么多啦,你说,我们是不是兄弟?”这一句话把我给镇住了。我的心里开始有矛盾了,我不知道该如何是好。我心想如果不帮他通过这一关的话,就好像显得有些不够朋友,没有义气,但我又觉得不能包庇人,这绝对是不正确的。这次可难倒我了。我好好思索了一番,这时他气急地说:"你还在犹豫什么?不就装作没看见而已吗?别人还不都是这样。"我的心里起了更大的冲突,好像是和他的友情在跟自己的良心在进行着一场激烈的对抗。我实在不知所措,但我知道我必须马上做出个决定,我又苦苦思索了一番。我发现如果他不能正确地面对自己的错误,那他就不是一个诚实的人;他如果不能体谅一下我现在这种左右为难、不知所措的处境,并一直都只为自己的利益咄咄逼人,强迫我昧着良心包庇他,那这个朋友还值得信赖吗?

相反的,如果我抛开所有不正当的杂念,不去包庇他,我才对得起自己的良心,而且对我们班大多数人而言,这样才是公平的。我相信这样做是对的。所以我对他说:"对不起,如果我帮了你,那这就是包庇,所以我只能公事公办了。"事后,我觉得那真是个明智的选择,我没有对不起任何人。我不仅通过了英语考试,还通过了"公正"这场重要的考试。

我知道我通过了许多学业上的考试,然而在人生道路上也有很多考卷,不需要纸和笔,只需要诚实、正直、公正来回答,你能通过吗?其实这也是一种重大的考试。

(本文获得第六届"原乡杯"台胞青少年征文竞赛高中组二等奖)

点评:

作者通过了"一场特殊的考试",考试的题目是"诚实",作者在两次要不要"诚实"这道试题面前,勇敢地战胜了它,成功地通过了这场"特殊的考试"。而在写"如何通过"时,作者描述细腻,用两次"内心对抗"来表达做人要诚实、正直、公正这一主题,具体鲜明。必须说,本文主题有现实意义,尤其在当下,值得鉴戒。

微笑,从自己做起

华东台商子女学校　李兰蕙

芸芸众生中,各式各样的人在身边来来往往,有些人说不定一生只有一次的机会可以碰到他们。那么在那一生一次的当下,我该以什么样的面貌面对他们呢?我花了不少的时间在观察人们,因为在了解他人的同时,也可以好好了解自己。当我心情不好的时候,走在路上,脸上呈现的就是一副“生人勿近”的样子;但,倘若高兴,不自觉地就是满脸洋溢着笑容。然而面对我的人呢?他们会怎么想呢?大概会觉得我是一个很奇怪的人吧!所以,我开始学会改变自己。

我开始主动地寻找双眼,不会逃避他们给予我的示好,会去直视并且给予回应,我想给他们一种柔和舒服的感觉。我会把自己不好的情绪隐藏在心中,把我最快乐的一面表现在脸上,因为其他人看到的是我的脸以及我的双眼,当我转变了自己的想法时,我发现我的生活顿时也变了,不再是以往的生活了,到处充满了欢乐。

在路上的时候,我保持着快乐的心情。突如其来的一个讯号,让我接收不了:一个不认识我的人正在对我微笑。以前只有外国人才会这样子做,现在却是一个中国人,但是我内心并不感到讨厌,所以我也回了他一个笑容。当我经过他的身边时,他并没有把他的微笑收回,也没有对我的笑感到害怕,我们是处于不认识的礼貌状态。我的心情更好了,因为我发现大家都是很有礼貌的人,会笑的人一定是有情绪的人,他们的生活一定也是像我一样,充满了幸福。

我家的社区有好几个警卫，虽然我没有办法叫出他们的名字，但是我和他们相处有如朋友。当我在离家还有一段距离时，他们的手就已经举起来了，向我挥手，并且说：“回来了啊！”我也一样向他们挥手，回道：“对呀，你们好，辛苦了！”

有一天，我跟妈妈说：“妈妈，我觉得警卫他们都对我好好哦！”妈妈的回答让我恍然大悟：“那是因为你对他们好，所以他们才会对你好啊！”我又问她：“之前路上还有不认识的人在对我笑呢！”妈妈跟我讲：“笨呢！那一定是你向他们笑，他们才会对你笑啊！”

我这才明白，原来，人与人之间的相处，是要自己先跨出一步，才能够再继续走下去，若是在原地等着别人来拉自己一把，那么只好将剩自己一个人蹲在地上了。所以我会一直保持着自己的微笑，当别人对我微笑的时候，我就能知道，一定是我的笑容传达给他了，他能快乐，那我一定更快乐！

（本文获得第六届“原乡杯”台胞青少年征文竞赛高中组二等奖）

点评：

文章论述了微笑与心情的关系，心情的好坏会直接影响他人的感受。作者不愿如此，于是文章的重点是谈“学会改变自己”，作者选择了不相识的路人和相识的社区警卫对自己的微笑和问候，以这些事例来反观自己心情的改变。文章结尾得出“人与人之间的相处，是要自己先跨出一步”的结论，正如妈妈所说：“你对他们好，所以他们才会对你好”，“你向他们笑，他们才会对你笑”，快乐的心情正由此而来，和文首“改变自己”呼应，突出了文章的主旨，也蕴含了人与人之间理应和谐的主题。

“原乡杯”台胞青少年征文菁华集

第七届

（2009年）

团团、圆圆过生日

中芯学校　张哲怡

我是大熊猫团团
和好朋友圆圆
一起从四川来到台湾

也许我们可爱
也许我们来自祖国海的那边
这里的人们
总是排着长队、顶着烈日
看我们表演、撒欢

今天
我们五岁生日啦
台湾的同胞准备了胡萝卜和竹笋
噢,还有漂亮的“冰蛋糕”
高兴得我们跟头翻了又翻

看着拿着竹笋的饲养员
我们一下子滚到他的面前
蛋糕涂了我们一脸

顾不得斯文
我们躺在地上四脚朝天
啃啊啃

“啊，它们一起分享蛋糕了！”
同胞们的欢呼声
响起在熊猫馆
原来海这边的人们
和海那边的人们
一样喜欢我们

（本文获得第七届“原乡杯”台胞青少年征文竞赛小学组特等奖）

点评：

熊猫是中国的国宝，两岸人民都欢喜、珍爱它们。尤其是作为友谊象征的团团和圆圆这两个宝贝，从大陆去台湾，而且已幸福成长了五年，怎不令人高兴。

小作者以诗的情趣生动地描绘了宝贝们过生日的一组镜头：“跟头翻了又翻”的高兴、“蛋糕涂了一脸”的有趣以及“四脚朝天”“躺在地上”啃东西的憨态，把可爱的小伙伴刻画得栩栩如生。

更有意思的是作者以“第一人称”来写，以团团的口气来述说这一切。由于是亲临亲历，不仅真实有趣，而且亲切感人，把它们的“内心世界”也反映了出来，当然，这要借助丰富的想象。

写熊猫，归根结底是为了写人。大陆同胞之所以那么热情地把这对宝贝送去台湾，台湾同胞之所以“排着长队、顶着烈日”参观它们的表演，这一切，都不只因为兴趣，而是由于共同的民族感情。海峡两边的人“一样喜欢我们”，这正是本文的点睛之处。

别怕,我在

中芯学校　张菀庭

亲爱的伙伴,
你还好吗?
肆虐的台风,
是否让你心惊胆战?
连续的暴雨,
是否淹没你的家园?
别怕,我在,
我心与你同在。

8月8日“莫拉克”台风,
来得那么突然,
谁也料想不到,
它有那么凶残。
不但冲毁房屋田地,
还把人们深深掩埋。
美好的家园,
壮丽的山川,
道路、桥梁、学校、房舍……

在无情的风雨面前，
无一幸免！

也许你家的小屋，
早已不复存在；
你的父母兄弟，
也已不幸离开。
别怕，我在，
我永远都在你身旁，
不管你失去了多少，
你还有我。
我心与你同在。

你看台湾当局，
积极抗风救灾；
大陆各界人士，
也都那么慷慨。
台风无情，两岸有爱，
台湾的草木人民，
牵动所有人的心怀。

亲爱的伙伴，
你还好吗？
新学期就要开始了，
是否已经住进
搭好的活动板房？

是否也已领到
崭新的各科教材?
再度回到学校
却再也看不到往日熟悉的面孔,
这种心情我实在形容不出来……
但亲爱的朋友,
别怕,我在。

请相信,
再大的风雨,
冲不断相连的血脉;
再沉重的打击,
也无法把我们分开。
亲爱的伙伴,
当你失落的时候,
当你害怕的时候,
当你哀伤的时候,
当你无助的时候,
记住一句话:
别怕,我在,我们在,
我们的心永远同在。

(本文获得第七届“原乡杯”台胞青少年征文竞赛小学组一等奖)

点评：

台风“莫拉克”给台湾同胞带来了深重的灾难，作者以第一人称直抒胸臆，深情地向受灾的亲人们表达了关注、慰问与激励的深情，由于体察细微、情真意切，读来令人感动。尤其是“台风无情，两岸有爱”“再大的风雨，冲不断相连的血脉”以及“我们的心永远同在”这类诗句，更是含义深刻，耐人寻味。

母爱

中芯学校　柯沛妤

如果我是一截小小的铅芯，
那母亲就是那外面的笔杆，
而母爱则是那美丽的外表，
遮挡着我那黑洞洞的身体。

如果我是一朵小小的野花 ，
那母亲就是那肥沃的土地，
而母爱则是阳光和雨露，
爱抚着我开心地快快长大。

如果我是一只奇异的蜉蝣，
那母亲就是那浩瀚的海洋，
而母爱则是水珠里的温暖，
让我享受小小世界的生活，

如果我是一块普通的砖瓦，
那母亲就是那坚固的房屋，

而母爱则是些勤奋的工人，
给我精心地改造和雕琢。

（本文获得第七届“原乡杯”台胞青少年征文竞赛小学组一等奖）

点评：

文章阐明的是“我”、母亲与母爱之间的血肉联系，但通篇都以铅芯与笔杆、野花和土地、蜉蝣与海洋以及砖瓦与房屋的关系作喻，从多个角度与侧面歌颂了母爱的伟大。比喻虽尚可推敲，但丰富的想象和联想却值得肯定。

第一次

华东台商子女学校　钟雯涵

在人的一生中有许许多多的第一次。第一次的感觉有欢喜的,有悲伤的,有新奇的,有紧张的……无论如何,每件事情的第一次总会使人留下深刻的印象,令人久久无法忘怀。

第一次月考第一名,是我一年级的时候。当时,等待成绩公布的心情,就如同期待中奖般忐忑不安,等老师一公布我是第一名时,我恨不得马上可以放学回家,立刻告诉妈妈这个好消息。这个光荣的第一次,让我高兴许久呢!

第一次学会骑脚踏车,是在今年的暑假。爸妈告诉我要先学会保持平衡的方法,还要我上车去体验车子行进的感受,即使是双脚不离地,也没关系。原本,十分害怕会摔倒的我,在试踩了几次之后,终于成功地骑出第一步。这个第一次还真是令人兴奋呢!

第一次失去亲人,是去年外公过世的时候。那是我第一次感受到生离死别的痛苦,我既伤心又难过。虽然,我明白这是人人必经的过程,但是,偶尔再想起外公,还是会忍不住流下眼泪。自从这件事情之后,让我更加珍惜与亲友相处的每一刻。这个第一次让我很心痛,很难受。

每件事情的第一次,都可以增加我们的经验,也许,第一次的成果不是那么如我们所愿,但是,第一次却是一种最美的初体验。不论是苦是甜，都是我们一生中最难忘的回忆，让我们准备妥当，迎接未来无数的第一次吧！

（本文获得第七届“原乡杯”台胞青少年征文竞赛小学组一等奖）

点评：

文章选择了一个独特的角度作为切入口，列举月考第一、学骑脚踏车成功、外公过世……这些人生中许许多多的第一次遭遇，表述了生命旅程中悲欢离合、成败得失的诸般感受，是很好的人生体验。

台风“莫拉克”,请你赶快离去!

中芯学校　王嗣贤

台风“莫拉克”,请你赶快离去!
你的到来,让整个台湾都在哭泣!
“八八大水灾”,五十年一遇,
可以卷走人的台风,真可怕呀!
连像腰粗的大树也被拔地而起!
暴雨不停地下哦,到处是汪洋一片,
阿嬷家辛辛苦苦种的庄稼,全部被淹,是多么可惜!
邻居家的房屋也倒塌了,山上的泥石流冲进了他们家里!
最惨的是有一个村子,
幸免于难的是个在镇上亲属家玩耍的小弟弟!

台风“莫拉克”,请你赶快离去!
你的存在,带给我们太多创痛的记忆!
这个暑假过得一塌糊涂,
就因为你每天在呼风唤雨,
害得每个电视频道都没有动画片、娱乐节目播,
天天是灾情的滚动播出,看得心里沉重,没有欢愉!
高雄乡下,南河燕本来是我们的避暑胜地,

你的到来让表哥表姐家的两层楼房都可以“养鱼”，
一层楼简直一片狼藉，
不但进水，而且大水退后，到处是脏泥！
我们不得不住进高雄的汽车旅馆，
每天无聊地望着外面的大雨；
就连阳台上也积满了水，
汽车没办法发动，想不出出门可以靠什么交通工具?！
爸爸妈妈天天在商量下一个目的地，
“回上海吧！”我强烈地建议，
“还没买到回上海的机票！”我的提议被暂时放弃！
我们到底要去哪里？东奔西躲，还算什么假期！

台风“莫拉克”，请你赶快离去！
这种灾难我真不想目睹，真不想经历！
在台湾，也可以看到大陆各地的赈灾的演出，
看到有那么多钱和物品源源不断捐给台湾灾区，
我们全家都流着泪，感动夹杂着欢喜，
重建家园，美好的希望像涓涓的清泉流进心里；
台风“莫拉克”，请你赶快离去！
人们的互助凝成强大的力量与勇气，
人们的爱心会变成战胜灾难的奇迹！

（本文获得第七届“原乡杯”台胞青少年征文竞赛小学组二等奖）

点评:

文章采取与“莫拉克”对话的方式,使对台风的描绘与斥责更加鲜明、强烈,充满了浓烈的感情色彩。最后一段对救助人士的感激与抗灾前景的追求洋溢着乐观的情绪,尤为可贵。全诗押一个韵,一韵到底,也殊为不易。

我能行

中芯学校　郭舒雯

记得有一次语文课，老师建议我们回家背《春》这篇散文，我一听大为震惊：文章那么长，要背出很困难。不过老师说这篇文章写了春天的不同景象，语言优美，好词佳句多，很有背诵、积累的价值，一周的时间，如果谁背出了，她会给个大奖的。于是我下定决心要把它背出来。

一回家，我迅速地做完功课，便从书包里取出《春》这篇散文，聚精会神地读了起来。读了三遍以后，就一小节一小节地背，一幅图画一幅图画地背，然后全篇连起来读了五六遍，便背给妈妈听，第一遍背得很吃力，只是勉强背完。妈妈说：“如果让我打分，只能打八十五分。”我知道自己背得不熟，要更加努力地背了。这时时钟刚好敲了八下，是我最爱看的卡通节目的播出时间，我心里渴望着看，况且功课已早早写完了呀。但我还是打消了这个念头，因为妈妈常常说“今日事，今日毕。”我又专心致志地背了起来，第二次我信心十足地找妈妈背，这次我背得似乎流畅多了，不过还有一些小错误，为了达到完美，我又继续读了几遍。第三次背给妈妈听时我已背得滚瓜烂熟，这才高高兴兴地去睡觉，上床前还默背了一遍呢。

第二天语文课上，我勇敢地站在讲台前胸有成竹地背给我班全体同学听，背得很流利、很有感情，大家都夸我，我也觉得自己能行！老师让我第一个挑选她从海南岛带回来的许多海螺钥匙圈，我挑了一个自己最喜欢的，心花怒放地回到了座位上。这次背诵让我尝到了成功的喜悦，懂得了信心的重要性，明白了“一分耕耘,一分收获”的真正含义。从此,不论干什么事,我都不会退缩,我会勇往直前,因为,我能行。

(本文获得第七届“原乡杯”台胞青少年征文竞赛小学组二等奖)

点评:

以背诵《春》为例,生动地阐述了“干什么事”都要“勇往直前”的道理,贯穿全文的“我能行”的奋发意气也有感人力量。叙述中注意细节捕捉和心理描绘,很好。

我们这一班

华东台商子女学校　林妤芷

每个人都有属于自己的班级,而我的班级是一个非常快乐又团结的"601"!吵闹时,班上就像个菜市场;快乐时,每个人都像天真无邪的天使;生气时,班上就像个充满怒气的地狱;难过时,大家就像断了线的风筝,透露出失望的表情。不论是喜怒哀乐,我们总是会很团结,在同学有困难时互相鼓励对方。

还不只这样呢!我们班还有许多搞笑谐星,像"阿扁"洪杭均,这位说的话可是常常让我们哭笑不得,也常常让老师一个头两个大!每当下课时,我们班总是会传出非常多稀奇古怪的声音,因为我们班也有着许多深藏不露的"歌王",只要下课铃一响,歌王们就会大声唱歌,让我们欣赏"美妙"的歌声,这也是每天不可或缺的节目。

最重要的是我们"601"的老大徐菊兰老师!她就像个童心未泯的小孩,脑子中也常常会出现稀奇古怪的点子!也常常会举办好玩又有趣的活动,令我们玩得不亦乐乎!

我们班真的是一个非常团结的班级!体育竞赛时,其他班级都是紧张地看着比赛,而我们班则是激动地为场上的选手大喊:"601 加油!"游园会时,同学们完全不顾身上流着汗,卖力地将产品推销出去!如果要问学校里最团结的班级,那不用问,当然非"601"莫属啦!

我们班真的是一个活力十足的班级,也让我天天期待着上学!"601"加油！我们一定要一起快乐地毕业！

（本文获得第七届“原乡杯”台胞青少年征文竞赛小学组二等奖）

点评：

通过一个个生动有趣的细节(包括学生的、老师的)，把班级同学团结、快乐的生活写得趣味盎然，惟妙惟肖。尤其是述说的口气，流畅、俏皮，有幽默感，洋溢着纯真的童趣。

童年的趣事

中芯学校　邱紫庭

我的童年发生过很多有趣的事,令我记忆最深的是“谁偷了我的月亮”那件事。

那时我五岁,一天晚上我看到一轮皎洁的月亮挂在天空,我走,它也跟着我走,所以我想月亮一定很喜欢我,于是我悄悄地对月亮说:“你跟我回家,我们做好朋友。”

我来到阳台上,在一个盆里盛满水,月亮正在对着我笑,我讲了很多故事给它听。快睡觉的时候我找来一个锅盖,把月亮盖在盆里,我对它说:“明天再和你一起玩。”临睡前,我对家人说:“你们不许偷我的月亮。”

到了第二天早晨,我一起来就迫不及待地跑到阳台上,一打开锅盖,发现月亮不翼而飞。我急得大哭起来。妈妈赶紧跑来,问我怎么回事,我说:“我的月亮被偷走了。”家人听了都笑了起来,妈妈就走过来对我说:“你的月亮并没有不见,但是要等到晚上,晚上月亮才会出现,知道吗?”之后,我就点头说:“我爱你,我的好朋友。”

这件事情已经过去好几年了,但是家人一提起这件事都会情不自禁地笑了起来。

（本文获得第七届“原乡杯”台胞青少年征文竞赛小学组二等奖）

点评:

故事确实很有趣,那把月亮盛在盆里用锅盖盖上的细节,那与月亮诚心诚意的谈话,发现月亮“丢了”后的失声大哭,都把一个五岁小朋友的天真与可爱写得十分感人。标题不如改为“谁偷了我的月亮”,现在第一段的句子太长。

“别悲伤,我们在一起!”

中芯学校　萧惠心

台风“莫拉克”过境
给台南带来极大冲击
风雨过后的灾区
令人感叹大自然的无情
灾情深深刺痛了
两岸同胞及海外华人的心
全球华人在第一时间行动起来
出钱出力献爱心
给灾民受伤的心灵
带去浓浓的暖意

在大家苦恼的时候
在大家伤心的时候
我这个小学生
最近去超市
看到捐款箱
就会求妈妈投一元钱
在回台湾的机场上

我也投了二元

你们知道吗
我的家乡在台南
我想说
只要我们不放弃
只要我们坚持
我们没有做不到的事
只要我们努力
任何东西都可以重建
我还想对灾区的人们说
“别悲伤,我们在一起!”

(本文获得第七届“原乡杯”台胞青少年征文竞赛小学组二等奖)

点评:

写了台风“莫拉克”带来的灾难,写了全球华人给灾民献上的暖意爱心,更向灾民同胞们表达了“别悲伤,我们在一起!”的良好愿望。由于口气全出自一个小朋友的纯真内心,读来更使人感动。

我发明了“写作高手丸”

中芯学校　张凯婷

我每次写作的时候，脑筋就会乱成一团，常常不能写出一篇头头是道的好文章，所以我决定发明“写作高手丸”，好让我的每篇作文都能登上班网。

要发明“写作高手丸”，好文章是少不了的，所以这种药的成分是欧阳修的作文100篇、苏东坡的文章80篇、作文奖杯50个和作文奖状80张，首先把欧阳修和苏东坡的文章打成纸浆，奖杯压碎清蒸，奖状生吃，再把所有材料做成药丸。

我发明的药丸有大有小，平时写作时吃小颗的，吃完要马上喝一杯白开水，15分钟后就会产生效果；写作比赛时吃大颗的，不过要过半小时后，才会产生效果，所以比赛前30分钟就要先把药丸吃掉，吃完要马上喝一杯牛奶才会产生效果。

有一天要写作时，我想试试这种药的效果。我吃了一颗小药丸，因为之前没吃过，所以我生怕肚子痛，不到15分钟，我就闻到一股笔芯的臭味和墨水的味道，还有一股恶心的金属味，于是我拿起笔开始写作了，没想到10分钟后，我就文思泉涌地写完一篇文章，还被老师登在班网上。

“写作高手丸”有帮助你提升作文能力的功效，你们不妨也来尝尝看！

（本文获得第七届“原乡杯”台胞青少年征文竞赛小学组二等奖）

点评：

这是一篇充满浪漫主义构想又洋溢着幽默感的独特文章。世上自然没有“写作高手丸”，但它的构成及用法却发人深思，与其要尝尝这些“丸”，倒不如把时间和精力放在阅读和写作的训练上，这或许才是作者的初衷吧。

阳光总在风雨后

建平实验中学　章臻瑶

人的一生，总是五彩缤纷，总会有各种各样的阶段。但是，有谁的成长路线会是那单调、一成不变的直线呢？人的一生不可能总是那么一帆风顺。在成长的道路上，天气预报不可能总是重复播放着“晴天”，总有那么几阵狂风、几场暴雨，夹带着振聋发聩的雷鸣和急速骇人的闪电，会吓退你前进的步伐，打乱你的节奏。但是在这个时候，你无论如何不能被它们吓倒，一定要知难而上，也许成功就在你眼前，触手可及。

从小，我就在同龄的孩子中特别突出。每一个见到我的老师、家长都夸我是个聪明的孩子。从幼儿园起老师就让我做一班之长，让我管理班级，连园长也熟识我、喜欢我。到了小学，一年级我是儿童团团长，之后每年都被选为大队委员，我似乎早已习惯了优秀，生活在赞美声下。

五年级时，我照例被同学们选为本班的大队委员候选人。我早已习惯了这样的一个过程，仿佛其结果早已被我掌握。但是最后的结果令我大跌眼镜——在学校的选举中，我落选了！顿时，我傻了眼。从小到大，我总是生活在令人羡慕的荣誉之下，可是在这一刻，这闪亮的光环却突然消失了，取而代之的是乌云密布。我恍恍惚惚地离开竞选会场，一时间都不敢回教室。这对我是多大的打击呀！同学们不屑、失望的眼神，都如同一把把尖利的刀，刺痛我的自尊心。失败不曾出现在我的字典中，这一击，是如此突然，让我一下子迷失了方向。

从那以后,莫名地,我的成绩就下降了,仿佛是对自己失去了信心。老师也因我的退步十分担心。但我自己也不知是为什么,仿佛手臂上的标志、肩上的责任被卸下后,我的信心、我的优秀也一同消失了。因为我不再是同学眼中的主角,不再是耀眼的明星,也许无论我优秀与否都不再引人注意。

有一天,我看到了一篇文章。文中的女主角是一个喜欢且擅长表演的女孩。但一次她去报名演话剧,却只被选中演一只狗,她十分生气、难过。当天晚上她父亲找她谈了很久。之后,她便开始认真、努力、积极地排练。在演出那天,她精彩、生动、惟妙惟肖的表演吸引了全场观众的目光,获得大家的好评。她父亲那晚对她说的话是:“在人生旅途中,你不可能永远做主角,但如果用演主角的心态来演配角,你便可以获得主角的掌声。”

这句话惊醒了我!是啊,人生哪有一帆风顺的?在那匆匆的旅途中,总有那么些绊脚石阻碍着你,让你无法前行。你不可能一直站在人群的最高点,做人生的主角。但是即使你不是最出众、最耀眼的明星,只要你付出了努力,你就可以获得属于自己的快乐,拥有灿烂的阳光。

于是,我努力地做好自己,默默地为班级付出,并保持自己的优异成绩,努力做好一个小小角色应做的事。别人也许可以决定谁是主角、谁是配角,但谁也无法决定我的努力。即使别人做了主角,只要你有实力,小小的配角一样可以成为别人关注的焦点。挫折不可怕,只要努力,一点点往上爬,一定能克服它,见到阳光。

“阳光总在风雨后,乌云上有晴空,珍惜所有感动,每一份希望在你手中……”那美妙的歌声在耳畔轻轻响起……

(本文获得第七届“原乡杯”台胞青少年征文竞赛初中组一等奖)

点评：

题目中的“阳光”和“风雨”都是比喻，“阳光”比喻成功，“风雨”比喻挫折，作者认为“人的一生不可能总是那么一帆风顺”，遭遇挫折是难免的，作者大队委员落选便是佐证，失去自尊，成绩下降，信心丧失，都是不能正确对待挫折的结果；而引导作者转变的事例也很有说服力，而且文章描述具体，表达的感情真挚，结尾能点题并深化主旨，不失为一篇思考周全、结构完整的好文章。

宽容

中芯学校　许　照

宽容,是一副豁达的心胸,是一种难得的美德,是一份醉人的礼物,是一轮人格魅力闪闪发光的光环。

张飞义释严颜,换来了严颜的俯首听命;曹操厚待关羽,换取了华容道上关羽的舍命相送;美国国父华盛顿主动原谅政敌佩恩的拳脚之仇,换来了佩恩对自己的狂热崇拜。这些宽容之举,将仇恨化为了友情,将障碍化为了依托。

武则天是一介女流,其度量却不让须眉。徐敬业造反,骆大才子的檄文传到武则天手中,武则天并不发怒而是带着欣赏的兴致来读这篇文章。读到"一抔之土未干,六尺之孤何托"时,她怫然作色,说:"如此人才不用,这是宰相的过失。"读完之后又反复赞叹,说:"骆宾王的文章固然了不起,但徐敬业的武功却未必匹配得上。"意思是说,从宣传工作上讲,骆宾王是足分量的,那一支笔抵得上十万雄兵,但徐敬业兵力实在无法满足初唐四杰之一的骆宾王为他草拟讨武檄文。文章写得十分精彩,骂武则天的话也十分刻薄,但武则天并不生气,反而很想将骆宾王收为己用。武则天作为中国历史上唯一的一个女皇帝,能取得那样大的成功,不能说与她那博大的胸怀、恢宏的气度没有关系。

大度者能成大事,大度者精神舒畅,过得轻松愉快,此理古今一样。与人交往常常都有不尽如人意的地方。如果做人没有足够的气度和胸怀,必然会有许多莫名的痛苦。心胸狭窄的人往往争强好胜,斤斤计较,对别人心怀嫉妒,大加指责,小肚鸡肠,睚眦必报,这样的人往往活得十分沉重、痛苦。孔子说:“君子坦荡荡,小人长戚戚。”

宽容是冬日的阳光,可以给人心灵的温暖、真诚的安慰。

林肯出身平民阶层,种过地,当过商店的小伙计,一直奔波于颠沛困顿之中。因此,他初到白宫赴任时,那些阁员中的阔佬没有一个瞧得起他。对此,林肯却毫不介意,表现得非常大度。财政部长齐斯对林肯统治白宫很不服气,不时觊觎着总统的宝座。他背地里大拆林肯的台,散布不满情绪,并连续5次提出辞职相要挟。尽管第5次林肯批准了他的辞呈,但始终认为他是一个很有才干的人。林肯说:“齐斯是一个很有才能的人,尽管他在背地里愚蠢地反对我,但我决不愿铲除任何人。”最后还是量才而用,任命齐斯担任最高法院的首席法官。有一次,他和儿子上街,遇到一队军人,便随口问一路人:“这是什么?”其意是想问是哪个州的兵团,但没说清楚,那人以为他不认识军队,便粗鲁地回答:“这是联邦的军队,你真是个蠢货!”面对斥责,林肯毫不生气,只是说了声:“谢谢。”儿子不解,他严肃地对儿子说:“有人在你面前说老实话,这是一种幸福。我的确是大笨蛋。”林肯贵为总统,为人处世却如此宽容,实在难能可贵。也正是他的宽容,赢得了人们的信任和尊重,从而取得了事业的成功。

当然,宽容并不是就可以不讲原则,宽容一切无理的行为。“大事讲原则,小事讲风格。”“大事聪明,小事糊涂。”宽容是在不违背大原则的前提下的一种理解和谅解,是一种诚实和厚道。这种理解和谅解,不是放弃原则,不是不坚持真理;这种诚实和厚道,不是当老好人,不是不要正义。无边的宽容就是软弱,无边的迁就是无能。所以生活需要宽容,需要把握宽容的度,你才能在这个社会中泰然处之。

宽容,是一副豁达的心胸,是一种难求的美德,是一类生活的艺术,一股无形的感召力和凝聚力,是人格魅力光环中最闪耀的一束光芒。无数人愿意一生歌颂它,追随它,直到永远。不要说别人不懂宽容,先让自己学会宽容他人吧!

(本文获得第七届“原乡杯”台胞青少年征文竞赛初中组一等奖)

点评:

用大量实例揭示了具有宽容美德是事业成功的保障,给予宽容以极高的评价,尤其是较具体地描写了武则天和林肯两个统治者善于宽容他人、欣赏他人的胸怀。文章叙议结合,分析辩证,有一定的厚度,从中也能看出作者"腹有诗书",在历史方面有一定的底蕴。

在迎世博的日子里

上海市第五十四中学　黄煜旻

前几天，父亲从网上打印了一份“迎世博，咬文嚼字大赛”的参赛题目。他嘱咐我一定要认真完成，我便随口应了一声。

强烈的阳光从窗口直射进来，我吹着空调散发出的冷气，随手拿起了身边的这份试题，草率地翻看了一下，心中却不犹发出感叹：“天啊，有11张！”繁多的试题如同河中的杂草，除也除不清，做也做不完，把我弄得头晕目眩。

无意中，我注意到了一题有关上海本帮菜的题目，还有关于“家”这个谦辞的用法。“原来还能这样找错别字，”这不禁让我欣喜万分，似乎激发了我做题的欲望。

我决定从头开始攻克它。我拿起厚重的字典，轻轻地翻开了它，字里行间，让我感受到浓郁的文学气息。“第872页，‘深邃’”，我默念道。翻动字典时的微风，稍稍地将纸张掀起了一个小角，又从我右手手背上悄悄滑过。

这时，父亲走了过来，缓缓地坐下，从我手中小心翼翼地抽走了试题，扫视着我做的题目，嘴角微微地勾了起来。在灯光的映射下，他的额头上露出了几道密集而细碎的皱纹。他笑着问我：“我是否也能参与？”

父亲和我手中各捧着一本字典，我们共同查阅。厚重的字典在父亲大大的手中，变得娇小起来。我的手指不停地挥舞着，纸张一页一页被翻动，发出阵阵声响，清脆而短促，显得十分有节奏感。我有时会稍稍活动手指，解除疲劳。看着眼前的试题一道一道地完成，心中便会涌上强烈的成就感。“不要做得太快,还有,最好把正确的答案标注上去。"父亲的眼神显得谨慎而严厉。

当我们做到多选题时,却发生了分歧和犹豫。我也开始厌倦了,身子微微向后靠了一下,倒握着笔,不断敲击桌面,视线不由自主地移向窗外,懒惰地打了一个哈欠。父亲察觉到了我的状态,急忙鼓动我:"实在不行,我们就借助电脑,都做了八十几道了,不要轻言放弃。如果你觉得对,就跟着自己的感觉走!"

转眼间,太阳落下了,天空中只留下些散开的余晖,银色的,还夹点金色,调皮地,从窗口的细缝中钻过,一不小心,跌在了我的试题纸上,长长的,淡淡的黄色,使那张布满字迹的纸张活跃起来。

试题完成了,然而,对于文字的探索、世博的认识还将延续。

(本文获得第七届"原乡杯"台胞青少年征文竞赛初中组二等奖)

点评:

父亲在与儿子共同做题时对儿子的教诲,是本文的亮点,也是构思出新之处,尤其当儿子开始对做题产生"厌倦"而"打哈欠"时,父亲的"鼓励"显得更具策略性。在"迎世博"的日子里,作者不去正面写如何"迎世博",而选择了做题的材料,是很有设想的,文章情节安排也顺理成章而不牵强。

那一双手

中芯学校　欧丽生

我从出生到现在都没忘记过你，深深地爱着你。

小班时的我，被冤枉时，你总是在我旁边用你的手握着我的手，安慰我的一词一句，我都还记得。

中班的我，不会写中文，你那温暖的手紧紧地握着我胖胖的小手慢慢地写出了我的名字。

大班的时候，毕业时帮我化妆的手，闭着眼的我仿佛也跟着你的手，刷上了眼影、猛夹我的眼睫毛。

升上了一年级，你依然紧握我的手带我去学校，甚至每天为我准备爱心便当，酸甜苦辣吃起来都甜！

二年级了，做错事，还记得你说差点要用中华菜刀切了我那做错事的手。

已是三年级的我了，仍然一样的调皮、好玩，但是过马路时不拖着你的手还是会没有安全感。

四年级咯，依然孩子气。你那超有力的手用力地压着我的双手叫我手型一定要对。我都还记着。

五年级了，你说我已是"小女人"。再次毕业时为我拍照的你，一直不停地叫我的名字。回家后你一直拥抱我。你的双手，至今还是那么有安全感，那么温顺。

上了中学六年级，青春期的我，不管发生什么事都会对你述说，而你，就会安慰我,你的手也会慢慢地拍拍我肩膀。

刚上七年级的我,一个不小心摔了一跤。你的手又再次为我“服务”,为我边止血,边擦药。

你老了,我也要跟你一样,牵着你那已是有皱纹的手带你过马路。

你的一举一动,我都认得。你的所作所为都是为我好,这我也知道。你的一切努力,我都谨记在心。你的一切期待,我都明白。你的所有心思,我都看出来。因为,我爱你。

因为你,我才会努力。因为你,我才学会一切不是我想怎样就怎样。因为你,我才懂得珍惜。因为你,我才会写“爱你”。因为你,我才会开开心心地度过每一天。因为你,我终于会好好地用功。因为你,我才能踏出第一步。因为,你引导着我。

我在世上是为了你。我的成功也是为了你。所以,你一定要一生一世跟着我,因为我的所有都是因为你。

就连这篇作文,也是因为有你才写得出来的。

所以,我会永远爱你,我亲爱的妈妈。而你的双手,我将永远记得。

(本文获得第七届“原乡杯”台胞青少年征文竞赛初中组二等奖)

点评:

作者把目光聚焦于母亲的手,从上小班一直写到七年级,即按时间顺序,又不重复内容。母亲的手为“我”做了无数事情,作者的感恩之心溢于言表,篇末点题,再次突出“爱你”,概括全文又深化了主旨。

思念

华东台商子女学校　林宛柔

看着湛蓝的天空，片片白云从天空中慢慢飘过，我最喜欢看着天空想心事了，放学后我总会躺在如绿色地毯般柔软的草地上，望着蓝天，耳边听着阵阵凉风吹得树叶沙沙作响，想着蓝天的另一头，是不是有另一个美丽的地方？不知道奶奶在那里过得好不好？

以前奶奶总是陪我一起画图、陪我一起玩耍，奶奶的笑脸就像早晨的阳光般温暖，总是给人一种慈祥的感觉。每个夜晚，我也是在奶奶的怀抱中酣然入睡，奶奶身上有种淡淡的香味，一直都让我感到很安心，我真的好想再闻一闻那股香味，再次凝望那晨光般的慈祥笑脸。

每当下雨的午后，我总是会想起奶奶那扛起全家重担的背，虽然驼了，却是那么的厚实，记得有一次放学后，天空下着雨，奶奶到幼稚园来接我，我却一直吵着要奶奶背我，到最后奶奶只好一边撑着伞，一边背起我，慢慢地在雨中步行回家，那时我趴在奶奶的背上，突然有种只要奶奶在，就可以什么都不害怕的感觉，奶奶让我了解到只要忍耐或有坚强的意志力，不管处在多么困苦的环境中，也可以安然度过。

我们真的要好好珍惜身边的人、事、物，因为有些东西一旦失去了就无法再重来，因为我们不知道能跟身边的人能相处时间多久，所以我们更要好好珍惜现在所拥有的一切，就像古人所说：“一寸光阴一寸金，寸金难买寸光阴。”不管出多少钱，都永远买不到时间，“时间”不仅买不到，而且过得很快，因此更需要加以珍惜。

或许,想要再次看到奶奶那慈祥的笑脸、厚实的肩背,只能在梦里等待,但我永远记得奶奶教会我的事……

(本文获得第七届“原乡杯”台胞青少年征文竞赛初中组二等奖)

点评:

本文充满了对奶奶的感情,思念奶奶对自己的爱,记叙了下雨天奶奶背我回家的情景。如今奶奶已离“我”而去,“我”从中悟出了要对身边人“好好珍惜”的道理,情真意深,朴实动人。

馨享

中芯学校　曹孝安

爸爸上个月从杭州西湖带回来一盒龙井茶，据说是新茶，片片茶叶都色泽青翠，带着特别好闻的清香。但我不喜欢喝茶，因为茶是苦的。虽然爸爸说喝茶可以回味无穷，但我还是喜欢酸酸乳那种酸酸甜甜的味道。记得我在台湾的时候，爸爸叫我喝台湾的名茶——高山云雾茶，苦里带着甜味，爸爸总是喝得津津有味，可我总是觉得不尽如人意，因此我一直对茶没有什么好感。爸爸妈妈说泡在那个大玻璃杯里浓浓的发苦的茶水，又解渴，又提神，我试着喝了几次，都觉得很难喝。

可是，最近这几天我却爱上了喝茶。不知是什么原因，也不知道究竟是在哪一种境况下，让我偶然间感觉到：喝茶，不仅能享受到苦涩之后的一丝丝甜味，还能馨享品茶后一种莫名的惬意。

我知道爸爸爱喝杭州的龙井茶和台湾的高山云雾茶，爸爸说这是海峡两岸最好的茶，也是世界上最好的茶。我还发现他常把这两种茶叶同时放到玻璃杯里，倒进滚烫清澈的水，沏上一杯清茶，然后坐在一旁，凝神观赏杯中那上下沉浮的茶叶，放松劳累的身心，再习惯性地望着远方，陷于沉思；我呢，什么茶都可以，都觉得是一样的味道。我虽然不能像爸爸那样一套套地说出喝茶的好处来，当和他在一起喝茶的时候，我也学着慢慢地“品尝”，蒙眬地有了家庭的那种特有的温馨感。

当我看见杯中的茶叶由墨绿色变成翠绿色,壶中的清水渐渐变成了那清爽的绿色的时候,顿时会有一种耳目一新的感觉,心里也就有了一种说不出的快意。

一片茶叶,看起来是那样细小,纤弱,那样无足轻重,却又是那样的微妙。烘焙并不意味着即将死亡,热情在杯中萌生,复活。当它放进杯中,一旦与水融合,便释放出自己的一切,实现自己的全部价值,毫无保留地贡献出自己的全部精华。倦意沉沉时,用一壶热茶提神,淡淡的苦涩中,让人不断地回味甘甜。一片细细小小的茶叶,为释放蕴含的芳香,几经浮沉,就可以为别人提供永不疲惫的精神。

这一切又何尝不像人的一生。在茫茫人世之中,每个人都宛如一片茶叶,或早或晚要溶入这变化纷纭的大千世界。在交融的过程中,每个人都要从生到死,走完自己的人生旅程。只有抛开自我的束缚和羁绊,去追求心灵的大自在,涤荡性灵,豁达胸宇,才能拥有圆满人生和生命本真的复归。

喝茶,已是我人生中物质和精神的双重享受。当我心情畅快时,独坐静思,啜苦咽甘的茶叶幽香四溢,齿额留香,真是顶级的馨享。从一片茶叶中,既可品味出茶外的许多人生意味,又可品尝出山川风景与大自然的精神慰藉,涤除烦虑,心灵也趋于恬静淡然。

中国的茶既是一种饮料,也是一种文化。它的含义是那样的博大精深,丰富多彩!这真叫你一时说不清,道不明,就像人生的旅途一样,甘苦相生。苦和甜总是互相交融在一起的。苦尽甘来,也许这才是对美好人生最完美的诠释。

(本文获得第七届“原乡杯”台胞青少年征文竞赛高中组一等奖)

点评：

本文文字顺畅，作者有一定的语言功底，文章有两个层次，第一层从不爱喝茶到喜好喝茶，称之为“顶级的馨享”，第二层由“一片茶叶”悟到“人生意味”，称之为能“涤除烦虑”，使心灵处于恬静淡然；确实，“茶如人生”，作者的思考使文章不停留在品茶的表面，而有了厚度和深度，值得咀嚼。选择杭州西湖龙井和台湾高山云雾茶，不光是代表海峡两岸两个顶级品牌的名茶，也暗示了“两岸一家亲”的深意。

你,就是自己的品牌

久隆模范中学　刘正麒

沙砾,总随风轻逸飘舞,游离于苍茫大漠之间,那是因为它明白地记得细微渺小;山川巍然屹立,居高临下,俯瞰大地,那是因为它知晓自己的雄壮和庞然。

自然万象自有其生存的意义,人何不若此呢?有人向往淡泊明志、宁静致远的人生态度,也有人愿意身处酒池肉林,过上骄奢淫逸的生活;有人辛劳一生,发誓为人类做出贡献,为生活创造意义,也有人庸庸碌碌,混沌聊赖地应付着生活。人生的意义变得蒙眬虚幻。我们应该从混沌中发现自我,创造自己的品牌。人生的意义将由我们自己来发掘,人生的价值,也应由我来定义。

用客观的态度看待荣辱,不让虚荣被自卑蒙蔽。齐白石老人是有名的艺术家,被世人称为一代大师。他的作品得到大众如潮的褒扬,自然也少不了批评家严厉的评判。而对这样的一份光荣或是批评,他都没有改变自己的人生态度。这反映了他的人生作风:宠辱不惊,闲看庭前花开花落;去留无意,漫随天外云卷云舒。面对夸赞与批评,他都淡定相待,从不让自己沉浸在骄傲自满的光环中,也决不沦陷在自卑无奈的泥淖里。由此才会有一件又一件更加精彩的作品出自齐老先生之手,帮助他登上艺术境界的顶峰。

用睿智的思辨眼光看待人生,不让愚昧与盲从操纵自己。最近有一则新闻引起了社会的广泛关注:一些商家为售出囤积的羊毛衣,散布消息说今年如果为了子孙购买红色的羊毛衣就可以让他消灾解难。一时间,众多大婶大妈涌向商店为子孙购买红色羊毛衣。这让一些商家大赚一笔,甚至有钢材厂也转而卖起了羊毛衣。看完新闻,我惊异:愚昧无知是人类进步多大的障碍!人们因为迷信而购买羊毛衣,而引起了更多人的盲目跟从,如同鲁迅先生笔下围观日本人屠杀我国军人的留学生,麻木的灵魂已经扎根。现在的人也许喜于用金钱换取所谓的羊毛衣带来的"红运",若到了需要他们用尊严甚至以生命为代价,人们是否还会如此乐此不疲呢?用睿智充实自己,是一个人摆脱托愚昧盲从,不被欺骗与操纵,将自己的思想融于生活的不二法则。

"不以物喜,不以己悲",人生几何,做到不受悲喜牵制,不由宠辱羁绊,我们才能拨开情绪的迷雾,认清自我的价值。如苏轼的名句所言:"回首向来萧瑟处,也无风雨也无晴。"

博学多闻,厚积薄发,世俗多欺。做到不愚昧盲从,善养浩然之气,我们才能摒弃迷信的观点,放飞自我的思想。

自己的品牌便在睿智和淡定中成长,在生活中找到其一席之地。

(本文获得第七届"原乡杯"台胞青少年征文竞赛高中组二等奖)

点评:

本文的主旨是:人生的价值将由自己来发掘和实现。用齐白石的"淡定"和众多人的盲从作对比,肯定前者,否定后者,并由此生发感慨:不愚昧盲从,要善养浩然之气,创造自己的品牌。应该说,文章有思想,立意也很高,但综观全文,结构散了些,文字集中度不够,在这方面的设计略显欠缺。

战争与和平

华东台商子女学校　曾意婷

人们战争,为的是自己的利益,为的是国家的安全,为的是和平。多么讽刺啊！所有想得到的东西,都与战争相结合,所以你说,究竟人们战争得到了什么？究竟战争的结果,会是失去还是获得？

在我记忆当中,南京大屠杀是我听过最残忍的一场战争,日本对中国的侵略、残暴,实在令人发指。当时,中国人在日本人眼里是如此低贱,中国人的性命是如此无所谓！只要他们高兴,抢的抢、奸的奸、杀的杀,一个也不放过,不论男女老少。他们的做法,似乎是要将中国人赶尽杀绝,一直到中国人的血染红了长江的水,一直到这片辽阔的土地变得荒芜。为什么？他们这么做的用意是什么？占领这块土地？还是逼迫这块土地的统治者交出手中的统治权？他们就为了这简单的目的,夺走了无数人的性命,破坏了无数个原本幸福美满的家庭。许多父母为了孩子,赔上了自己的生命,孩子们一个个流离失所;幸存者的脸上,写满了恐惧、无助以及失去家人的伤痛。这场战役的结果,虽然中国取得了胜利,但那些生命、那些痛苦的记忆,都将深深地烙印在人们的心中。

战争,这个名词,总被美丽的糖衣包裹着,发起战争的人,只晓得用冠冕堂皇的话,掩盖自己巨大的私心,那些无穷尽的欲望,就为了那一个人的欲望,却要别人陪葬,凭什么？

近年来,世界各地都开始提倡和平。

也许是历史的伤痕，使人们对于战争的可怕感到畏惧，也许是现在这个科学思想盛行的时代，使人们明白战争不是解决问题的最佳途径。在这个地球村的环境中，每一个国家都紧紧相扣着，少了哪一环，都是损失惨重，谁也不可以破坏这规矩。

《左传》中，郑国烛之武以柔中带刚的方式劝退了秦、晋两国的攻击，其实他们彼此都知道，要击败郑国，是一件易如反掌的事，但烛之武有勇有谋的形象，以及精辟的分析，使三国免了一场杀戮，这不就是一个和平代替战争的典范吗？而在这背后，换来的是人们的平安及快乐，既然和平也可以解决问题，为何一定要流血呢？

若和平可以带来希望，若和平可以免除悲伤，那么我希望在接下来的日子里，国与国之间、人与人之间，都可以和平相处。不是嘴巴说说，不做表面功夫，而是付诸行动，我真切地希望着。

（本文获得第七届“原乡杯”台胞青少年征文竞赛高中组二等奖）

点评：

文章阐述了战争的残酷和对百姓生活的摧残，列举了南京大屠杀这一典型事例，愤怒谴责了当年日本军国主义的暴行，歌颂了和平的美好；用“烛之武退秦师”的史料佐证，颇有说服力。文章以“战争与和平”为题，实际上是劝谏统治者必须正确认识这个问题，不足的是，在如何对待正义与非正义的战争上，文章尚缺乏论述。

“原乡杯”台胞青少年征文菁华集

第八届

（2010 年）

我有两个家

中芯学校　潘怡彤

在地球的东南面，
有一个岛屿，
人们称它为“宝岛”，
那就是我的家乡
——台湾。

那里是我出生的地方，
那里有美丽的日月潭，
那里有雄伟的101大楼，
那里有榴莲浓浓的奶香味
……

在我牙牙学语时，
我来到了这里，
这里有林立的高楼和大厦，
这里有滔滔的黄浦江，
这里有闻名遐迩的南京路，
让我惊讶的是

这里也有高耸入云的101大楼
……

这里，就是——上海。
渐渐地，渐渐地，
我爱上了它——
爱上了它那中西合璧的独特气质，
爱上了那璀璨奇异的新天地，
爱上了那古色古香的城隍庙，
爱上了那热闹非凡的陆家嘴
……

那绿树成阴的梧桐树下，
留下了我和爸妈漫步的足迹；
那亚洲最长的海底隧道，
令我流连忘返；
那举世瞩目的世博馆，
给了我无穷无尽的知识，
让我倍感骄傲
……

我爱上海，
爱它那滔滔的江水，
我爱台湾，
爱它那美丽迷人的蝴蝶谷，
我有两个家，

台湾和上海，
期待它们一起，
越变越美，越来越好，
共同谱写一首经典的乐章。

（本文获得第八届“原乡杯”台胞青少年作文竞赛小学组特等奖）

点评：

台湾是作者的家乡，上海是她生活成长的地方，哪个才是她的家？哪个家更值得热爱呢？——作者为我们出了这么一个饶有意味的题目。

作者运用诗歌最常使用的手法——排比，依次为台湾和上海画了像：那些典型的镜头，那些明丽的色彩，那些独一无二的美景，那些由发展和创新所带来的新貌……真是琳琅满目、美不胜收。固然，可以比较一下谁更古老珍贵，可以衡量一下谁更快速变化……但是，有必要吗？一切的美好都属于“我”，“我”还有什么必要挑肥拣瘦呢？

是的，“我有两个家”，两边都是“我”的家！“我”熟悉它们，“我”热爱它们，“我”更期待它们越变越美，越变越好！

这股浓浓的家国情怀，这番强烈的民族意识，就这么以小见大、不着痕迹地表达了出来，是引人入胜的，也是难能可贵的。

我有一个梦想

中芯学校　姜善怀

我有一个梦想,就是长大后成为一名昆虫学家,因为昆虫给我金色的童年带来了无穷的欢乐。

那么,我是怎么喜欢上昆虫的呢?记得第一次,我在网上看到了一种甲虫,于是我一下子对这种昆虫产生了浓厚的兴趣,很想养几只甲虫。于是我把想法告诉了爸爸妈妈。爸爸对我说:“你了解甲虫吗?你知道甲虫的生活习性吗?”妈妈又问:“到哪儿去抓呢?”对于他们的疑问我早就胸有成竹,于是毫不犹豫地回答道:“上网查。”

说干就干,爸爸和我开始上网查有关甲虫的资料,我突然找到了一套《昆虫大师》,于是我就叫爸爸把它买下来。货送到家后,发现里面有三本书,《甲虫册》《杂册》《保育类昆虫》。我津津有味地把《甲虫册》看完了,就迫不及待地拉着爸爸和哥哥去抓甲虫了。

我们来到了森林公园,按照书上的说明,开始了激动人心的抓甲虫之旅。第一步:做陷阱。在一分米的袜子里塞香蕉皮,然后绑在树上,等到傍晚六七点的时候,就会有甲虫飞来,到时候再把甲虫抓起来观摩。第二步:直接翻找地上掉落的树叶,可能会有甲虫,或者摇摇树干,甲虫可能会从天而降。等到我和哥哥做完陷阱,我好奇去翻了翻树叶,激动地发现了我的第一只甲虫——独角仙。

现在,我养的昆虫越来越多,在与它们朝夕相处的日子里,我不但得到了许多乐趣,还学到了许多课外知识。我知道了昆虫是世界上最有用的动物之一,蚕、蜂、蚂蚁等给人类带来了无限的资源与财富,为人类创造了丝绸、蜂蜜、食物、药品、饲料等丰富的物品。我还了解到了昆虫是森林、草原的清道夫、环境的监测员……

我真希望自己能快快长大,早日成为一名昆虫学家,利用自己的知识去研究各类昆虫,让人类和各种昆虫都可以和谐地生存在这个世界上!这就是我的梦想!

(本文获得第八届“原乡杯”台胞青少年作文竞赛小学组一等奖)

点评:

作者有一个想当昆虫学家的梦想,这想法是从何而来的呢?且听他娓娓道来。从书本上的初次接触,到森林公园里的多次捕捉,再到培养、观察与研究获得成果,作者叙述井井有条又生动有趣,还给读者提供了不少相关知识。——多么可爱而有意思的梦想啊!

我是台湾人　我是上海人

中芯学校　吕浩瑞

我的爸爸说台湾普通话
我的妈妈说糯糯的上海话

不要问我是哪里人
从小
我搞不清我是台湾人
还是上海人

我喜欢
台湾的大海
我喜欢
上海的太阳

看
大海和太阳让我
变得黝黑黝黑

我喜欢汽车

我喜欢画画
我画自己开着汽车
来到了宜兰海边
来到了黄浦江畔

我忍不住再问自己
我是台湾人
还是上海人
我把这行字画进了我的画
我是台湾人　我是上海人

（本文获得第八届“原乡杯”台胞青少年作文竞赛小学组一等奖）

点评：

这是一个许多同学已表达过的主题，但由于作者抓住了一些他所具有的独特材料。如父母说话的乡音，两岸的风光以及自己去两岸游玩的不同经历，还把家庭的亲情扩大到两岸的同胞深情，描绘了两岸血浓于水的美好画面。

电脑与我

上海台商子女学校　洪翰荣

在21世纪,电脑走进了千家万户的生活,它是我们的伙伴,它能办到许许多多人类无法做到的事,它已成为人类社会中不可缺少的重要角色。

从外表上来看,电脑极为普通,但是,在许多地方都可以看见它的身影:一个银灰色的主机,配上一个像电视的银幕,还有一个有英文字母和数字密密麻麻的键盘。

你可别小看它哦!里面可是卧虎藏龙,应有尽有,更是我的知识宝库呢!当我遇到疑难问题时,我会用电脑上网寻找我要的答案,电脑会毫不吝惜地告诉我许多知识,它是我不可或缺的好帮手!

在我闲来无事的时候,我会用电脑上网下象棋、西洋棋、五子棋或围棋,和线上的对手一较高下,我们常常会斗得难解难分;有的时候,我还会上网看看卡通,甚至和台湾的表姐用视讯聊天,真是不亦乐乎啊!

虽然电脑对人类有很大的帮助,却也有黑暗的一面。当你获得快乐的同时,它也悄悄地夺走了你的健康和财富。有人为了买线上游戏的点数而花费庞大的费用,导致家里破产,也有人熬夜玩电脑而猝死,更有许多人玩电脑玩到近视。

因此,虽然电脑对我们的生活有很大的帮助,但我们要懂得节制,并适度休息,千万不要沉迷其中,导致浪费金钱、危害健康,甚至荒废学业,造成一辈子的悔恨。如此一来,在获得知识与快乐的同时,也能保有身心的健康,这才是明智之举啊!

(本文获得第八届“原乡杯”台胞青少年作文竞赛小学组一等奖)

点评:

如今,已走进我们生活的电脑成了我们的伙伴。对这伙伴了解吗?作者从它的外表、作用和功能各方面逐项向我们作了简要的介绍。尤其是他指出的电脑的“黑暗的一面”,即它的副作用,更值得人们重视、警惕,要有节制地、明智地使用它,强调这点是很有意义的。

树的联想

华东台商子女学校　李昱霆

树是家具魔术师,可以制造出各式各样的木制家具,例如:放书的书柜、学音乐的钢琴、吃饭的桌椅、放衣服的衣柜和装文具的笔筒。他让人们的生活更方便。

树像是城市的心脏,帮人们回收汽车排放的废气,制造出氧气,给我们新鲜的空气。他让人们的环境空气更清新。

树像是山的守护神,把土紧紧地抓住,下雨时就不会产生泥石流,住在山里的居民就不会受泥石流威胁。他让人们的生活更安全。

树像是辛苦的农夫,种出又香又甜的水果,可以给我们吃,还有营养美味的果汁。他让人们的身体更健康。

树像是公园的大阳伞,让公园里散步、玩耍和休息的人可以遮太阳,还可以让小朋友玩游戏。他让人们的生活更舒服。

树是松鼠和小鸟们的家,让小鸟在树枝上筑巢,让小松鼠在树上运动。他让动物们有舒服的家可以住。

我发现树的功能有很多,所以我也想在我家种一棵树,希望每一个人要节约用纸,这样就可以减少砍树,地球就不会有空气污染了。

(本文获得第八届"原乡杯"台胞青少年作文竞赛小学组二等奖)

点评:

一位三年级的小学生,有关植物学的知识应该是很有限的,但小作者在生活里是个有心人,怀着浓浓的兴趣对身边的树进行观察和联想,屋里屋外,大地天空,思路所及,就把树的“功能”介绍得丰富多彩而有意义了。尤其是最后号召大家“节约用纸”的提议,更是把文章思想提升了。

我听见地球妈妈在哭泣

上海静安外国语小学　董天晟

大家好，我是地球妈妈。

大家应该都知道我，我是哺育人类成长的摇篮，是最爱人类的母亲。我带给人类肥沃的土壤，茂密的森林，辽阔的草原，湛蓝的海洋，丰富的食物和水源……唉，可是如今，人类却忘恩负义地把我弄得破烂不堪，使我再也没有微笑，再也没有以前那样美丽壮观、晶莹剔透了。我以前蓝绿相间的花衣裳也没有了。由于人类不计后果地向天空排放二氧化碳和污染物质，使地球温度逐渐增加，全球变暖，冰川融化，海平面上升，使原有的自然灾害更严重。人们经常砍伐树木，所以植被和肥沃的表层土流失，让肥沃的土地变成荒漠；炎热的天气让空气冷热对比更强烈，厄尔尼诺现象造成持续暴雨，导致山坡上的泥土大量流失，翻搅的泥浆掩埋了房屋，无数人无家可归……

不光是人类遭遇灾难，动物们也一样痛苦不堪。举个例子吧，我最强壮的宝宝——北极熊，以前悠闲地踏在厚厚的冰川上，享受着自己抓来的美食，现在可怜的北极熊却只能随着四处流动的冰块漂泊，再也见不到亲人，并且因为水源污染，北极熊爱吃的海洋生物都没有了，被污染的水也没法喝，所以北极熊一只只地倒了下去，而人类却视而不见。当我看见又一只北极熊倒下去，等待死神的来临时，我开始无情地报复人类：生态恶化、资源衰竭、环境公害……

我要警告人类：你们如果再不反省，会使地球上的所有生物慢慢消失，会毁灭生物，毁灭地球，甚至毁灭你们人类自己的！

（本文获得第八届“原乡杯”台胞青少年作文竞赛小学组二等奖）

点评:

小作者把有关“环保”的知识浓缩起来,连缀起来,以地球妈妈的口吻,不仅对人类污染环境的公害进行了描述、控诉,更提出了严正的警告:如果再不反省,当心毁灭人类自己。独特的构思增强了文章的力度。

外星人的礼物

台北市公馆小学　高　星

假日,到同学家一起庆祝生日,蛋糕、汽水、鸡块零食摆满了餐桌。正当大家兴高采烈地唱着"生日快乐歌",准备大快朵颐时,门铃响了。只见一个穿着银色衣服的外星人来了,带着一盒造型特殊的礼物,笑脸迎人地向寿星冠廷说:"生日快乐!",没想到礼物一打开,里面是一小片黄金。就在这个时候,有一道光把冠廷吸到一艘飞船上。在驾驶座上有一个人对冠廷说:"我是宇宙刑警路克,你手上的黄金是宇宙大王用来控制机器人的王冠的其中一小部分。我们现在要去奇那星。"在到奇那星的路上,路克告诉冠廷那个外星人其实是一个王子,因为他的哥哥波克斯要和他争王位,所以他被他哥哥追杀,他逃到地球时,刚好看到冠廷,所以他把一部分的王冠给冠廷。

到了奇那星,路克带冠廷到一个奇怪的房子里,然后和冠廷说:"我现在要训练你,让你可以和波克斯对抗。"冠廷说:"可是我只是一个普通人,我没有办法和一个强大的外星人对抗的。"路克听了说:"所以我才要训练你啊!你不要害怕,因为我会帮你的。"听完路克的话,冠廷下定决心要打败波克斯。

时光飞逝,转眼已过了一年,在路克的训练下,冠廷变成了一位战士,他决定要去和波克斯一较高下,于是他写了一封信给波克斯,约定好中午的时候在奇那星的沙漠一对一单挑。

到了中午,冠廷一看到波克斯简直吓了一跳,因为波克斯有牛的头,身高两百厘米,手上还拿着一对大斧头。但是冠廷不怕他,他一个箭步往前,使出一招“生龙拳”,但波克斯用斧头挡了下来。说时迟那时快,冠廷转身一跳,又给了波克斯一招“破石拳”,这次波克斯也毫不逊色,用了一招“螺旋斧”挡下了冠廷的“破石拳”。后来他们又大战了五十回合,就在两方都筋疲力尽的时候,冠廷用全身最后的力量,用了一招“如来神掌”,终于把波克斯打得落荒而逃。

最后,冠廷把那个王冠留在岩浆里,从此他们就过着幸福快乐的日子。

(本文获得第八届“原乡杯”台胞青少年作文竞赛小学组二等奖)

点评:

完全是一部惊险小说的浓缩版,但人物设计、情节安排、环境想象,尤其是打头过程,也都具体而微,有了初步的雏形。作为一种爱好,不妨一试,但要登堂入室,还为时尚早。

畅游世博，胸怀世界

中芯学校　赖爰恺

嗨嗨，一个来自台湾的小男孩，我，
畅游世博。
台湾馆魅力四射，
播放着精彩的4D影片，
下雨时，
透明的雨滴落在我们身上。
花儿盛开时，
花香朝我们扑鼻而来，
当我们放飞着电子天灯，
放飞着我们的梦想，
天灯缓缓上升，
消失在蓝天中。

嗨嗨，一个来自台湾的小男孩，我，
畅游世博。
可口可乐馆充满乐趣，
卡通影片很有趣。
模拟可乐制造过程，

把特殊可乐送给你。
摇一摇就结冰,
喝到嘴里,
果真不同。

嗨嗨,一个来自台湾的小男孩,我,
畅游世博。
和谐都市德国馆,
穿越多元化的动感隧道。
宁静明朗的德国公园,
神奇的金属互动球,
使我们赞叹连连。

嗨嗨,一个来自台湾的小男孩,我,
畅游世博。
让我最长时间流连的,
还是流光溢彩的中国馆。
晚上华灯璀璨流光溢彩,真是美轮美奂,
展现出城市发展中的中华智慧——
“自强不息”“厚德载物”“和而不同”“师法自然”……

嗨嗨,一个来自台湾的小男孩,我,
畅游世博。
从台湾到大陆,
从世界到中国。
畅游世博,放飞梦想,

畅游世博，胸怀世界！

（本文获得第八届“原乡杯”台胞青少年作文竞赛小学组二等奖）

点评：

一位来自台湾的小男孩，畅游世博，写下了这首令人感兴趣的诗。诗点面结合，既抓住典型，先后介绍了台湾馆、可口可乐馆、德国馆和中国馆。又让思路“放飞梦想”“胸怀世界”，揭示了举办世博会的崇高主题。虚实相映，值得肯定。

幸福

上海台商子女学校　张之云

幸福是无法用语言描写的,它只能用心体会,体会越深就越难以描写,因为幸福不是事件的汇集,而是一种状态的持续。

有人说:“幸福像一杯美酒,刚刚入口或许有些辣,可是当你细细品味时,就会发现美酒的香甜,然后不停地喝,直到醉,就像人们想抓住幸福,却在无意中失去自我。”我同意这句话,但是我觉得“幸福”更像是一杯白开水,它虽然平淡无味,但是当你需要时,它却可以是你的一切,就如同你有半杯水,与有一杯水的人相比,你是不幸的;但和连一滴水也没有的人相比,你已是幸福了,这便是知足常乐的道理。

幸福,是什么?答案是无解的,幸福的意义对每个人而言都不相同,有多少人回答就有多少种答案。在穷人眼里,幸福很简单,只要衣食无忧就已足够了;在富人眼中,拥有更多的钱财才是真正的幸福。而在我眼里,幸福就是有人关心自己、在乎自己。生病时,有人会照顾我;伤心时,有人会安慰我;害怕时,有人会陪伴我;快乐时,有人会与我分享。我的幸福虽然平平淡淡,却是最珍贵的,我的幸福如同“氧气”,我看不见它,它却一直在身边,我不用刻意地去抓住它,只要轻轻地呼吸,就能感受到它的存在。

幸福,只是想着心中的那个人,便会感到安心,这个人也许是家人,是朋友,是恋人,无论是谁,就算没有天天与他联系,但是当你想到他,你会情不自禁地嘴角上扬。即使我们分隔两地,但是我们的心从未分开,因为在我们彼此的心中有一根看不见的线牵连着你我。

幸福像“抓沙”，抓得太用力，细沙将从指缝中流逝得更快，最后便会什么都没有，轻轻将沙捧在手掌心，才能感受到沙的柔软与细腻。幸福近在咫尺，唾手可得，就看你是否能发现属于自己的幸福并好好珍惜。现在我找到了自己的幸福，那你呢？

（本文获得第八届“原乡杯”台胞青少年作文竞赛小学组二等奖）

点评：

本文夹叙夹议，依次论述了以下问题：品尝幸福的味道、不同人对幸福的不同追求、幸福与人际关系、储存幸福的方法……作者思路开阔，联想活跃，文采斐然。但要提高文章的逻辑性和条理性。

我的理想校园

华东台商子女学校　蔡贝儿

"理想",是这么靠近,触手可及;却又是那么遥远,熟悉的陌生。当我在书中与"它"相遇时,简直无法置信,"它"美好得仿佛是泡泡中反映的美丽影像,靠得太近可能就会消失殆尽……

那是一本无意间从父亲书柜里找到的好书:《窗边的小豆豆》,日本女演员黑柳彻子半自传式的作品。书里的她在小学阶段,因为个性过于活泼好动,难以谨守规范而被退学,辗转进入了小林一茶先生所创立的巴式学园。

然而,正如中国哲学思想所说:"祸兮福之所倚,福兮祸之所伏。"的道理,来到这个新天地的学校生活却是精彩无比:教室是一部电车,午餐时间全校学生排坐成一个同心圆一同吃饭,每个人还要轮流站起来分享一个感动的故事,带便当的学生要依规定带"海的东西"与"山的东西"(既充满灵动创意,又深含着对土地的敬爱之情),学校运动会的奖品不是科技电子产品,不是时髦流行文具用品,而是一株株鲜嫩翠绿的蔬菜,下课时间可以去找校长聊天,每个孩子都迫不及待地想围绕在校长小林先生身边,跟他分享生活中的点滴趣事或心里的悄悄话。他就像一片大海,广阔地包容了所有人的悲欢喜乐,而不是一个只认成绩与铁条纪律、高高在上无可侵犯的权威代表。学校课程中还安排了种田活动,让孩子在耕作劳动中,体验生活、学习生活,读书不再只是为了一纸成绩单或一张毕业证书，而是真的拥有了生活的能力与感恩谦卑的态度。

我必须承认，透过书中看到她的小学生活，就像是天际一抹灿烂的夕阳，穿梭在字里行间每一方寸，都隐隐带有晚霞的流光，使我流连忘返，拥抱那份温存久久不能释卷。

回顾我自己的学习经历，简单到几近空白，永远就是补习班与学校之间拉成的一条直线罢了，没有惊逢岔路探险的精彩，也没有柳暗花明的风光，在单调与疲惫的单音节奏间，唯一喘息的休止符是不必上课的日子，对我来说就是最奢侈的享受。然而，即使不须到校上课的日子，我也不常有机会出门探索那大千世界，毕竟爸妈平常忙于工作，早出晚归的奔波劳苦，假日意味着全然的休息，“出门”则隐含着更多的疲累与烦琐。偶有外出的机会，多半是就近在城区下个馆子、逛个夜景，在城市中打转，白天的喧嚣与夜里炫目的霓虹变换着窗景，但不变的是，少有接触自然、走入田野的时光。所谓的“漫步树林间吐纳着芬多精”“在啁啾的鸟鸣声醒来、在唧唧的虫声间酣眠”“贪婪地嗅闻着泥土的香味”“感受着白鹅羽毛沾水不湿的触感”“奔跑于田野间被露水濡湿的郊道”……这些美丽的感动都只留存在书本的阅读中。我明白如何分辨白鹅的界门纲目科属种；我熟记适合针叶林存活的气候图；我能清楚答出土壤的盐碱化是如何产生；我能在作文中创造出一方美丽新世界……但惭愧的是，我并不曾真正的经历，我未曾听过、未曾见过、未曾抚触过。我只是个思想的巨人，化身为侏儒穿梭在字里行间，在书籍中捕捉这一切。

书中的巴式学园在二次世界大战中，被无情的火舌所吞噬，电车教室纷纷倒塌，在一片灰飞烟灭间，但见火光旁的小林校长，仍一如往常般将手插在衣袋里，既未哭天号地，也没有捶胸顿足或仓皇失措，他镇定自若地问着儿子：“下次，我们要盖什么样的学校？”

是的，我们到底需要什么样的学校？是校舍宏伟、设备新颖的学校？还是升学率傲视群雄、学生却个个冷淡静默的学校？对我而言，真正理想的校园，是能够给予我空间去亲身体验生命的可能与限制，引领着我去认识多元而丰富的世界,教我学会尊严与勇气,去承担人生的责任,写下自己人生的一页的。这才是我理想中的校园,我梦寐以求的国度!

(本文获得第八届"原乡杯"台胞青少年作文竞赛初中组一等奖)

点评:

本文写了日本女演员黑柳彻子在半自传式作品《窗边的小豆豆》的故事。她"被退学后"来到小林校长创办的巴士学园,这里的一切都令人耳目一新,尤其是通过参加劳动和体验生活,学到了书本上学不到的知识,学到了怎样学习、怎样做人的道理,文中对小林校长的描写也颇有新意,他的办学理念和方法是可给人启示,本文虽是一篇写学校生活的文章,但作者选择的题材和表达的主旨,是同类文章难以比拟的,称得上棋高一着。

我为灾区献爱心

中芯学校　杨宛婷

盼望着,盼望着,我们最期盼的一个节日——"六一"儿童节终于到来了!今年的"六一"是最特别的节日,我们学校举行了丰富多彩的活动,你看:有可以讨价还价的"淘宝乐"活动,有激动人心的降落伞比赛,有搭配默契的拱桥,还有载重物体的纸船负重……其中,最让我期待的是"淘宝乐"活动!因为我们可以摆设自己的摊位,推销出售自己的宝贝物品,过回自己做老板的瘾!不过,这个活动最吸引我的是爱心奉献。我和同组的好伙伴,都想把这次活动中筹来的钱款捐献给四川汶川地震的受灾弟弟妹妹们。每次看到新闻报道中那一双双纯洁无助的眼睛时,我都忍不住会掉下泪来。比起这些孩子,我们真的太幸福了!真希望这次活动,我们能成功为他们献出一份绵薄之力。

活动刚开始,我和伙伴就跑向了操场,没想到那里早已人山人海。我们二话不说赶紧抢摊位,以免好的位子被抢走。几分钟过去了,所有的物品都被我们整整齐齐地摆设开来。可是,我们的摊位前无人问津。正所谓"酒香也怕巷子"深啊,不怕,不怕!我一边想,一边暗暗地为自己鼓劲。我挺直腰杆,清清喉咙,扯着嗓子开始大喊道:"快来买东西哦,这里写的、看的、抱的、玩的样样都有!可是,每个宝贝独此一件,先到先得!卖完为止!您走过路过不要错过啊!开张前这里通通半价卖给您……"

哇,这招可真灵!

不一会儿,许多男生和女生都围了过来,还纷纷问道:"这个多少钱啊?"

"这四本算我便宜一点吧!""啊,那个是我的,我要的!别抢!"……"好啦,好啦!别吵了,我们一个一个来,不要急。"站在一旁的陈同学也过来帮忙了。很快,原本空荡荡的盒子里装满了钱,初次尝到做老板滋味的我们乐得手忙脚乱。正在这时,跑来了戴同学、吴同学两个援手。"啊!谢谢你们!你们可真是'及时雨'啊,来得正是时候!"我心里高兴,一边称赞他们,一边当起了CEO,指挥部署接下来的工作。"小戴、小吴,你们去当'跑手'行不?""没问题!"可爱的她们爽快地答应了,迅速向场地的另外一端摊位奔去。就这样我们各自为战,但是目标一致,齐心协力地"浴血奋战"。不多会儿,小吴和小戴带着胜利的笑容向我跑来,小吴兴高采烈地说:"嘻嘻,卖完了,钱给你!"小戴则说:"杨总,还是您的战略好啊!那边的购买力更强啊,幸好我们及时抢占了优势!""不,多亏你们及时赶来,你们的业绩骄人啊!是大家的好榜样啊!继续加油哦,我看这次的'最佳员工奖'是你们的了!"我用力握了握她们的手。

时间悄悄地过去了,转眼间活动快接近尾声了。陈同学抱着我们的"保险箱"激动得脸都红了:"经理,你快看,我们真是大丰收啊!"看着摊位下还堆着的一叠书,我却皱紧了眉头,书是班级同学踊跃捐出的,推销不出去再还给他们怎么行呢?他们是真心实意地想为灾区献一份力啊!我一定不能让他们失望!

看着我严肃的神情,小吴和小戴也一脸愁容了。我灵机一动,对着周围的顾客们大喊:"请注意,请注意!现在买书就有小礼物哦!先到先得,送完为止!"话音刚落,还真吸引了几个人过来。伙伴们见状,相视一笑,也开始四处叫卖起来。这招还真奏效,摊位前一下子涌现出不少新的面孔来。买书的,我们就送书套封面,买文具的,我们就搭送笔芯等等。很快,我们所有的宝贝就被哄抢而空了!"战友们!我们成功啦!"我抑制不住心头的喜悦,和伙伴们紧紧拥抱在一起!我很欣慰通过自己的努力,帮助自己和伙伴实现了最诚挚的心愿。

时间虽然过去了很久,但这次难忘的活动让我和我的伙伴们记忆犹新。

活动结束后，我们第一时间把筹来的所有钱款捐献给了汶川的弟弟妹妹们。那一晚，在梦里，我又看见了那一双双纯洁美丽的大眼睛，不过，眼睛里流露的不是无助，而是幸福的微笑……

（本文获得第八届“原乡杯”台胞青少年作文竞赛初中组一等奖）

点评：

筹钱捐款献爱心，这一有意义的善举在作者笔下被描述得十分生动，爱心献给汶川地震中受灾的弟弟妹妹，使这一活动的意义上升到了新的高度。文中的小戴、小吴以及陈同学的行动写得具体、有生气，尤其是小戴、小吴来回奔波，使活动更具现场感，文章有起伏，有“悬念”，前后对比表现了筹款的不易，文末写卖书则表现了“我”的智慧，最后突出了活动的“成功”，可以说，这是一篇写得颇为成功的好文章。

我眼中的上海

中芯学校　金秀镇

岁月悠悠,一转眼我来到上海已经六年了。六年来,上海就像一个姑娘,经过彩妆的点缀变得愈来愈美丽,愈来愈时尚了。她摆脱了庸俗,变得典雅、精彩,引领时代的潮流。

上海有很多标志性建筑:东方明珠电视塔、金茂大厦,外滩钟楼等等,东方明珠电视塔、金茂大厦雄伟壮观,给人蓬勃向上、勇攀高峰、永不言弃的启示,外滩钟楼为哥特式建筑,有十层楼高,仿美国国会大钟,是世界著名大钟之一。这些建筑将古典美和现代美、中方美和西方美完美地结合,使上海风姿绰约,更具独特的魅力。

周末,我和家人去南京东路玩,走在步行街上,时时体会到一种莫大的快乐,彩色的铺路石砖、统一的路心售货亭、两边各类时尚流行商店、熙熙攘攘的人群、可爱的观光小火车,以及设计别致的城市雕塑等,这些都构成了上海的现代都市风景。

步行街上最多的是人,让我充分感受到了国际大都市的繁华。他们或从容信步,或匆匆疾走,或闲坐休息,或饶有兴致地转进每一家商店。上海人的生活质量也在提升,从前的阿姨们总是把钱攥得紧紧的,不愿意多花一分不应该花的钱,现在她们出手的大方让我惊叹;而且街头的不文明现象不见了,人们都很自觉地“红灯停绿灯行”,虽然人山人海,但街道很干净。假如你肯早起,那你一定要来看看六七点钟的步行街。那时的步行街,商店均紧闭大门,清洁工在进行路面的清洗工作，可街上却热闹非凡，人们有的在跳交谊舞，有的打太极拳，有的在溜冰，有的在打羽毛球，有的在用水写字，真是玩什么的都有，不像是一条商业街，倒像是一座公园，与白天的喧嚣相比真是两个世界。原来南京路步行街也是这般“淡妆浓抹总相宜”呢。

总之，现在的上海让我们惊叹。妈妈说，上海变了，她变漂亮了，爸爸说，上海变了，她变得优雅、有内涵和深度了；我说，上海变了，变得更有活力和朝气了！

这就是我眼中的有独特魅力的上海，我发现，我已经深深地爱上了上海。相信在不久的将来，上海会变得更美丽，更发达！

（本文获得第八届“原乡杯”台胞青少年作文竞赛初中组二等奖）

点评：

写出了变化中的上海的繁华，写出了步行街的独特魅力，也写出了普通市民在步行街的活动，新的城市建筑，新的文明气象，确实感染了读者，作者来上海已六年，眼见城市的变化，有感而发，笔端注情，给了长期生活在上海的市民以惊喜和联想。作者是个有心人，观察细腻，积累也丰富，因而描写显得较为具体，文章也显得较为厚实。

书给我一扇窗

华东台商子女学校　李　芃

“知识就是力量”——这是出自英国哲学家培根的一句话，书籍蕴藏着无限的能量，而书的价值更是无坚不摧、万年不朽的！

知识的高尚，早在千年前就已被应验——“书中自有颜如玉，书中自有黄金屋”。早在科举制度出现时，便是以“知识”作为人才的选拔，而“万般皆下品，唯有读书高”是当时读书人心中坚持的一贯理想和信念，只有有学问的人才能受到朝廷的重用；只有有“学问”才能得到天子诸侯的赏识；只有有“学问”才能赢得名门望族的青睐；只有有“学问”才能获取高官的头衔，如此才能有出人头地的机会，也就不会辜负爹娘了！逐渐地，“求学”却成了“求禄”，人们也开始为职位而读书。

这样是错误的！书，开启了我们的性灵之窗，同时开启了生命之门。我们从书中学习知识、道德、礼貌、风范、态度、真理、正义；我们学习如何优雅、如何生活、如何与他人相处、学习接纳、学习豁达大度……——我们会的、懂的，都是书传授给我们的。我们就像是它的学生，而它就如同我们的生命之师。人文史迹、金钱等都会随着时间而破败、摧残、腐朽而逝，却只有书中的学问和知识会随着一代又一代，流传千古，古往今来多少位文人因为“书”而流芳百世呢？其影响力迄今仍在！

书也可以是无形的！往往我们都过分汲取书中所有的道理，从“四书五经”到中国四大名著，我们继承了多少孔孟思想，学习了多少古文、诗歌辞赋，却忽视了我们身边、近在咫尺的无形之书——自然。每一片土地、每一阵风、每一朵云、每一棵树、每一片叶、每一朵花、每一只鸟、每一种生物……其实这些无形的书，潜藏着更多的意义，而这些却是教科书上所没有的，这两方面的学问，都是我们该探求的。

书，对我的影响太深远了，直达性灵深处：书，让我能巧妙地运用文字和语言的力量；书，让我心旷神怡，使我心定、神定；书，开启我的视野，我早已借之穿梭不同的时空，使我增广见闻；书，你的好处可说是无所不在！你的价值，是数字中计算不到的！书，给了我一扇窗。

我谓：“万事皆下品，唯有读书妙！”

（本文获得第八届“原乡杯”台胞青少年作文竞赛初中组二等奖）

点评：

谈了书的能量与价值，用“生命之师”来形容，对书中的学问和知识给予了极高的评价，同时批判了“为读书而读书”的错误做法，文章后半部分对“无形之书”做了阐述，是很见深度的。文末“万事皆下品，唯有读书妙”是发自肺腑的表露，和篇目“书给我一扇窗”遥相呼应，既引人联想，也深化了主旨。

爸爸妈妈,我想对你们说

中芯学校　罗宥洁

“望子成龙,望女成凤”,这是天底下所有的父母共同的心愿,也是他们唯一不变的人生梦想和追求。可是,爸爸妈妈,我真的很想对你们说……

每次全家看电视节目时,只要一转到有孩子表演才艺的频道,你们总会说我几句,比如“你看,人家8岁就会弹《卡农》,你到现在还不会,用功一点啊”,“哎呀,你看人家的孩子这么小速记就能这么强,真是聪明啊!你怎么数学都考不好”,“这次英文怎么又比小梅少了1分!英文不好,你将来怎么去国外念书啊”……亲爱的爸爸妈妈,你们知道吗?你们诸如此类的埋怨抨击,真的让我很伤心,我怀疑自己真的天生就是个笨小孩,我比不上身边的任何一个人。难道我真的一点点优点都没有吗?还是我有,你们根本就看不到呢?

日子就这样一天一天过着,又到了平凡的周末。我写完功课,身心疲惫地想去客厅喝点水,正巧又碰见爸爸妈妈在看电视,我正要蹑手蹑脚地撤退回自己的房间,被眼尖的爸爸抓个正着。不出所料地“战斗”又打响了。

爸爸例行公事严厉地询问:“功课都完成了吗?”

“嗯。”我的声音轻得像只小蚊子。

“都认真检查了吗?上次家长会英文老师说你拼写很差,总是出现错误!”换妈妈上场了。

“照着书一个字一个字地检查两遍了。”我头也不抬,早就知道妈妈又会这么问,“我可以回房间休息一下吗?”我弱弱地问一句,心里很着急,我多想快点回房间躺下,继续拿起那本泰戈尔的诗集好好地读一读啊!

爸爸又发话了:“你看看,人家童星表演得多生动啊!”妈妈及时接上了一句说:“是啊!你看他们多会说话啊!洁洁,你学学人家,平时嘴巴甜一点,别整天跟个木头疙瘩似的!你这样老师喜欢你才怪!”

我的心一阵抽搐,我真的有那么差劲吗?班主任老师刚刚在全班面前表扬过我,说我做事认真负责,关心同学,默默奉献。妈妈,我也有优秀的一面,你知道吗?你真的了解你一手带大的女儿吗?

我一言不发,咬着牙,扭过头,我绝不能让眼眶里的泪水出卖自己的软弱。

妈妈继续严厉地指责:“洁洁,你怎么可以用这样的态度对我和你爸爸!好,你不服气。那你同学小梅呢?你看看她多努力,多认真!”爸爸紧跟在后头说:“你妈妈说的一点都没错。人家小梅一回家就做计算题,不用一天的时间就可以把作业写完,第二天还主动去学习钢琴声乐,还跳芭蕾!看看人家多主动自觉!哪像你,学习不行,人缘不行,才艺也不行!”

我再也忍受不了那一声声的话语,爸爸妈妈的话像一把把利剑狠狠地戳向我的心里,冲进房间我再也忍不住,泪如泉涌。爸爸妈妈对不起,女儿恐怕永远没有办法实现你们对我的期望了,你们就原谅我吧!我是你们不孝的失败的孩子。

颤抖地提起手中的笔,我为爸爸妈妈写下这样一段话:“我最亲爱的爸爸妈妈:你们还记得吗?我4岁那年,因为长相丑陋,性格孤僻,被幼稚园的很多同学欺负。你们总是抱着我,亲切地说:‘洁洁本来是一只丑小鸭,但是在爸爸妈妈心里,你总有一天会变成美丽的白天鹅的!’那个时候的我心里多温暖啊,我觉得自己是最幸福的人,因为有这样好的爸爸妈妈陪伴着我。现在,我多么希望你们还能记得自己8年前说过的话啊!我有很多缺点和不足,我平凡无奇,但我会通过自己的努力,尽力去做让你们骄傲的女儿。可是我亲爱的爸爸妈妈啊,我真的不想,从来都不想成为你们世界里的第二个别人,我是多么多么希望,我永远是你们心中那个乖巧孝顺又努力的优秀女孩啊！你们不孝的女儿洁洁敬上。”

（本文获得第八届“原乡杯”台胞青少年作文竞赛初中组二等奖）

点评：

父母严格要求女儿，但说的话又损伤女儿的自尊，本文揭示了家庭教育方面的弊端，有关的父母应该仔细反省自己的行为。家庭教育是一门艺术，不懂这门艺术效果就会适得其反，文章末段蕴含了深刻的道理，多表扬孩子能激发孩子奋发向上的积极性和对亲人的爱。可以说，本文是一篇能及时弊的佳作，言微旨远是它的特色。

抗压

上海台商子女学校　侯则萁

在这个日新月异、高速发展的社会里，大多数人因为环境急剧改变，压力大而不堪负荷。根据统计，台湾的自杀率逐年攀升，年龄层却逐年下降。因此，如何对抗压力，以健康的方式生活，正是现代人最重要的课题。

压力，可能来自于工作、经济或是人际关系，一开始不易察觉，但日积月累，仿佛一粒微不足道的沙尘，逐渐堆积成高耸挺拔的大山。如果无法以健康的方式化解，便容易导致精神疾病，诸如：忧郁症、躁郁症、焦虑症……都是现在耳熟能详的名词。有些人无法察觉自己的情绪已濒临崩溃，而在一夕之间，被最后一根稻草压垮，累积的情绪像火山般爆发，毁了自己，也波及身边的人。

前一阵子，报纸上斗大的标题——“富士康连发十三起自杀”令人触目惊心。我不禁感叹：现代人的抗压性像是一面越来越脆弱的墙，风一吹就倒下了！因为工作不顺，或是他人的批评，就产生了寻短的念头，这是最悲哀、最自私，也是最懦弱的想法，更是文明世界生病的反映。他们忽略了人生中的美好，也辜负了那些关爱他的人。

记得几年前，发生一起震惊全球的案件——美国一名华裔大学生，在校园内持枪扫射无辜师生，起因是长期积累的种族歧视和学业压力。世人震惊之余，却都没想到，这竟然只是校园枪杀案的序曲……

越来越频繁的社会案件显示：许多精神不健康的人不停地伤害自己，也拿着利器伤害无辜的人。因此,对抗压力、减少压力的堆积,这个问题实在不容许我们再忽视了。

越来越多人意识到"抗压"的重要,也分享他们所发现的"减压"途径。举凡运动、跳舞和减压的瑜伽,或是利用假日与家人骑单车郊游,或是找朋友喝杯香浓的咖啡、吐露心事,甚至是最简单的听听音乐、看场电影……都是让身心得到舒展的好方法。

也许有些人会质疑:时间都不够用了,哪有时间休息!

其实,适度的放松,更能帮助我们沉淀心灵、重新出发,判断事物反而能够比较理性、客观,效率也更高!若是一直把自己禁锢其中,不但效果不彰,也让负面情绪急剧积累,更是得不偿失。

偶尔开个窗,让自己的心灵透透气吧!日常生活中,提醒自己不要盲目跟随社会的脚步,适当地放下,给自己一些自由呼吸、释放的空间,也随时给身边的人一个微笑、一句鼓励,也许就能找到生命的转折点。在这种情况之下,对抗压力,其实轻而易举呢!

(本文获得第八届"原乡杯"台胞青少年作文竞赛高中组特等奖)

点评:

因压力酿成的悲剧、惨剧,在当下并不鲜见,作者列举了社会生活的众多事例,说明对"压力"不可忽视,突显了抗压的必要性和迫切性。作者以自身的"发现"提出了行之有效的途径和方法,具体实在,有现实意义;同时回答了有些人的"质疑",使文章有一定的深度。面对"抗压",作者态度乐观,并且指出了"减压"带来的好处,让"身心得到舒展",也关乎心灵的健康。隐藏在文字背后的深意则是让生命更好地成长,避免生命招致的悲剧和惨剧,文章有层次地思考,也达到了一定的厚度。

别为错过叹息

中芯学校　吴婷妤

当你为错过太阳而懊恼时,你也将错过群星。

人生是两条折线,有时平行,有时相交。当我们于交点处痛失机遇时,也许我们还有机会,也许错过了就永远失去了。

为何我们面对身边不断变幻的景色时会错过?为何我们会因小事而耽误了人生中的重点?都因为我们想得太多。有时想抓住所有,却忘记只有两只手,只有一个行囊,我们不能承载太多。于是,也只能眼睁睁地看着期待已久的美好从身边擦过。

西方有句格言:人生易逝,幸运之神只光临人一次。那么,当我们失去了,错过了,我们是应该哭泣,还是应该微笑?

有人错过了,于是哀叹时运不济,命途多舛。像贾谊,虽然才学广博,但因无法释怀主子的年少死去,竟也抑郁而终。无怪乎苏轼要嘲笑他。

有人错过了,却不是一脸的颓衰,一身的怨气。智者面对一只鞋子掉下火车,果断地扔掉另一只,这是一种睿智;苏东坡被贬,却高唱"一蓑烟雨任平生",这是一种气度;朴树以0.5分错过上北师大附中的机会,他勇敢地走他的人生路,终能"一生如雪花一样绚烂",这是错过后的另一机遇。

悲观地咀嚼错过的苦果,让自己被泪水淹没,这种人是无法走出阴影拥抱新生的。他必将错过更多。

积极地把握一次失败,将错过看作警戒,看成提醒,终能于错过的枯井中挖掘甘泉,滋润人生新的航程。

当欧洲人为寻找更便捷的“香料之路”时,哥伦布、达伽马、麦哲伦前赴后继地踏上行程。虽然他们错过了财富却抓住了真理的尾巴,他们发现:原来地球是圆的!

有人于错误的实验中错过本身目标,却发现了青霉素;有人于一个糟糕的药方中寻找到可口可乐;有人不小心弄脏了一件昂贵的礼服,却意外地发现了干洗剂。人生是多么微妙,错过星辰,还有太阳;错过太阳,还有云朵。这些从错过中有所收获的人一定会告诉你:别为错过叹息,从错过中收获,你会增加生命的深度,你会获得幸运之神的垂青。

现在,我们可以理直气壮地回答:当我们失去了,错过了,微笑是我们唯一的表情,思索再实践是我们唯一的行动,成功也将是我们唯一的结果。

错过了春天,请别放弃迎接夏天。

(本文获得第八届“原乡杯”台胞青少年作文竞赛高中组一等奖)

点评:

通过错过和收获的对比论述,提出了错过之中往往蕴含机遇,议论是有深度的,作者贬斥了有人错过了则哀叹“时运不济,命途多舛”,告诫我们应把握住错过,将其“看作警戒,看成提醒”,因为错过中能发现蕴含的收获,作者列举了一系列事例阐明了这一道理,很有说服力;结尾强调对错过要“思索再思索”,从而使文章达到一定的高度,颇给人以启示。

玉树不哭

中芯学校　傅　瑜

我刚停止了音乐课的歌唱，
从玉树传来地震的无限悲伤。
我泪眼模糊，
仿佛看见青海湖在呜咽，
映照着玉树人的泪水汪汪。

可是我不愿这样去想象，
因为玉树已经欲哭无泪，
因为玉树的灾难还在余震中延长；
我已经感觉到了青海湖的苦涩，
还有那凄风苦雨的悲凉。

我确信柴达木盆地还在下降，
它肯定承载不了亿万人民的忧伤。
那大漠地下的暗河，
也会伴着玉树人的苦难一起流淌。

我更确信：

玉树不哭。
在那遥远的地方,
不仅有美丽善良的姑娘,
还有坚强不屈的玉树儿郎。
人们不会只是惊恐地张望,
更会挺起胸膛,举起臂膀,
建起更美的新房。
中华儿女心连心,
定会使玉树,
变得灿烂辉煌!

(本文获得第八届“原乡杯”台胞青少年作文竞赛高中组二等奖)

点评:

写了玉树地震的悲剧,写玉树人的“泪水”“悲凉”“灾难”,倾注了作者巨大的忧伤,但正如标题所写“玉树不哭”玉树人的坚强不屈,“定会使玉树变得灿烂辉煌”,对玉树的前景充满了信心和希望。

本文关心国家和民众,主题积极,不足的是,从诗的要求来说,形象性尚不够。

梦的乐章

上海体育学院附属高中　廖　量

被电击昏迷40天，醒来后就失去了两条双臂，是何种滋味？

相信很少有人知道这种感觉，也没有人会希望感受这种痛苦。四肢健全的人尚且有很多事不能做到，那么失去了双臂的人又能做到什么呢？

今年夏天一个少年告诉我们，失去双臂他依然可以过着和正常人几乎没有区别的生活。穿衣、刷牙、吃饭、上网、打电话，我们能做到的他也可以。甚至他可以做到并非所有人都可以做的事，比如说：弹钢琴。

“我觉得在我的人生中只有两条路，要么赶紧死，要么精彩地活着。”

10岁那年他失去了双臂，17岁他开始学习用脚弹钢琴，23岁他站在“中国达人秀”的舞台上。一曲《梦中的婚礼》震撼了无数人的心灵，弹奏的少年就是断臂的刘伟。也许他的琴技并不那么华美而富有诗情画意，可是他的演奏让人感受到生命何其脆弱又何其坚韧，他演奏的是有生命力的旋律。

刘伟说的话是他奉行的生命哲学。是的，他的生命中只有那两条狭隘而又艰险的路，岔路的一端通往的是死亡的深渊，还有一端则需要他用残缺的身体去挣扎出属于他的精彩。

无论如何，23岁的刘伟在今夏让整个中国见证了他的精彩。

他的唇边似乎总是挂着一丝浅浅的微笑，他的眸光温润清澈，他的身体纤瘦得让人感到他的文弱。可是我却不敢把同情怜悯的目光投注在钢琴前的他身上，因为不该，因为对于这样一位青年用同情的目光去看他是侮辱。

“没有人规定钢琴一定要用手弹。”

他用比常人多出十倍乃至更多的付出让大家知道,原来钢琴也可以这样弹奏。这样的逆境向上的精神,让一个普通而平凡的少年在今夏站在上海最好的大剧院上。不,也许他并不普通,因为他有残缺。而就是这份残缺让人感受到生命的厚重以及纤细。

刘伟来参加“中国达人秀”是仅仅是为了让他母亲为她的儿子感到骄傲,这是他的梦想,平凡却又真实。

一夜无梦也许代表了一个畅美的睡眠,而一生无梦代表的是死水一般的人生。

梦,梦想。

有人说:人类因梦想而伟大。

刘伟用他23年的生命告诉世人,人因为梦想而选择自己的人生之路,不同的人生也可以拥有同样的精彩,残缺的生命可以演绎最不一般的乐章。

梦想赋予人们生的宝藏,梦想给予人们生的力量,梦想赐予人们生的乐章。

梦的乐章,生命的乐章。

(本文获得第八届“原乡杯”台胞青少年作文竞赛高中组二等奖)

点评:

许多人都知道刘伟的事迹,他是首届“达人秀”冠军。他失去双臂,却用脚弹奏了一曲《梦中的婚礼》,依靠这神奇的表现赢得了赞叹。作者花了大量笔墨颂扬了刘伟的付出,刘伟实现了心中的梦想,奏出了“最不一般的乐章”。文章夹叙夹议,叙刘伟的事迹,议刘伟的精彩,可以说,本文取材独特,角度新颖,教育意义不仅限于残疾人,对每个体格健全的人都有启示作用。

“原乡杯”台胞青少年征文菁华集

第九届

(2011年)

我是枫叶

中芯学校　詹倚华

秋风微微地吹着,我在大树妈妈温暖的怀抱里入睡……

“啊——”我伸了个大大的懒腰,笑眯眯地向妈妈瞧去,可是妈妈却一脸忧愁地眯着双眼。我见了,体贴地问道:“怎么了?”妈妈这才注意到我,抚摸着我,说:“乖孩子……秋风姐姐一会儿就要来了。”我一脸疑惑地询问:“来干嘛?”“秋风姐姐要把你们带到别的地方去了。”妈妈说完,向天空望去。忽然,一颗大大的泪珠滴在了我的头上。我朝上一看,啊!原来是妈妈在哭泣。

我刚要安慰妈妈,妈妈就说:“哎——秋风姐姐来了!乖孩子,要好好地照顾自己!还要当个乐于助虫的好枫叶!”“好的!妈妈!!我会的!!”

顿时,我就掉入秋风姐姐的怀抱里。秋风姐姐将我一把抛入空中,我带着妈妈的希望,在蔚蓝的空中翩翩起舞。

有时我顽皮地遮盖树妈妈的双眼,有时我则兴奋地跟别的叶子交流。一阵风将我吹向远方,我遇见了刚出生不久的伤心的小鸟,我愉快地为他们表演。我一会儿轻盈地跳着华尔兹,一会儿欢快地跳起波尔卡。接着,我脚一蹬,手一摇……我欢快的舞蹈使伤心的小鸟眉开眼笑!我见了,开心地在空中划出一道优美的圆弧,向观众们解释:“我要去别的地方帮助人了!朋友们!再见!”

于是,我飞向远方,遇见了金黄色的树叶,慈祥的大树妈妈,姹紫嫣红的花儿姐姐。我路过了一片又一片田野,寻找需要帮助的小虫子。

中午,我停在一块暗灰色的大石头背面休息。令我惊讶的是,我听到了一阵细柔的哭声。啊！原来是一只小蚂蚁！我关心地问道:"小蚂蚁,你怎么了?"小蚂蚁哭哭啼啼地回答:"我……我迷路了……呜呜……"我赶忙安慰:"没事,没事！我带你去找妈妈。"小蚂蚁这才破涕为笑,我便反过身子来让它爬上来。我飞了起来,一会儿高,一会儿低,一会儿快,一会儿慢。过了一段时间,小蚂蚁找到了它妈妈,它们连声道谢:"谢谢,谢谢!"我笑了,回应道:"不用谢！我们都该这样!"便又飞了起来。

这时,我看见了一只老虫子向我挥了挥手。我见了,落到他身旁。他叹了一口气,说:"哎,看到你正在自由地飞翔,让我不禁想起年轻的时候,飞来飞去多开心呀！如今,我也老了。你是否能够再让我飞一次?"我听了,爽快地说:"没问题!"我便带着它,飞过绿油油的山丘、充满生机的森林,我们又飞过一片片花海。蓝的,绿的,黄的……当我放下它,他已永远地闭上了双眼。

霎时间,天空下起了绵绵细雨。我赶紧带着老虫子到树荫下。滴滴答答……雨落在树叶上的声音,仿佛是在为它哀悼。五分钟过去了,天放晴了……

我又飞了起来,我兴奋不已地在空中飞舞。啊——一道彩虹展示在我面前,赤橙黄绿青蓝紫。啊——多么绚丽的彩虹!!

有一天,我感到非常疲倦,便靠在大地妈妈的怀里睡着了,在梦里我遇见了妈妈。

妈妈问我:"乖孩子,有没有乐于助虫?"

"有!"

(本文获得第九届"原乡杯"台胞青少年作文竞赛小学组特等奖)

点评:

这篇文章写得很美,充满着丰富的想象,洋溢着动人的深情。

文章运用拟人的手法,勾勒出一个与人类社会完全不同的世界:那里有大树妈妈、花儿姐姐,也有小鸟、蚂蚁和老虫子,还有秋风……它们像人一样,有活动,有感情,相互之间发生着种种关系;大树妈妈会因与孩子——枫叶的分离而落泪,枫叶会因取悦大家而表演舞蹈,它甚至会为迷路的小蚂蚁找到妈妈,满足即将离世的老虫子最后一次"飞"的愿望……一切那么生动而合理,一切都显示着想象的迷人力量。

更可贵的是贯穿在这些想象中的一根红线——"乐于助虫。"乐于助"虫",也就是乐于助人,这一体现在全文中的鲜明主题,通过作者塑造的人物和虚构的情节留在读者心中,起到了"润物细无声"的作用,这是深情在打动着人。

我在成长中逐渐明白的一件事

华东台商子女学校　王亭予

西塞罗曾说过:"世界上没有比友谊更美好、更令人愉快的东西了,没有友谊,世界仿佛失去了太阳。"想着想着,我陷入了深深的纠心回忆里,以前和好友唐诗一起玩耍的一幕幕情景又浮现在我的眼前……

记得前年秋天的一天,我坐在一棵桂花树下,一边品味着桂花送来的香气,一边靠着树干,惬意地捧着我心爱的《神秘谷》,正在细细阅读。当我正读到精彩部分时,不知什么时候来的唐诗请求道:"给我看一看吧!""不好!"我没好气地回答道。"求求你了!"她一边撒娇地请求,一边不停地摇我的手说:"就一会儿嘛,求求你了!""别烦!"正读到精彩部分的我不耐烦地回答道。不知为什么,那天唐诗真够调皮的,竟一把抢过我手上的书。一心想着看书的我也跟她抢起书来。可怜的书、脆弱的书啊,经不起折腾,"唰"地一下,碎成一张一张,慢悠悠地飘落了下来,看着四散飘零的书页,我心想我再也不理她了!从此以后,我们俩就形同陌路了。

就这样,一个学期过去了,新的学期到来,我心里盘算着和唐诗和好,这样长的友谊,就因为一本书而间断了,或许也太可惜了吧!当我满怀期待地来到学校时,却发现唐诗的位子空荡荡的。我想,唐诗不会是迟到了吧?可是,一连几天她都没来,我终于忍不住去问老师了,老师告诉我,唐诗转学了,并留了一个礼物给我。我失落地接过礼物,小心翼翼地打开包装,发现里面竟然是《神秘谷》!里面还夹着一张精致的书签,上面写着:"我们的友谊是在这本书上跌落的,那就让它从这本书上再爬起来吧!——永远想念你的朋友,唐诗。”看着看着,我的泪水夺眶而出。

这件事过后,我才逐渐明白:朋友如灯,在黑暗中给你带来光明;朋友如伞,在雨天为你遮风挡雨;朋友如茶,在寒冷的夜晚带给你一丝温暖。是的,青少年的世界不仅仅是用书本筑成的,也更需要友谊这春天般的阳光!

(本文获得第九届“原乡杯”台胞青少年作文竞赛小学组一等奖)

点评:

这件事本身就很曲折动人,加上作者细腻的描写和心理刻画的烘托,已颇有吸引人的情节和细节。更可贵的是在叙述故事的首尾两头,又添上了阐述友谊妙义的美好文字,这就更是锦上添花了。

家有小睿

台北市永乐小学　庄旻臻

一个全身红彤彤、两只眼睛圆溜溜、鼻头满是粟立疹的小家伙，被奶奶小心翼翼地放在我的手上，我正襟危坐，大气不敢喘一下，仔细地再三端详，只是想确定：咦，他就是我期待已久的弟弟吗？小小的手、小小的脚、小小的身子……仔细瞧瞧，还挺可爱的。但是，我还要等多久，才能牵他的手散步，跟他一起玩"扮家家酒""躲猫猫"……

不知道从什么时候开始，我身边开始多了一个小跟班。我往东，他往东；我往西，他跟着往西；我肚子痛，他也吵着肚子痛；我一打开钢琴，他已经爬上椅子准备要弹了，他的举动常常让我觉得既好气又好笑。妈妈想试探一下弟弟，故意将雪梨切成大小两半，希望弟弟效法孔融让梨。没想到，弟弟一伸手，挑起最大的一块梨，马上咬一口，接着说："小睿要吃最大的，才能长高，小块的给姐姐吃就好了啦！"妈妈还在一旁努力地晓以大义，希望弟弟能效法先贤，但是他似乎沉醉在梨的美味当中，完全是"鸭子听雷"。我只好默默地拿起剩下的那一小块，正准备好好享受一番的时候，东西才刚放到嘴边，突然，一只小手拉住了我，苦苦哀求我说："姐姐，你真是个好心的人，求求你给我吃一口啦！"我只好眼睁睁地看着我手上那块"小"梨缺了一大角。虽然舍不得，但看着他那满足的表情，只好安慰自己：算了吧，我以前已经吃很多了。

从无意间见到《变形金刚》的宣传活动中的科博文和大黄蜂起，海绵宝宝就不再是小睿的最爱了。每晚睡前，爸爸都得编一段变形金刚的英勇事迹，他才肯乖乖入睡;街上的货车、挖土机、吊车、跑车,全成了他最爱的变形金刚化身;衣服、鞋子要挑变形金刚的图案,喜欢的玩具也变成机器人。一天,奶奶慈爱地问他:“你长大要做什么?”小睿举起他的右手,神气地说:“我要当英雄,拯救地球。”奶奶听了哈哈大笑。我好奇地问他:“你知道地球在哪里吗?”他想也不想,马上回答我说:“地球在姐姐的桌上啊!”天啊!原来他想拯救的就是我桌上的地球仪。

今天,弟弟因为发烧了,所以留在保姆家过夜,家里突然显得好安静。一开始,觉得耳根清净真不错,但没一会儿,我忍不住开始想念那个常出现在我房间的小家伙。“喔!姐姐你驼背了!要坐好啦!”“姐姐,你很慢耶!还不快一点!”“姐姐,你快点来陪我玩!”虽然,家有小睿有时真的很烦,但是,少了他,还真是浑身不对劲,挺不习惯的,爸爸和妈妈也频频打电话去关心他的状况,原来,这个家还真的不能没有那个整天叽叽喳喳,喜欢抱着人猛亲,一笑起来就有两个小酒窝的小睿!

(本文获得第九届“原乡杯”台胞青少年作文竞赛小学组一等奖)

点评:

作者把自己的小弟弟写得活灵活现,真是天真可爱极了。之所以能成功,主要是两点:一是细节,来自生活的典型细节,无论是“让梨”的小故事,还是迷上变形金刚的综述,都使人物变得有血有肉。另一是真情,姐姐对弟弟的热爱与关怀之情伴着心理描写无声息地浸透在字里行间,从人际关系上,以家庭为背景,很好地凸显了弟弟的位置,颇有立体感。

世外水中桃花源

中芯学校　王昀庭

大海是那样的汹涌澎湃,那样的浩瀚神秘。我曾在一本古老的书中看到这样一段记载:在海洋的一个角落,住着一个神秘的海底王国。据说,那里每条鱼都会说话,它们住在一个神秘洞穴的另一头,很少有人发现洞穴。一进洞穴,什么鱼都会说话,相反,只要一出洞,它们又变正常了。是真的吗?在我的脑海常常萦绕着这段话。

那天,我和妈妈来到高雄的海滨浴场。妈妈躺在沙滩上惬意地在晒日光浴,我呢,自己在海中嬉戏。过了一会儿,我感到天越来越热。对了,干脆玩沉潜吧。别担心我的水性,我可是在校游泳比赛中拿过第一的人呢!我一个猛子扎进大海,突然发现左面有一条大鱼正快速地向我游来。我吓得发抖,顿时乱了手脚,慌不择路间,看到前面隐隐约约有一个洞穴,便奋力向洞穴游去。游到了洞穴门口,回头见大鱼没跟来,便放下心来。游回去吧,怕大鱼还在附近,有危险;进洞穴吧,里面黑漆漆的……唉!我犹豫起来,心想:何去何从呢?还是回去吧,时间久了怕妈妈担心……正想着呢,突然一束强大的光把我吸进黑漆漆的洞里。“啊!救命!”我晕了过去。

醒来时,我发现自己躺在一个陌生的地方。我本来想站起来,但是我发现,我居然没有了脚,脚居然变成了尾巴。我试图摆动双臂,但是,我摆动着的不是手,是鳍!我还不知道自己长得什么样,便游到一面写有“海之镜”三个字的大镜子前,看看我长得究竟是什么样。咦!我怎么成了一条蓝黄相间的小鱼,身上还带有着花纹!我感到很惊讶,但是,镜中的我真的很美丽哦!我从来没有这种开心的感觉,正在镜子前扭来扭去,自我欣赏时,突然一朵像小红花的东西飘了过来,哦,那是海星!它好像让我跟它走。当它绕到我后面时,我转过头一看,哇!这地方可真美:有五颜六色的珊瑚;有璀璨、金碧辉煌的海底皇宫;有悠哉游哉、晒日光浴的海星;还有在翩翩起舞的海藻……啊!这真是太美了!

正当我流连忘返的时候,一只银灰色的小虾游了过来,他用长长的触须轻轻地碰了碰我,细声细气地和我打招呼!于是,我知道了,这位新朋友的名字叫做"嘟嘟"。好可爱的名字!他告诉我:"我们的祖先之所以躲在山洞里,是因为要避开人类和大海怪,你也不要告诉你的人类朋友我们住这儿。"我惊讶地说:"你怎么会知道我是人类?"他笑着说:"你身上有一种花纹,一般鱼没有。"噢,原来是这样,我想。我刚想问关于大海怪的问题,但嘟嘟突然说:"好了,你也差不多要走了。你能来到这儿非常幸运。希望我们能再见。拜拜!"说完,他用触须扫了一下我,我眼睛一闭,感到有点头晕。再睁开眼睛,人已躺在沙滩上了。我揉揉眼睛,看自己的身体,呀,哪有什么鱼鳍呀!原来,我已经变回了人类,身上还穿着游泳裙。

妈妈还在睡,好像丝毫不知道我离开过。但我看见手臂上有一种淡淡的痕迹。是不是那个就是花纹呢?我在经典课上曾学过晋代陶渊明的名篇《桃花源记》,那个捕鱼人曾到过世外桃源,今天,我所经历的,真不知是现实还是梦境……

(本文获得第九届"原乡杯"台胞青少年作文竞赛小学组一等奖)

点评:

去深海洞穴一游并变成可爱小鱼的梦境被描绘得光怪陆离、琳琅满目,充分显示了作者的想象力。而开头一则童话的铺垫,文中梦前与醒后的交代,尤其是涉及《桃花源记》的猜测与联想,更令人真假难辨、惊叹不已,很有吸引力。

给作家的一封信

上海台商子女学校　辛婕宁

亲爱的木藤亚也：

您好，读完您的日记《一公升的眼泪》后，我真的快哭出来了，因为您与病魔奋战过程中发生的事都是那么感人，那么激励人心！现在，您已在天国了，或许您看不到这封信，但是我还是想让您知道，您的勇敢，非常受到世人的尊敬。

您知道为什么我这么尊敬您吗？因为您虽然知道自己没救了，但您还是很努力地和病魔对战，还有，即使您被同学嘲笑走路、说话很奇怪，但您总是选择保持沉默，不在意别人用异样的眼光看您。其实我很羡慕您，并不是羡慕您的身体，而是羡慕您有那么好的家人、朋友、老师，他们会不顾一切地照顾您，甚至成为您精神上的支柱。

老实说，我也很羡慕您那顽强的求生意志，您靠着“我只想活下去”这句简单明了的话随时提醒自己不要放弃。如果换作是我，我可能会自暴自弃的，怪老天爷，为什么生病的是我，不是别人。绝对不可能会像您一样那么勇敢。我知道您曾出现过不好的念头，但您知道“活着，就是一件最快乐的事”。这也是我在这本书中学到最重要、最刻骨铭心的一句话。

读完这本书后，我发现：如果一遇到困难，就向命运低头，放弃自己，那永远也不会成功。还有，我们一定要尊重、帮助那些有身心障碍的人，千万不能嘲笑他们，因为那也不是他们愿意的。像您，虽然您也很希望能够像正常人一样,可以跑步、讲话,即使只有一天也好。我想自从您生病之后,不能像正常人一样,应该是您生命中最大的遗憾吧!现在,我知道要好好珍惜生命,珍惜当下,珍惜现在所拥有的一切。谢谢您,谢谢您让我学到那么多学校没教的事,让我获益匪浅。

敬祝　快乐!

小读者　婕宁敬上

(本文获得第九届"原乡杯"台胞青少年作文竞赛小学组二等奖)

点评:

木藤亚也是一位因病早逝的小朋友,死后,她的日记《一公升的眼泪》出版。我们的小作者读后十分感动,就以给木藤写信的方式写了自己的读后感,表达了对作家的崇敬与感佩之情。由于是内心的交流,表达更为恳切诚挚。题目可改,因为木藤的身份不是一般的"作家",就用《给木藤亚也的一封信》甚至干脆就用《一封信》也就可以了。

公园一角

台北市永乐小学　杨礼安

路过这个公园，回忆的片段如电影般在脑海闪动，仿佛一切又回到了从前。

公园依旧那么美丽，白云看着公园的每一个角落，变换成各种形状逗小花儿玩耍；青草环顾着每一片空地，张开嘴儿对我微笑；花儿摆动鲜艳的裙摆迎接我；耸立在草地上慈祥的老榕树，用它的榕树须和我挥挥手打招呼。看着看着，我的视线飘到了公园一角。

这让我仿佛搭乘时光机回到了从前。那已是七八年前的事了。

那时，我只是个无忧无虑的幼稚园小孩，一个渴望学会骑单车的小男孩。爸爸看我总是用羡慕的眼神看着别人骑单车呼啸而过，便答应要带我去公园，教我骑单车。有一天，我们俩兴冲冲地来到了这座美丽的公园，那一天的公园就像今天一样生意盎然。我们选了这块空地——公园的一个角落，开始我们的单车训练。

起初，爸爸先帮我拉着单车的后面，想等我骑稳了以后就放开。对爸爸来说，骑单车是一件非常简单的事，应该学一下就会了，所以，当我踩动踏板没多久，他就偷偷放手，就在那一瞬间，我"嘭"的一声，摔得四脚朝天，痛得哇哇大叫。爸爸满怀歉意但要求我多多练习，不可放弃，他鼓励我："万事起头难，熟能生巧。"于是，我们重新出发。在他的细心教导与陪伴下，我们父子俩就这样，一个放开，一个摔下来，摔下来了；就再爬起来。如此不断练习，不停努力，终于让我可以在单车上徜徉,让风在我的耳际飞过。回想那一个不断摔跤的午后,我的心里却生起一股莫名的甜蜜,就在那公园的一角,我和爸爸,一起度过了美好的时光。

后来,我也去过好多地方练习,才有今天可以轻松驾驭单车的我。不过这公园一角可是我和我的单车"初恋"的地方,可说是别具意义。如今,这公园一角仍旧和以往一样绿意盎然,那片空地记载着我和我爸快乐的相处时光。它是我心中最美的一个公园角落,它让一个渴望骑单车的孩子,圆了单车梦,享受着风呼啸而过的感觉;它让一对父子手紧紧相握、心紧紧相连。这公园一角,是我回忆的花园中最美的一个角落!

(本文获得第九届"原乡杯"台胞青少年作文竞赛小学组二等奖)

点评:

文章写了两部分内容,一是学骑单车,二是公园环境。学车过程叙述细腻真切,公园景色描写美丽生动,但二者之间尚缺乏必然联系。写作要抓住主体,其他陪衬不能喧宾夺主。

参加农家劳动

中芯学校　曾守辅

暑假,我回到了家乡——台湾。妈妈决定带我和表哥去礁溪玩。礁溪位于台湾的宜兰县,这里山清水秀,是体验田园生活的好去处。

早上,我们坐上火车,路上,一座座高山从我眼前一晃而过,路边的树木就好像在跟我赛跑,火车转眼间又穿过山洞,这不禁让我想起了一首童谣:火车飞快,火车飞快,穿过高山,越过小溪……

大约过了五个小时,我们终于到达了礁溪。我们要在这里体验一次农家劳动。

第二天,我们吃完早餐后,顶着烈日,去田里割稻草。分配完任务后,我左手抓住稻草,右手拿着镰刀,从根部开始用力地割下去。刚割了一会,我的腰就累得直不起来了,再看看哥哥,他正割得开心。妈妈站在一旁看见了,大声喊:"儿子,加油,你们来比赛,看谁割得多!"我听了,来劲了,不顾头上直往下滴的汗水,手也变得快多了。不一会儿,我们就完成了任务,看着自己的劳动成果,我想;农民们日复一日,年复一年地这样劳动,真辛苦呀!

下午,我们又去丝瓜园摘丝瓜。走进丝瓜园,这里的丝瓜架把火热的太阳光都遮住了,我觉得凉快多了,心想,摘丝瓜有什么难的!拿起剪刀,走到一根丝瓜前,就要动手,妈妈连忙阻止我说:"等一等,要先看清楚丝瓜有没有成熟,没有成熟的摘下来可惜了。"我听了,真佩服妈妈,看来做什么事情,得先提前想好了,再动手。我选中了一个很大的丝瓜,把它剪了下来。

这是我第一次参加农家劳动,觉得很新鲜,也很快乐。

(本文获得第九届“原乡杯”台胞青少年作文竞赛小学组二等奖)

点评:

通过场面和动作描写,写出了参加农家劳动的新鲜和乐趣。但“割稻”和“摘丝瓜”两件事写得还比较简略,其他的笔墨则应大加删削,否则主体难以突现。

春夏秋冬

中芯学校　吴东骏

春天到了,春娃娃来了。他想:我可以为人们做些什么呢?春娃娃想到了美化大自然,于是草木变绿,百花盛开。

过了几个月,春娃娃累了,请来夏姐姐管理大自然。夏姐姐把嫩绿的小芽孢变成了郁郁葱葱的树叶,荷花开满了池塘。

又过了几个月,天气凉了。夏姐姐觉得有点凉,就请秋弟弟帮忙。他最喜欢金黄色,于是就把大地染成了一片金灿灿,累累果实挂满枝头。

天气渐渐冷了,秋弟弟请来了冬爷爷。他最喜欢白色,把大地变成一片银白色,小朋友们都跑去堆雪人、打雪仗,他们玩得多么开心啊!

我爱春夏秋冬,我爱一年四季,我爱美丽的大自然。

(本文获得第九届"原乡杯"台胞青少年作文竞赛小学组二等奖)

点评:

小作者用拟人的手法,塑造了春娃娃、夏姐姐、秋弟弟和冬爷爷的形象,从而把一年四季的特色分别融入进去,篇幅虽短,但色彩鲜明,新鲜有趣。

幸福是什么

上海台商子女学校　林洳妘

每当我们拖着疲惫的身躯回到家时,迎面而来的是妈妈关心的问候,以及阵阵的菜香味,心里所有的不愉快、不痛快,仿佛一瞬间就飞到九霄云外去了,只剩下一股暖意和幸福的滋味留在心中,这也是一天当中最幸福的时刻啊!

"幸福"不是遥不可及的,它无时无刻不环绕在我们身旁,只是看我们能不能在一成不变的日常生活中,捕捉到稍纵即逝的幸福片刻。

"幸福"是一种温暖的感觉,给人继续努力的动力,被别人所爱是幸福,深爱着他人也是幸福;帮助别人是幸福,被别人帮助也是一种幸福,幸福无所不在,只要用心体会,世界上处处都是幸福。

如果一件事情用两个角度去思考,哪个想法会比较幸福呢?就拿做家务来说,妈妈交代你在扫完地之后,帮忙洗碗和倒垃圾,你会怎么想?一种想法是,开开心心地去完成,因为这样做能帮妈妈分忧解劳,还有,能使自己所爱的人快乐,是最大的幸福,所以很心甘情愿。另一种想法是,心不甘情不愿做,觉得很麻烦,认为做家务是一种负担。

前者的想法或许能使一件任务做起来是幸福的,而后者却不断地将自己推往痛苦的深渊。由此可知,幸福只不过是换个方向去思考,然而,却出现了天壤之别的结果。所以,幸福不是我们拥有多少,而是我们付出多少。

想要过得幸福,其实很简单。虽然每天被许多压力、责任所围绕,根本就忘了自己也是一个幸福的人。所以,当我们沉浸在幸福之中,也别忘了,别人让我们得到幸福,我们也要贡献一己之力,使别人也得到幸福。像是帮忙分担家务、每周打电话问候在台湾的爷爷奶奶,这些贴心的小举动,就能让许多人感到幸福,简单的动作就让幸福徘徊在我们身旁。因此,“幸福”绝对不是得到最好的物质需求,而是想要使更多人得到幸福的那一份心意。

(本文获得第九届“原乡杯”台胞青少年作文竞赛小学组二等奖)

点评:

抓住人与人之间、爱与被爱之间、付出和收获之间的一系列辩证关系,阐述了幸福的本质和内涵。深入浅出,通畅明白,有意义也有意思。

幸福公式

中芯学校　李心怡

幸福的感觉就像和煦的春风轻柔地拂过你的脸颊,就像严寒冬日的一缕柔和的阳光,就像一杯沁人心脾的热咖啡。幸福似乎是如此可望而不可即,就像近在眼前的海市蜃楼,总会觉得伸手就可触摸,不过,幸福到底是什么……

幸福=亲情?

夜晚的书桌灯下,有着堆积如山的作业。我舒展着疲倦的身体,窗外皎洁的月光衬在黑蓝的天空。“累了吧!喝点热的,休息一下。”身后传来温柔的声音,一股香浓的牛奶味溢入房里。转身一看,只见母亲端着杯热牛奶向我走来。我接过牛奶,母亲为我揉揉肩,继而转身出门。“早点睡,别把身体搞坏了。”门轻轻关上。手中的热牛奶温暖了捧着马克杯的我原先冰冷的双手,一股温暖的感觉流淌心间,暖暖的,好温馨。

原来,幸福就是亲情。

幸福=友情?

我的好友有很多,不过能称上“麻吉”的只有那么一两个,她们是能够让我感到一种温暖情愫的人。在我烦恼时,她们会坐在我旁边专心聆听我的诉苦;在我悲伤时,她们会递上张张洁白纸巾,给予我春天般的温暖;在我孤独时,她们就像是那温暖的避风港,随时接待我那颗不安而颤抖的心灵;在我兴奋时,她们会为我的开心不断加温,就像是绚丽的烟火被点燃才能飞向天空,将美丽提升到极限,将兴奋不断扩大,让幸福的感觉弥漫在湛蓝的天空。

原来,幸福就是友情。

幸福=成功?

眼见一年一度的钢琴演奏会向我逼近,我一次次徘徊在绝望的低谷,一次次地哀伤叹息。但为了不辜负父母亲人和老师殷勤的期望,我勤奋努力练琴,争取在竞赛中取得良好成绩。

观众热烈的掌声拉开了我演奏的序幕……写在乐谱上的音符转成柔和、优雅的声音,随着钢琴的旋律,温柔的琴音不断涌出。美丽的旋律在礼堂徘徊回荡,观众们热烈的掌声为我的演奏画下了圆满的句点。当评审老师用鼓励、肯定的眼光将那发着绚丽光芒的优胜奖杯送进我怀中时,我笑了,笑得好开心。

原来,幸福=成功。

幸福=期待?

去年夏天,好友走了,去了遥远的加拿大。她说,"六月。明年六月,我就会回来。"每每回想起她,总带着一丝丝的怀念,期待与她相见时的幸福景象。现在已经是四月了,屈指一算,只有两个月了,一张张跨越太平洋的亲笔信在我手中握紧,心里期待着能尽快与她重逢。金色的阳光仿佛洒满了我的心间,暖暖的……

原来,幸福=期待。

原来,幸福要用感恩的心去聆听。

其实,幸福很简单。也许,生活不缺少幸福,只是缺少发现幸福的眼睛。关注幸福,留心幸福,感悟幸福,你就会发现幸福就在身边,只是你不懂得珍惜,不懂得满足,才会任幸福悄无声息地与你擦肩而过。幸福并没有公式,只要用感恩的心去聆听,生活处处都是幸福的声音。

(本文获得第九届"原乡杯"台胞青少年作文竞赛初中组特等奖)

点评：

亲情、友情、成功都是幸福，作者对幸福的认识是正确的，生活不缺少幸福，只是缺少发现幸福的眼睛，这是对幸福的感悟，是很有深度的，而文章最深刻之处是将幸福和期待画上等号，这是对好友远去加拿大回国的期待，将期待视作幸福，是一般作者难以达到的认识境界，而作者在每个“=”下面都有较为具体的描述，引人联想，也予人启迪。

高空抛蛋

华东台商子女学校　王思翰

光阴似箭，六年的小学生活结束了，我们也进入了中学，但小学点点滴滴的往事依然还在我脑海中辗转徘徊着……

记得我四年级时，期中考试刚考完，老师为了舒解大家的压力，开展了一场游戏，名为“高空抛蛋”，游戏规则是要给蛋做一个保护器，使蛋从三楼丢下来而不破碎。当老师公布游戏时，我们班顿时炸开了锅，你一句我一句热烈讨论着，等我们渐渐安静下来后，老师又说：“这场游戏定在后天，请各位同学好好准备……”回到家，我丢下书包，和爸爸七嘴八舌地讨论这项任务，最后我们一致决定用气泡纸包住鸡蛋，再将它放入纸盒里，经过这两天辛勤地“工作”，我总算完成了，心想这一定会成功。

终于，期盼已久的抛蛋大赛开始了，同学们做的鸡蛋保护器千奇百怪：有的用报纸一层一层地包住鸡蛋，有的用“降落伞”……第一个上场的是小徐，楼下的老师一声令下，小徐就将他的保护器直往下抛，保护器在空中不断地翻筋斗，也许是盒子没盖好，当保护器掉到一半时，小徐的蛋竟偷偷地“溜”了出来……这枚蛋的结局完全在意料之中，凶多吉少啦！轮到第二位选手小孙，他的鸡蛋保护器上绑着塑胶带，我想大概他是想减轻降落的重力吧！小孙也轻轻地把保护器丢了下去，这个保护器刚开始还下降得很平稳，可不知道为什么，到剩下三分之一的路程时，塑胶带竟然就跟蛋说了一声“拜拜”，飘走了。楼下的小张看不下去，便跑过去，希望能接住那枚孤零零的蛋，结果非但没接中,反而还打到了小张的脸,鸡蛋在小张的脸上“炸开”了,大家笑得人仰马翻……终于,轮到我上场了,看到前面的那几枚蛋都踏上了“不归路”,我不由得深吸了一口气,将保护器也丢下去了,我的保护器在空中直直落下,只听“嘭”的一声,我的保护器落地了,我不顾三七二十一往楼下冲,当打开保护器时,万岁,我成功了!

这件事虽然已经过了三年,但我依然记忆犹新,有趣的画面不时重现脑中!

(本文获得第九届“原乡杯”台胞青少年作文竞赛初中组一等奖)

点评:

本文写得轻松,略带幽默感,回忆三年前高空抛蛋那场游戏,最终自己胜出,对另两位小朋友的失败也记得很清楚,并分析了原因;整场游戏描述清晰,文笔也清通,文中未说明自己使用了何种“保护器”,显然留下了创新的悬念。

世界上最遥远的距离

中芯学校　黄亭瑜

小学的门口是一条弯曲的柏油马路，两旁高大挺拔的榕树随着微风，轻轻舞动着它的枝条。我的小学时代就是在这一片绿阴和清幽的花香中孤独走过的。那个时候的自己总觉得这条柏油马路长长的，怎么都走不到头。我曾经以为那就是世界上最遥远的距离。

王老师是我的班主任，年纪不小了，教我们数学，非常严厉。每当同学犯错，教室里、办公室里总能听到他骂人时连续不断的咳嗽声。小学时代的我是个不爱读书却又有着强烈好奇心的捣蛋鬼，更是王老师和同学的麻烦鬼。经常拿走别人的椅子，让同学四脚朝天；在女同学的书包里放毛毛虫，听女生在教室里吓得尖叫；在王老师教到八乘九等于七十二的时候，故意问老师：“为什么八乘九不等于六十三？”老师转身写板书的时候，我会趁机转过头向后座的同学做鬼脸引起哄堂大笑，常常把老师气得浑身发抖自己却得意洋洋。王老师苦口婆心地整日追着我唠叨，同学们也不敢接近我了，我成了全校闻名的坏学生。再后来，我依旧捣蛋疯癫，只是越来越孤独。

毕业考将近，王老师正在帮我们做最后的整理复习，大家都在密密麻麻的笔记本上认真写下细细小小的字迹。只有我的脸朝着窗外，目不转睛地盯着树枝上飞来的一只小鸟儿挤眉弄眼。这时，王老师点我上台做题，可想而知，答得一塌糊涂。我对着台下的同学无所谓地傻笑，做好准备接受老师带着咳嗽声的一通批判。没想到，王老师不但没有严厉的大声指责，反而轻声细语地指引我回座位后，接着就旁若无人地继续讲他的课。

我坐在座位上,心里忐忑不安:老师这回怎么了,接下来会使什么招数呢?下课后,王老师缓缓来到了我的座位旁,语重心长地对我说:“上课时要专心听讲!上课没有记笔记吧?给!昨天交上来的作业是不是很多都不会?以后放学后来我办公室吧!”说着,“咳咳……”王老师又开始咳嗽了,他沾满粉末的手轻轻递过来一本笔记,他的手明显颤抖。我的心猛然间颤动了一下,突然想起前几天听同学说老师最近的身体很不好,和医生约好的手术也一直拖延……老师怎么会……当时我心中多么羞愧!天啊,我第一次在王老师面前抬不起头,第一次明白了什么是悔恨。

从那以后,王老师每天从放学帮我补习到晚上六点,期间从没有休息。结束之后我和王老师沐浴在皎洁月光下,一起走过那条弯曲宁静的柏油马路,我们一起聆听晚风中榕树的夜曲,直到他把我送到家门口……

我以优秀的成绩从小学毕业后的第二年,听到了王老师病逝的噩耗。带着满眶的泪水,我只身一人再次回到那条弯曲宁静的柏油马路。月光还是那么皎洁美丽,星星还是那么耀眼闪亮,像极了王老师睿智温暖的眼睛。我想,他们会永远幸福地在一起。原来,这才是世界上最遥远的距离。

(本文获得第九届“原乡杯”台胞青少年作文竞赛初中组二等奖)

点评:

有的人死了,他还活着,“我”心中的王老师就是虽死犹生之人。文中写了王老师每天帮助我这个“差生”补课到晚上六点,从不间断。王老师视我为己出,为了提高“我”的成绩,和医生约好的手术也一再拖延;“我”小学毕业后第二年,听到王老师的噩耗,悲痛万分,泪水满眼,当晚只身走在那柏油路上,感到夜晚的星星,“像极了王老师睿智温暖的眼睛”,这一笔,抒写了对王老师的深深眷恋,作为一代人民教师的形象,王老师在作者缅怀的笔下,虽朴实无华,却高大巍峨……

登长城有感

应昌期围棋学校　陈晟敏

我一直盼着能去北京,登上万里长城,今年暑假,我的愿望终于实现了!

从课本上了解到,中国的万里长城有着两千年的历史,是中华民族的象征,是中国人的骄傲,是世界上最长的古代防御性建筑。长城最早建于春秋战国时期,它贯穿中国北部,蜿蜒曲折,气势磅礴,是从太空中能用人眼看到的两处人类奇迹之一。"万里长城万里长……"那么长城到底有多少长呢?真有万里长吗?今天就让我来瞧瞧吧!

来到长城脚下,我就被它宏伟的雄姿所吸引,伟大领袖毛泽东说过:"不到长城非好汉。"我下定决心,一定要登上峰顶"好汉坡",争取做个名副其实的"好汉"。我兴致勃勃地随着拥挤的人群有序地向上攀登,火辣辣的太阳照在我身上就像针刺一样,再加上人潮的拥挤,我一步一步地向上行进,不知不觉已登上第五个烽火台,往后一看,妈妈已被我和妹妹甩在了后面。我们停下脚步,边等妈妈边欣赏长城两边那翠绿色的山峰,站在长城的垛口吹一吹凉爽的山风,把我一身汗水吹得无影无踪,我的力气又回来了,继续爬。长城也可真陡,越往上爬,山坡越陡峭,上去的时候十分吃力,一不使劲就会滑下去。只能借助栏杆往上爬,爬过一道道斜坡和高高的台阶。爬一会儿休息一会儿,每次都要望望最高山峰,鼓励自己,一定要爬上去!

就这样,我们艰难地爬到了第七个烽火台,累得气喘吁吁,腿脚酥软了,瘫坐在地上,我想放弃继续向上攀登。抬头看到前面山坡上有一位老奶奶,头发都白了,双手攀住两旁的栏杆艰难地一步一步向上攀登。联想到"不到长城非好汉"这句话,我顿时又精神焕发,心中充满了自信、力量。我使出了全身的力气,迈着坚定脚步向上攀登。

哈哈!我终于站在了好汉坡上,实现了我的"好汉"愿望。站在长城顶上,放眼望去,哇!那弯弯曲曲的长城就像一条巨龙盘旋在山顶,多么壮观啊!再往下看,山就在我的脚下,那长城上的游客就像一簇簇往上蠕动的蚂蚁,我眼前仿佛出现劳动人民辛辛苦苦修建长城的情景,心里不禁感慨万千。这万里长城不正是中国古代劳动人民勤劳、智慧的结晶吗?

(本文获得第九届"原乡杯"台胞青少年作文竞赛初中组二等奖)

点评:

"不到长城非好汉",作者实现了登长城的愿望,表达了欣喜之情;文章从长城山脚写起,写了第五个烽火台和第七个烽火台,正累得"气喘吁吁,腿脚酥软",但抬头看到前面山坡上头发已花白的老奶奶在艰难地攀登,顿时"精神焕发,充满了自信、力量",终于登上了峰顶"好汉坡"上……文末的赞美和感慨,不仅升华了文章的主旨,又有一种大气磅礴之美。

革命尚未成功,同志仍需努力

——写在辛亥革命一百周年

中芯学校　张思亚

一百年前的今天,赤县炎炎万民苦,可朝廷的达官贵人们却在花天酒地享乐,"商女不知亡国恨,隔江犹唱后庭花。"西方列强正在虎视眈眈地窥视中国,这时,一群觉醒的中国爱国青年正在聚合,筹谋变革,"于无声中听惊雷",中国即将发生翻天覆地的变化,中国要觉醒了……

1911年10月10日,武昌起义爆发,在革命先知孙中山先生的带领下,中华优秀儿女,前仆后继,浴血奋战,使中国两千多年的漫漫长夜结束了,君主专制统治扫进了历史的垃圾堆。

然后地球绕着太阳转了一百圈。其中我的爷爷到台湾生活,然后爷爷落叶归根,回到河南,去世后葬在故乡。一百年间这片神州大地改变了太多太多,这段历史似乎被埋藏在了绚烂的灯光和高耸的大厦之下。对我来说这离我实在是太遥远,只不过是一段课本上的文字,没有太多的感触,不理解它真正的意义,不理解这个革命究竟有多重要。

今年是辛亥革命一百周年,海峡两岸进入了新的时期。在台北,纪念辛亥革命一百周年的活动正在有序进行。在台北,当看到101大厦的烟火缤纷喷发的那一刻,一种莫名的感觉涌上了我的心头。兴奋?感慨?感恩?还是感谢?一时说不太清楚,只是突然很想要知道那时到底发生了什么事,辛亥革命到底改变了什么。我开始了历史的回溯,细读了中国近代史。

孙中山先生革命了11次才成功。也许大家都会这样理解,都会说失败是成功之母,不要气馁,不要放弃,最后一定会成功。但是在那个“万马齐喑”的日子,又有多少人去理解那时国家被羞辱的心酸,有多少人去同情那个多次起义却不成功的挫败,有多少人又会去忍心回首当时那些阴森血腥的屠杀,有多少人去蔑视抨击当时那个外强中干的朝廷,有多少人能够注意到中国当时是一个四分五裂的国家?所以孙中山先生以他的先知明察,以他的百折不挠的理想与奋斗,努力改变历史,不能再让这五千多年的文明被别人踩在脚底,不能再让腐朽的朝廷胡乱地挥霍过去丰厚积淀;所以他统筹,他带领,让人民觉醒,不再涣散,让有志的青年成为新时代的斗士。

于是大家团结一心,要改天换地,要让中国浴火重生。他们在一起“指点江山,激扬文字”,“我以我血荐轩辕”。他们有着同一个目标,同一个梦想,那就是我们华夏民族的解放与复兴!

俱往矣,帝王将相皆尘土,空留荒冢向黄昏。年华逝水,革命先辈一百年前的愿望现在已经实现。当下,中国不再被别人看扁,我们也不再受别人的侮辱;一百年后的今天,我们拥有一个共同的愿望——让华夏民族顶天立地,屹立在世界的东方。

我终于知道爷爷为什么要在台湾生活了大半辈子以后,最后执意要将自己安葬在河南的一个荒山野地里。啊,这是一种高贵不舍的人生情结,亦是一种炽热的爱国情怀。在爷爷看来,台湾,河南,这两个地方都是他的家,都是爷爷所深爱着的土地。一百年前的革命先行者不就是希望中国能紧紧团结在一起吗?纵然前面还有艰难险阻,但只要我们每个人共同努力,使整个中国繁荣富强的伟大愿景就一定会实现。

“念天地之悠悠,独怆然而涕下”,人民爱国,自古使然。我相信爷爷也是这样想的。我终于明白了爷爷为什么要执拗地“返璞归真”的深意。那就是追根返本,皈依心愿;共建家园,实现理想。辛亥革命,原来早在一百年前我们中国人就有这样的领悟,这样的盼望。在未来的一百年中我们还要万众一心,继续努力,追求美好。我们都是炎黄子孙,都是这五千多年辉煌文明中的一名龙的传人!

让我们牢记革命先驱的教导:“革命尚未成功,同志仍需努力”。

(本文获得第九届“原乡杯”台胞青少年作文竞赛高中组一等奖)

点评:

在纪念辛亥革命一百周年之际,作者深情地缅怀孙中山先生领导辛亥革命胜利的丰功伟绩,对中山先生挫败多次却百折不挠的努力与奋斗精神给予了高度评价。回溯历史,是为了告诫当下的炎黄子孙要继承和发扬先辈的这种精神。文中穿插了生活在台湾的爷爷执意要安葬在河南的情节。表达了龙的传人追根返本的心愿,文章立意高远,气势磅礴,结尾既是召唤,又是决心的表露,显然能引发读者共鸣,起到激励的作用。

你在我身边

华东台商子女学校　金庭宇

你在我身边,困苦风雨全忘却,温暖情意长存于心间。

——题记

“谢谢你在我身边,主人。”我趴在你的腿上,感受你掌心的温度,感受你怜爱的目光。我安心地打了声呼噜,微眯上了眼睛。因为我知道,你在我身边。

我是一只流浪狗,在巷尾的废纸堆里出生,川流不息的马路养育我长大。我孤独地生活着。在一场车祸中,我失去了矫健的后肢。那时是滂沱的大雨,人类的车子——那夺去我后肢的凶手,正趾高气扬地在雨幕中穿梭。突然,一只穿着破布鞋的脚,一根木制的拐杖,出现在视线中,脚的主人蹲下来,温柔地将我抱起。

从那以后,你总是在我身边,从未离开。

你成了我的主人。巧合的是,你和我一样失去了一条腿;不同的是,失去了一条后肢的我,仍能像兔子一样能跑能跳,而你,却只能拄着一支拐杖,好像被折断的铅笔,一截一截的。

即使失去了一条后肢,我依旧酷爱奔跑的快感,你似乎了解我的心思,每天总是带我到花园里散步。你拄着拐杖,含着笑注视着我欢快奔跑的身影,仿佛此时此刻奔跑的就是你。我总感觉你的目光紧紧跟随着我,担心我会不会磕着碰着,担心我会不会被那群小孩子欺负,担心我会不会跑着跑着迷了路。这时我总感觉你在我身边,陪伴着我,担心着我。

我也永远不会忘记那个夜晚。我因为贪玩,跑出了家,在我曾经生活的大街上游晃,川流不息的人群和璀璨的霓虹灯对我有着极大的吸引力。但在这繁华下,潜伏着一个巨大的危机:捕狗大队在大街上疯狂地捕捉流浪狗。因为残疾的后肢,我成为捕狗队的囊中之物,在被关进生锈的铁笼后,恐惧与绝望如同一片阴云笼罩着我。突然,我听见你熟悉的声音,看见你一瘸一拐地跑过来,似乎因为太紧急,你没来得及拄拐杖,我从未见过你这么不要命地奔跑过。你似乎在哀求着,嗓音里带着哭腔,乞求着,乞求着捕狗队把我还给你。终于,再被放出那个充满腥臭味的笼子后,你紧紧地抱住我,双肩不停地颤动。我舔着你的鼻子,诉说着我对你的感谢:谢谢你,幸好有你在身边。

你总是费尽心思照顾我,偷偷拿零花钱到超市买最好的狗粮给我吃,宠溺地让我趴在你的腿上晒太阳。你对我那么好那么好,但我不解的是你常常对我说的一句话:

"你在我身边,真是太好了。"

你说我给了你友情,让你不再沉浸在残疾的痛苦之中,主人,其实你错了,是你,是你在我身边,给予我最美好的温暖与关心,让我不再是形单影只,在垃圾箱旁寻找果腹的剩饭的流浪狗。

(本文获得第九届"原乡杯"台胞青少年作文竞赛高中组一等奖)

点评:

叙述一只失去后腿的流浪狗眼中的主人对自己的精心照料和呵护,全文的流浪狗作为主人公,用它的口吻讲述了这个故事,设计颇为巧妙。"你在我身边"是流浪狗的感受,这一感受贯穿全文,也使读者感到温暖,而文中的"主人"也是失去一条腿的残疾人,残疾人对残疾狗的爱则更令人感动。读完全文,我们不禁会自问:人对狗能如此奉献爱心,那么,人对人呢?

美丽的十六岁

中芯学校　蔡至璇

幼虫成蛹,破茧成蝶。

仰头望一望那轮明月,在无意中缺缺圆圆;举头望一望那些树叶,它们在无意中发芽又枯萎;低头看一看那朵花儿,它在无意中怒放又凋谢。再看看镜中的我,十六岁了。

十六岁……

青春是一笔财富。十六岁的我们有无限的热情和活力,即使天空塌下也不畏惧不退缩。我们会偷偷恶作剧,在对方气急败坏的时候一溜烟跑掉。我们会谈论我们崇拜、着迷的偶像:有伟大的科学家,有大红大紫的明星,也有平凡得不能再平凡的身边人。我们也会在自己班级与其他班级比赛的时候,声嘶力竭地为他们呐喊助威,即使喊哑了喉咙,嘴边的那抹微笑也是甜的……

十六岁,我不过才十六岁……

十六岁?

青春是一条界线。十六岁的我们不再幼稚,然而也称不上成熟。当每次考试后,老师温柔的鼓励变成严肃的话语;当每天自由的生活变成起床——上课——做作业——睡觉这复制般的过程;当身边的朋友都开始谈起自己的未来，我不懂这是否代表着十六岁。我们拥有对未来无数的梦想，好像一个破碎了，另一个又在不远处冉冉升起，永不停息。

十六岁，我真的十六岁了吗？

十六岁！

青春是肩上的担子。十六岁的我们不需要停泊在别人的避风港，而是要建造自己的港湾。当我们犯错之后勇敢地站出来承担后果，我们就学会了负责；当我们试着帮助父母减轻负担，我们就学会了孝敬；当我们用汗水换取成功的喜悦，我们就学会了拼搏；当我们跌倒在泥泞中，站起来拍去身上的尘土，再笑着说声“没关系，没什么大不了。”我们就学会了坚强……

十六岁，我已经十六岁了！

十六岁的我们也许还只是雏鹰，但若是鹰，总有一天要展翅高飞。即使受了伤也要带着血翱翔于自己的蓝天。

十六岁是美丽的字眼。这些年来我放弃了很多，也得到了不少。然而十六岁仅是个转折点，我们还有好几个十六年要过。我知道，人生好比一场马拉松，我们没有捷径，只能用一个个踏实沉稳的步伐创造辉煌。

（本文获得第九届“原乡杯”台胞青少年作文竞赛高中组一等奖）

点评：

作者理解青春是一笔财富，十六岁的“我”充满梦想和追求，作者的热情与朝气，颇有张力的文字，感染了读者。文章从各个层面反映十六岁的“我”的生活现状和心愿，尤其是第四个部分，突出了“承担”“负责”“拼搏”“坚强”以及结尾表露的决心，都出自于内心的领悟，也是文章逐层递进的结果，说明作者思维缜密，也懂得为文之道。

绊脚石与垫脚石

华东台商子女学校　张芷莲

每个人都拥有各自不同的出身，这不是自己能决定的。有些人一出身就拥有了普通人努力一辈子都得不到的财富、智慧和美貌；有些人却顶着一张丑陋的面容，卑微地在贫民窟里与老鼠为伍。这些先天的差异，成了所有人人生途中的绊脚石与垫脚石。

先天的劣势，成为一般人人生的绊脚石。可是，那并不是绝对的，只要你肯努力，你也能把脚向上抬，越过那绊脚石并获得成功。美国现任总统奥巴马在参选以前只是个默默无闻的无名小卒，而且是个非裔美国人，可是他却克服了先天的劣势，成为美国史上第一位非裔总统。由此可见，先天的差异，是可以用后天的努力来弥补的。

先天的优势，例如美貌、财富和智慧等，是上天赠予某一部分人的礼物，也是大家所羡慕、渴望的东西。这些优势，或许使他们在人生途中一帆风顺。但是，就像潘多拉的盒子一样，尽管从外面看起来是很完美的，里头却装满了许多潜在的危险。这些优势，有时会使人过度自负，变得孤僻、古怪；更甚者，会沉浸在别人与自己的差距或自我良好感中无法自拔，因而堕落下去。而有时，优势会使人缺少经验，因为优势，他们很少失败，而失败却是人获得经验的最佳渠道之一。先天的优势，并不等于后天的成功，我们只能说，先天的优势，可以成为后天成功的因素之一。

我们并不能决定个人的出身，也因此，人生道路上一定会出现绊脚石或垫脚石,这是我们无法改变的,但是,我们却可以决定它们的大小。其实,绊脚石或垫脚石是由你自己的心去决定的,你越在意它,它就越可能成为你心中无法跨越的高山;而如果你不去在意它,甚至用它来激励自己,那么它也可以成为帮助你站起来的契机。有这么一个人,在他还是个少年的时候,父亲生意失败,欠下大笔债务,为了不让父亲担心,他努力读书,成绩总是保持在前三名,却为了省钱,而选择了能提早就业赚钱的高职;靠自己努力考上了台科大,却因为父亲无法负担学费,牺牲了一切娱乐来打工……上天不负有心人,经过不懈努力,最终他考上了台大研究所,而他的故事,也成为一段佳话。这个故事给我很多启发,如果他不是成长在这样一个环境,他还能有这样的成就吗?不一定吧。他的成功,很大的一部分原因来自于劣势环境的刺激。“绊脚石”成为他为之奋斗的目标,最后造就了这样的他。

其实说到底,一切还是要看每个人自己的想法和决定,那才是可以超越先天条件束缚的力量!所以请不要再提“命不好”之类的话了,自己的命运,是掌握在自己的手中的!

(本文获得第九届“原乡杯”台胞青少年作文竞赛高中组二等奖)

点评:

分析了个人先天的优势或劣势,并把它们比喻成绊脚石与垫脚石,用辩证方法进行论述,并结合现实中的实例,提出自己的见解。文章告诉我们,先天的差异并不能决定后天的成功与否,成功靠的是自己的努力;文章还告诉我们,如果拥有了先天的优势而过度自负,无法自拔,那么在人生道路上就会充满“许多潜在的危险”;这警世之语无疑会对读者起到激励和震醒的作用。

灾难后的省思

华东台商子女学校　卢彦宇

台风,一场对大地万物的考验。也许,这对住在台湾的我们并不陌生,甚至时常经历,但每次灾难肆虐之后,仍然会留下许多不小的伤痕,这是为什么?

台风“莫拉克”使得小林村在一夕之间化为平地,造成许多人伤亡,每天新闻上出现的数字不是乐透的中奖号码,而是寻获遗体的最新数字,看了不免令人为之心酸,事后总是会有某个官员出面说明,为什么会有泥石流将村子淹没。但是仔细想想,为什么他们总是只指出原因,而没有指出解决与避免的方法并且实行?总是说人们大量砍伐树木,导致土质松动,造成泥石流,都知道问题的所在,却又忽视问题,难怪每当台风来时,总有伤亡。

其实人们从很久以前就有视而不见的毛病,早在公元前一百年,位于意大利的庞贝城,一直是一个有着两万多人的大城市,但是在公元七十九年整座城市就在地球上突然消失了。其实早在公元六十三年,位在庞贝城不远处的维苏威火山变得不太平静,发生了地震,造成了一些损失。这时就有人前去火山考察了,发现长眠已久的火山就要醒了,他急忙把这个消息带到城里,但是没人愿意相信他,都认为只是个小小的地震,不用大惊小怪的,最后他只好自己离开,不久,灾难果真发生了。公元七十九年,维苏威火山爆发,连续八天八夜的火山灰将整座城掩埋。

我们应该要以历史为借镜,不能因为问题小就不重视。如果再这样忽视下去,我们可能不是先看到台北的休眠火山——阳明山爆发,毁了台北市,就是看到某次台风跟泥石流又埋了哪个村子。

会造成灾难的原因往往不是因为自然灾害,造成真正损失的总是人为因素,过度的取用大自然,最后受害的还是我们自己。

网络画家马克说:“我是一个大宅男,我家住在一栋大楼里,从小我就很喜欢我住的地方,不骗你,我家真的不差。后来我开始忙于生活、工作,忙于赚更多的钱,我就不太管家中的事了,我想反正其他人会处理,就随他去……但是,最近我们的大楼变得怪怪的,越来越闷之外,湿气重,空气也糟,楼上的水塔也开始漏水,而水也一天比一天酸,我家里养的宠物也都病恹恹的。不只如此,大楼中庭的院子种的一些花草树木,被人纵火,烧去了一大半,花园的池塘也早都干涸了。更可怕的是,大楼的地基似乎也出了些问题,最近摇晃得很厉害,我们大家都吓坏了。我非常担心,很想搬家,但是我实在没有其他地方可去,所以我决定从我自己做起,多花点心思照顾自己的家。我住的大楼叫——地球。”

地球只有一个,但是因为人为破坏,温度在缓慢而持续地上升。当温度上升一度时,气候会开始巨变;当温度上升两度时,北极熊与数万种生物将绝迹;当温度上升三度时,植物开始吐出二氧化碳;当温度上升四度时,南北极的冰层将完全消失;当温度上升五度时,旱灾、水灾将夹击我们;当温度上升六度时,我们再也看不到更高温的地球了,因为没人活着了。如果我们再不好好善待我们的地球,灾难将不再只是台风跟火山喷发了。

(本文获得第九届“原乡杯”台胞青少年作文竞赛高中组二等奖)

点评:

本文的主旨是人类爱地球,集中反省了风灾和火灾对地球上人们带来的祸害,思索人类应尽早以对策来防止这类灾难与祸害,谴责为官者的漠视和人类过度向大自然索取所带来的后果。作者的反省发人深思,思考振聋发聩。可以说,作者站在很高的层面上来正视这关乎人类命运的大事,所举事例颇有代表性和说服力。

真水无香

中芯学校　张书玮

我也算读过不少名言格言,那都是有智慧的,可是认真想来,有哪一句比“真水无香”更温和、更透彻、更雅致、更充满清气?那些名言格言,往往是教人进取,催人奋斗的,是要有目标,要去争斗。而“真水无香”却是没有争斗的喧哗,它只是一种境界:自然、平静、清澈、淡漠无痕、空阔无边,这才是大智慧啊。

人们都说,一个人的内心世界可以展现在他的文字里,心境即文境,文境即心境。难怪中国的文人墨客都喜欢“水”,还记得那个骑着青牛隐退的老者浅浅地低吟吗?“上善若水。水善利万物而不争,处众人之所恶,故几于道。”这是智者的至言啊!

很难想象,少了水,中国文学该多么逊色!而这些咏水的名句让后世的人们永远地记住了它们的作者,难道他们不是真智者吗?那“关关雎鸠,在河之洲”“所谓伊人,在水一方”不是酿造着生活的甜蜜?那“春来江水绿如蓝”“水村山郭酒旗风”不是铺就了南国的明丽?

我欣赏水的平淡。常常在课业之后,倒上一杯清澈的纯净水,放一曲淡淡的轻音乐,一个人静静地将自己融化在袅袅的清幽和悠扬的音乐中。翻开旧日的相册、打开尘封的回忆。回忆着从来不需要想起、永远也不会忘记的好朋友。这“淡淡”之中又引出多少感慨,多少深深难忘的情意!啊,如水淡淡的,总是那么让人难忘。真水无香,很真很美。那张张卡片上载着朋友给自己许多美好的祝愿,读起来那么温馨甜蜜;书桌上又多了一盆朋友送给自己的文竹,风姿潇洒,我陶醉其中。至美无言,这一切都已尽在不言之中了。

真水无香,说到这儿,话是说透了,却也说到头了。既是高山仰止的意思,也是人至察、水至清的意思。由此我想到:一味追求金钱的人实际上是多么愚蠢,一味追求地位和名声的人同样不智。那些真正大智大慧,超出尘俗的人,如同纯净的水,是没有香气的,他们常常默默无闻,毫不张扬。除非你有福气接触到他们,否则永远不知道也有人可以做到那样的纯洁和一清至骨。

年华似水,真水无香。我们每个人都走在人生的一段路上,既然每个人都不可能成为太阳,那就让我们做一轮月亮吧!哪怕是一弯残月,也要将自己的清辉一泻无余地奉献给世人,照亮荆棘丛生的漫漫征程。

我愿若水,平平凡凡;我愿是水,真水无香。

(本文获得第九届"原乡杯"台胞青少年作文竞赛高中组二等奖)

点评:

作者颂扬水的无色无华,超凡脱俗的品质,以追求自然宁静的生活与境界,在金钱至上、物欲横流的时下,讴歌"真水无香",也可以看作内心的一种理想;甘愿平凡,纯净,毫不张扬,与世无争,作者的情趣高尚,文字清雅,与文章的主旨相吻合,值得细细品味。

“原乡杯”台胞青少年征文菁华集

第十届

（2012 年）

我最喜欢的一本书

华东台商子女学校　林尹星

姐姐经常告诉我，看书可以变得聪明，读书的乐趣就像登山一样，山登得越高越是快乐。因为有爱看书的爸爸和姐姐，所以每次返台，爸妈都会带我们去书店，偶然看到《波丽士馅饼》这本书，觉得馅饼就是馅饼，为何要叫波丽士馅饼，当下决定买回家研究研究，现在的它成为我最喜欢的一本书。

故事的主角亚苹是一位小学五年级的学生，父亲因为金融风暴被裁员，在找不到工作的情形下，心情低落的他常和太太恶言相向，而她的母亲因为经济重担的压力和先生的颓废不知振作，产生了轻生的念头，一个没有未来和希望的家庭，竟因亚苹的机灵求助，警察林伯伯救了自杀的母亲，使得悲剧没有上演，危机化成转机。林伯伯热心地给这家人传授他祖传的馅饼秘方，帮助他们重新站起来，给他们生活带来一线曙光。

原来“波丽士”就是“警察”的意思(用英文的谐音)，我终于懂了，亚苹一家人为感谢林警察，才会想出这样有趣的名字“警察馅饼”，看到这里原本热泪盈眶的我，不禁会心一笑，感谢老天给了亚苹一家这么一位热心助人的贵人，否则这世界又要多一个破碎的家庭了。

读完这本书，让我觉得我是一位很幸福的小孩，不愁吃穿的我，更要懂得知福惜福，还应该尽一已之力造福人群，也让我学习到面对事情时，应持正面积极的态度去面对，天下无难事，只怕有心人。更对警察先生有所改观，原来铁汉也有温柔的一面。我推荐《波丽士馅饼》，它是一本好书，值得大家细细品味珍藏。

（本文获得第十届“原乡杯”台胞青少年作文竞赛小学组特等奖）

点评：

文章作为一篇读书笔记，篇幅虽不长，内容却不少，显得充实而明确。

先是介绍《波丽士馅饼》这本书的内容。由于紧紧抓住亚苹一家遭遇的焦点，突出警察成功拯救欲自杀的母亲这一核心情节，整个故事吸引了大家，给人留下了完整的印象。

接着解释书名“波丽士馅饼”的由来。原来“波丽士”是“警察”的音译，书中，正是警察林伯伯传授的祖传馅饼的制作技巧，给这个家庭带来了转机，因此，为馅饼起了这个名字。这既突显了故事的核心细节，又强调了主人公的形象，给人留下深刻印象。

最后阐述了阅读后的三点启示：一是要知福惜福，这是将自己与书中人物比较而得出的结论，是迁移性思维的收获；二是要具有克服困难的信心，这是对书中正能量的汲取；三是要向书中的警察林伯伯学习，学习他既是铁汉又有温柔的一面，体会更显真切。

都是肥胖惹的祸

宝山区第三中心小学　李兆铭

平时晚上,妈妈问:“明天早饭吃六个馄饨吧!”我急着回答:“不够不够,八个吧!”去外面吃饭,爸爸问:“你想要吃些什么菜呢?”我认真地说:“鸡鸭鱼肉,猪肉羊肉牛肉都要。”

吃得多,因此我长得很胖。体育课我跳绳不及格,四百米跑不动。有时在外面走走,不时有人指着我说:“这个小胖子真可爱。”还有人捏我的脸。

有一天,我觉得家里的几条裤子都穿得太紧了,妈妈只好带我去商店买新裤子。我们去了“宝大祥”青少年用品商店,童装柜台真多啊!有网球王子的时尚休闲裤、有派克兰帝的儿童宽松裤、有吉普的潇洒牛仔裤、有雅高的哈伦裤……但是我跑了几个柜台,裤子最大尺寸 160 厘米的都是瘦瘦的裤腿瘦瘦的腰,根本买不到合身的,真是急死我了。我们又走到一个柜台,发现有条裤子比较大,妈妈叫我去试穿一下。我心想:太好了!终于可以买到合身的啦!我拿着裤子欢天喜地地进了试衣间,过了一会儿,换好裤子走了出来。这时妈妈提醒我:“你要上体育课的,蹲一蹲,看是不是太紧?”我一蹲,只听到一声怪声音,我顿时紧张起来,脸也涨得通红。我心想:这下惨了,新裤子被我撑破了。我尴尬地望着妈妈,妈妈也尴尬地望着我。忙了半天,童装柜台没有一条裤子我能穿。最后,妈妈只能带我去“新世界”商店的运动品柜台,买了两条大人的运动裤。那裤子又长又大,妈妈说拿到裁缝那里剪短些就能穿了。

当然那条破裤子也跟着我们回了家。都是肥胖惹的祸啊！可是这个祸不是白闯的。我下定决心，一定要减肥。暑假，我去溜轮滑、打羽毛球、跳绳，还忍着少吃点肉。我想经过努力，我减肥一定会成功的。

（本文获得第十届“原乡杯”台胞青少年作文竞赛小学组一等奖）

点评：

但凡“小胖哥”，多半都有他们各自的烦恼，而像这位写得如此真切生动的，却不多见。主要是买裤子这个场景，写得真是细致入微，起伏有致，加之渗入其间的心理描绘，更是令人同情。有了这一核心内容，故事叙述前有关饮食与运动的前因的交代，故事结束后下决心减肥的后果表述，就显得自然而完整。

爱在身边

华东台商子女学校　林虹秀

我是一个学生,生活很单纯,每天接触到的人、做的事情、听到的话、看到的状况都差不多,虽然好像有一点普通,有一点平凡,却也有着实实在在的满足感。出门时我不需要跟别人挤公车;买漂亮衣服和鞋子时,自己喜不喜欢才是重点,标签上面写的数字基本上跟我没关系;外出吃饭总是能去自己喜欢吃的餐厅;需要什么东西,还没开口,妈妈就已经买回来了。或许这就是爸爸口中经常对我们唠叨的,要珍惜自己身边每一个幸福的感觉,要感谢自己身边每一件幸福的小事。

一大堆小小幸福的累积就是爱,爸爸常常对我讲,要懂得发现身边每一个小小的幸福;早上有妈妈叫我起床,不用担心上学迟到是幸福;刷牙时发现牙膏还可以挤出来一点点刚好够用是幸福;还没往客厅坐下就已经看到桌上香喷喷的早餐是幸福;无论刮风下雨,妈妈总是送我出门上学是幸福;可以坐校车不用走路到学校是幸福;校车上有熟悉的司机伯伯与细心照顾我们的校车老师是幸福;到了学校可以看到喜欢的同学是幸福;有好多好多的老师辛苦的教导我、爱护我是幸福;教室里有冷气跟暖气更是大大的幸福,这可是很多学校没有的。

身边有这么多的幸福、这么多的爱围绕着我,让我真的充满感激,所以我也要让我身边的人因为我而感受到爱,因为我而常常享受一堆小小的幸福。我要帮妈妈洗碗,帮妈妈晒衣服收衣服;我要常常哄爸爸开心,每天总是笑脸对着他,慰劳他一整天辛劳的工作;我要跟妹妹分享我爱听的音乐,帮她解决课业上的问题;我要帮助同学,我要让老师以我为荣!我还要常常提醒自己,要热心助人,不只对身边的人,还有不认识的人,可爱跟不可爱的动物,花花草草,山川林木,甚至是我们生活的地球,我都要让他们感受到我的爱。让所有人、事、物都能因为有我在身边而有幸福感并充满爱!

(本文获得第十届“原乡杯”台胞青少年作文竞赛小学组一等奖)

点评:

作者引导小伙伴们从自己平凡普通的学生生活中去发现幸福和爱,是很有意义的事,因为这样才能真正认识生活和自己,由于举例具体真切,收到很好效果。最有价值的是末段,把思想提升到感恩的高度,使文章闪烁着“人人为我,我为人人”的光彩。

一件难忘的事

杨浦区国和小学　叶沐晗

2009年国庆节的那天下午,我正在家里看电视,突然听见院子里传来“喵喵”的叫声。我连忙跑出去看个究竟,原来是一只小小的猫咪,不知道为什么掉进了我家院子里。我赶紧冲回房间里拿了一个纸盒出来,小心翼翼地把小猫捧起来,轻轻放进纸盒里捧回了自己的房间。

我凑在纸盒旁边仔细地观察这只“落难”的小猫。它长着一条细小的尾巴和一身黄白相间的绒毛,四个小小的爪子上还有粉红色的肉垫。我给它取了一个好听的名字叫Molly。Molly乖乖地躺在纸盒里,犹如婴儿躺在摇篮里一样可爱。

突然,Molly开始不停地叫唤,身体也在颤抖着。我想:它一定是饿坏了!听说猫喜欢喝牛奶,不如我就帮Molly倒一碗牛奶吧!于是,我立即跑进厨房,拿出牛奶倒入一只小碗里,放在了Molly面前。可是Molly半天也没有去喝牛奶,还是继续一边叫一边发抖。我感到非常奇怪,就又仔细看了看它,才发现它的眼睛虽然已经睁开了,但是里面还蒙着一层薄膜,它还是什么也看不见。我又试着用小勺子喂Molly喝牛奶,可是它却怎么也咽不下去。我真是急坏了,这可怎么办呀?

妈妈对我说:“现在小猫的眼睛还看不见,也不会自己吃东西,如果没有猫妈妈的照顾,再这样下去会饿坏的。今天天黑以后,小猫的妈妈一定会来找它的,到时候我们就把Molly还给它的妈妈,好吗?”我听了以后,心里难过极了,但是为了让Molly回到妈妈的身边,不再饿肚子,我只好答应了。

晚上,猫妈妈果然来了。它在我家院子周围的墙头上走来走去,不停地拖长声音“喵——喵——”地叫着,就像在呼唤自己的孩子。妈妈连忙走到院子里,把Molly轻轻地放在了离猫妈妈不远的储物间的屋顶上。然后,我和妈妈就躲在房间里的窗户边目不转睛地看着,心里在默默地为Molly加油。

猫妈妈看见了自己的宝宝,却很警觉不敢走近,但是叫声更加急促了。Molly也听见了猫妈妈的呼唤,用力地慢慢地朝着叫声传来的方向爬过去。可是,Molly的眼睛还看不见,竟差点掉下了屋顶,幸好它反应快,抓住了屋檐,使出全部力量爬回了屋顶。好惊险啊!猫妈妈伸出了一条腿,却够不到Molly,它叫得更大声了,如同在帮Molly加油。在猫妈妈的鼓励下,Molly努力往前爬,终于回到了妈妈的身边。猫妈妈轻轻叼起了Molly,沿着墙头很快地跑远了。我和妈妈也松了一口气,为Molly和猫妈妈的重逢而高兴。

那天晚上睡觉前,我一直在想:我救了Molly,猫妈妈会不会趁我睡着以后叼来一样礼物送给我呢?童话里的故事会不会真的发生呢?

虽然这已经是两年前的事情了,但是这一幕幕难忘的场景至今仍在我的脑海中时时闪现。

(本文获得第十届“原乡杯”台胞青少年作文竞赛小学组一等奖)

点评:

文章写的是一只可怜又可爱的小猫咪的遭遇,传递的却是小主人公美好善良的爱心和真情。叙述和描写的能力很强,让读者如身临其境,且故事一波三折,颇为感人。尤为可贵的是浸润全文的美好情感,细腻动人,无形中显示了小主人公可贵的精神。

大地的色彩

中芯学校　朱孟璇

我学会了画画，
用想象和色彩，
用手和心。
我多么想画呀，
画出色彩缤纷的图画！

让黄色碰上蓝色，
变成象征生命的绿色，
那是草原的颜色。

让黄色碰上红色，
变成象征创造力的橙色，
那是太阳的颜色。

让红色碰上绿色，
变成象征蓄势待发的褐色，
那是葡萄的颜色。

给世界，
因为它需要更多的色彩来点缀。
给它一点绿色，
让大地充满希望的原动力；
给它一点橙色，
让大地充满创造的奇迹；
给它一点褐色，
让大地充满蓄势待发的勇气；
给它一点紫色，
让大地充满神秘的想象力。
这样，
它会变得更美、更强、更和平……

（本文获得第十届“原乡杯”台胞青少年作文竞赛小学组二等奖）

点评：

小作者对色彩有感受，有理解，更能开掘色彩组合与变化的象征意义。因此文章便充满了浪漫的想象与神奇的联想，显得诗意盎然。

爱

华东台商子女学校　陈铭妡

成长，是一个发现爱、感受爱、学会爱的过程。这份“爱”来自身边的人，也可以来自我们内心。

当我生病时，妈妈就会照顾我、关心我；当我无聊时，妹妹会陪我玩游戏；当我肚子饿时，妈妈会煮饭给我吃；当我功课不会做时，爸爸会教我做功课，假日时，爸爸还会带我去公园玩；家里不干净时，阿姨会打扫干净；回台湾时，外婆和奶奶会煮许许多多好吃的东西给我吃；当天气很热时，舅舅带我去游泳，晚上还可以在表哥、表姐家过夜。在学校，当我忘记带东西时，朋友会借给我；我伤心难过时，朋友会安慰我；我受伤时，朋友会陪我到保健室擦药。我要感谢家人对我的关怀、朋友对我帮助，让我可以快快乐乐地成长。

农夫辛苦地耕种，种出可口的稻米、蔬果，让我们能够吃到美味的食物；渔夫出海捕鱼，捕了各种各样的鱼，让我们吃到许许多多新鲜的鱼；医生能够医治好我们，让我们可以康复；工人可以帮我们盖房子，让我们有舒适的家可以住；书香志工来学校说故事给我们听，让我们可以增长知识；大自然的太阳，让地球充满生气；大树像一把绿色的大伞，让人们可以在树下休息、玩耍；五颜六色的小花小草把大地打扮得亮丽耀眼；小鸟唱出动人的歌曲。感谢他们让世界变得更美丽。

我相信只要心里有爱，就能感受到人们的爱和温情，我们的生活，也会因为爱而处处洋溢着幸福。

（本文获得第十届“原乡杯”台胞青少年作文竞赛小学组二等奖）

点评：

这是一首感恩的爱的颂歌。核心两段所谈的虽然都是身边和日常的小事,但家庭亲友与社会各界对自己成长的关怀与爱护,已桩桩件件令人信服地描绘了出来,令人信服,也发人深省。缺点是材料还较空泛,缺乏典型性和深度。

我的童年

中芯学校　王晴晏

童年,是一片金色的沙滩,沙滩上散落着五彩缤纷的贝壳,每一枚都是我童年珍贵的回忆;童年,是一望无际的夜空,夜空里撒满了眨着眼睛的星星,每一颗都是我难忘的成长的故事。现在,让我摘一颗与你们分享……

六岁那年的中秋节,我们一家人坐在阳台上赏月,那天的月亮又大又亮又圆,挂在宁静的夜空里,不禁叫人浮想联翩。这可比我看到的任何一款芭比佩戴的饰品都漂亮!比妈妈的宝石项链大好多呢。

我盯着月亮,暗自盘算:如果把月亮摘下来,会得到多少羡慕的目光啊!我一边吃着好吃的月饼,一边琢磨着如何“摘”月亮。

夜深了,爸爸妈妈都回房间睡觉了。我还在惦记那摘月亮的“计划”。我偷偷地从床上爬起来,费了九牛二虎之力把梯子搬到了阳台上。这对我来说,可不是件容易的事情。当我吃力地挪动梯子,摆好位置,早已气喘吁吁,满头大汗了,好像刚跑完四百米长跑似的。

正当我要爬上梯子的第二阶时,一双大手从身后把我抱了下来,是爸爸!他问我为什么半夜三更要爬梯子。我一五一十地把想法告诉了爸爸。他一听哈哈大笑,说:“月亮很美,人人都喜欢,可如果月亮被你摘走了,别人就没法欣赏这美丽的月亮了,对吗?”年幼的我对这番话似懂非懂。可心里总觉得爸爸说得有道理。

现在,我长大了,儿时的傻事已成了回忆中的笑谈,而我也在爸爸的熏陶下明白了一点:明月共赏才更圆。

(本文获得第十届“原乡杯”台胞青少年作文竞赛小学组二等奖)

点评:

抓住童年生活中一段有趣的小插曲,边回忆边思考边感悟,叙述生动,描写逼真,尤其是议论,不经意中却点明了主题——“明月共赏才更圆”,这样的写法含而不露,真切自然。题目大了些,可改为《童年一幕》之类。

我们这一班

上海台商子女学校　郑以希

我们这一班是三年级二班,我们是一群活泼又可爱的小朋友。班上每个同学都有自己的专长,男生喜欢下象棋、踢足球,女生喜欢画画、吹长笛。每次下课,大家在一起游戏,真快乐。老师常常说我们下课比上课还忙呢!

我们这一班很重视团体荣誉,大队接力比赛大家互相加油鼓励,全力以赴拼第一,因为我们都知道团结力量大。我们这班也是最有默契的一班。有一次上音乐课,老师要我们打拍子,大家想都没想,就一起先跺脚,再拍手,节拍整齐又有节奏感,逗得音乐老师哈哈大笑。

我们班的导师王老师很温柔,有人考试考不好,她会说:"没关系,只要你这张考卷全订正了,也弄懂了,那就代表你已经考一百分了"。同学们最喜欢听王老师讲健康课,但是老师常常说:你们爱听健康课,却一点都不健康,没有健康概念,偏食,不吃青菜,喝饮料又吃垃圾零食,健康课真是白上啦!

我们班的"开心果"是姜伯睿,长得胖胖圆圆的,很可爱。每天中午吃饭,你就会看到他端的餐盘上,堆满一座座的小山丘。鸡腿、猪排是他的最爱,常常才用餐没多久,他就会跑到后面餐桌上看看还有没有肉,然后央求老师再给他一份。我们常常开他玩笑,他也不以为意,永远是笑眯眯的开心模样。说真的,我只担心他到了六年级,体重会不会破百啊!可是我看他,依旧乐观开朗,一点儿也不担心呢!

我们这一班有爱阅读的张益硕,常常在课堂对答老师讲的历史典故;有飞毛腿沈炜智，体育课永远横冲直撞，精力无穷；还有正义感十足的陈以轩，常常在同学之间主持正义；有“物理学家”吴家杰，只要老师提到电子学的知识，他一定会大声地说“我知道！”还有英文一级棒的安直和温柔甜美的怡芯，她们都是我的好朋友。

感谢老师和同学们，让我每天都带着快乐的心情来上学。我爱我们这一班，我知道：三年级二班在哪里，欢笑就会在哪里！

（本文获得第十届“原乡杯”台胞青少年作文竞赛小学组二等奖）

点评：

由于怀着对班级的骄傲与热爱的情怀，因此，写来有点有面，有师有生，有事有情，材料丰富，又紧紧环绕着一个中心——班级是团结欢乐的集体，很有感染人的力量。

我是小学生

中芯学校　王运璿

爸爸、妈妈,请别叫我宝宝。
我已经是小学生了,开始背上了小书包!
书包里没有玩具哦,也没有零食,
都是全新的学习用品:铅笔、橡皮还有卷笔刀!

开学那天,你猜,我起得有多早?
告诉你吧,不到四点,我就睁开双眼,
看着窗外,再也睡不着觉!
姐姐也和我一样兴奋,哈哈,她小学已经毕业,
今天就要走进中学部的中芯学校!
我们互相对望着,都忍不住地傻笑!

"王老师教我们语文!"——课文里这样写道。
不骗你,真的是这样的,
妈妈一直说我是个幸运宝宝:
姐姐的老师又把我教!

每天我都想早点到校,

我是小学生了，

我要做姐姐一样的优秀学生，好好学习，遵守纪律，

因为现在，我的个子比幼儿园里的小朋友们都要高！

（本文获得第十届"原乡杯"台胞青少年作文竞赛小学组二等奖）

点评：

好些生动有趣的细节，表现出一位刚入学的小学生的微妙心理，把他对新的学校生活的渴望与向往，写得栩栩如生。爸爸、妈妈、王老师，尤其是姐姐的出现，很好地起到了陪衬的作用。

我的世界为你留住春天

——写在外公88岁生日前夕

延安初级中学　刘林林

我的外公快要过88岁生日了,他身高190厘米,身材魁梧皮肤黝黑,据说年轻时十分帅气,像个电影明星。外公曾经做过7次大手术,还患有严重的心脏病,如今的他已是耳聋眼花步履蹒跚。一到冬天,特别是阴雨绵绵寒冷潮湿的日子,外公就会忧伤地自言自语:"上海怎么总是冬天?送我回家吧,我要回家!"

外公出生在四季如春的台湾,年少时来到大陆,突如其来的战争阻断了他的回家之路,从此,他就再也没有见过自己亲爱的爸爸妈妈。

外公曾经是上海市台联会的第一任执行会长,为了完成祖国的统一大业,外公付出了毕生的心血。不过,他的心血没有白费。虽然要途经香港转机,两岸终于可以通航了!外公也在离家40多年后,踏上了家乡的土地。外公常说:"要是能从上海直飞台湾,我就可以经常回家了!"可是,当两岸终于开通直航时,外公却因为年迈多病而不能再乘飞机回家乡了。

中秋节的家庭聚会上,当看到外公慢慢地走到窗前,对着圆月默默流泪时,我们都知道外公的心已经因为长久的思念而进入了冰冷的冬季……注视着外公孤独的背影,我辛酸地对妈妈说:"妈妈,我想为外公做点什么!"

初冬,当外公又一次因心脏病住院时,在我的提议下,一项计划悄悄地启动了。

发邀请信、订酒店、安排行程，一切都在我的策划和妈妈的安排下顺利完成。当外公的弟弟和家人们奇迹般出现在外公面前的那一刻，我感觉包裹在外公心头的那层初冬的冰雪刹那间被融化了！我分明看见外公的眼里闪烁着暖暖的春意！

与台湾亲人们相聚的那些天，外公谈笑风生。刚刚出院的他，竟然“健步如飞”！我和台湾来的亲戚小朋友们一起团团围住外公做游戏，逗得他哈哈大笑，我从来没见过他笑得如此酣畅淋漓！送别亲人的那一天，在我的《春之歌》圆舞曲的钢琴伴奏下，外婆拉起了外公的手，翩翩起舞……

从那以后，每逢周末，我都会和外公一起去公园散步，给他讲学校里的奇谈趣闻。尽管他听不见，可聪明的外公总能从我的表情和手势里猜出大概的意思。昨天，在公园里的椰子树下，他突然弯下腰，凑近我的耳朵说：“我觉得自己的身体正在恢复，来年春天，你带我乘直航飞机回家乡好吗？”我捂着酸酸的鼻子，拼命忍住汹涌上来的泪水，郑重其事地点了点头，还伸出小指与外公拉钩：“来年春天，一定！”

此刻，我正在书写送给外公的生日卡片：“外公，请不要再在冬天里徘徊，我要用我年轻的世界为您留住明媚的春天！”

（本文获得第十届“原乡杯”台胞青少年作文竞赛初中组特等奖）

点评：

文章阐述外公为完成祖国的统一大业付出的辛劳和取得的成效，作者对88岁高龄的外公充满敬意，策划了中秋节的家庭聚会，邀请了亲戚和外公相聚，外公爱自己的家乡台湾，思念那里的亲人，作者深知外公的心情，为外公书写生日卡片，深情地告诉外公，“请不要再在冬天里徘徊”，要为他“留住明媚的春天”,使外公心里盛满了“暖暖的春意”,这是一幅多么动人的景象!作者用散文化的笔法徐徐道来,确实令人感动,也表达了生活在大陆的孙子对老人的关爱。

害怕

华东台商子女学校　江柏君

大家别看我堂堂一个班长，下课时很开朗，上课时在讲台上呼风唤雨、威风凛凛，颇有杀气。其实，我心中也有不为人知、软弱的一面。我最害怕的是那句话："班长！来办公室！"

"班长！来办公室！"老师肃立在教室门口，严肃庄重地向全班叫喊着我的名字，眉头还是像个"卍"字紧紧深锁，说罢便转头就走。此时我无言了，眉毛呈"八"字状，心里头早有数——昨天作业未完成。

没过几天，一下课，老师便气汹汹地冲进教室，又是站立在门口，那黝黑的脸上，眼睛瞪得如张飞那样令人畏惧，头发气得像岳飞那样冲冠，鼻翼还随着喘息而上下翕动，不时有"呼呼"的气息声。这一切的一切，就连空气也被这排山倒海的气势给吓得都静止了。随之而来，又丢下一句口气严厉的话："班长，到办公室来！"，又扭头走向办公室。

顿时我傻了，目瞪口呆，心想："难道我又做错了什么？我作业没写完？不对呀！我已经按时完成作业！那还有什么事呢？"一瞬间，数千万个莫名其妙的问号涌上心头。

"没办法……"心中只剩无奈，硬着头皮，拖着宛如绑上了数千斤重的铅块的脚，缓缓地向办公室挪去。这几秒钟中，我体会到了"八千里路云和月"的情境，短短的三十厘米，却走得如此艰辛漫长，像火在烧，百般煎熬……

怀着忐忑不安的心情推开办公室沉重的木门，凝重的气氛令我震惊，老师不发一语,指着桌上的通知单,忽然露出了笑容,亲切地说:“恭喜你书法得奖!”我愣了一两秒,才回过神来,心中的大石头骤然放下,凝重的氛围烟消云散,一口憋了已久的气才长叹出来。“害怕”这两个字抛得无影无踪……

“呼……”又是一节课下课了,放松的同时,我与同学谈笑风生,沉浸于快乐之中。突然,班上的门又被推开了,熟悉的口音又传到我的耳里,“班长!来办公室!”这时的我,像是拉满的弓,紧绷的弦……

(本文获得第十届“原乡杯”台胞青少年作文竞赛初中组一等奖)

点评:

本文颇有喜剧色彩,尤其由害怕到惊喜一幕出人意料。本文又设置了悬念,老师严肃的形象和我起初忐忑不安的心情形成鲜明对比,最后悬念揭晓,原来是虚惊一场。这是一篇较为出挑的小品文,在构思方面有一定的特色。

人生没有彩排

中芯学校　苏子宸

人生没有彩排,它既不能预测,也不可能事先演练好。计划从来都赶不上变化。好比一列名叫“时间”的火车一直往前开,一直往前开,开往名叫“未来”的新天地。这台火车的旅客并不是别人,而是你。旅途中,它还会分岔出很多名叫“选择”的道路,而你必须做出选择。每个选择都会将你带到不同的未来,这未来没有人能够预测。

九年前,当时我们家因为爸爸的工作所以从台湾移居上海。那时我的姑姑得了癌症。当时我还很小,不懂得人情世故,而姑姑脾气又不太好。说实话,那个时候的我觉得移居上海是件好事,因为我从此可以远离姑姑。

时光飞逝,我们住在上海时,姑姑的病一直恶化。慢慢地,我已经有点后悔当初我那幼稚的想法了。

终于有一天,我爸爸接到从台湾来的电话:“不,不会吧。”爸爸对着电话啜泣、哽咽。我姑姑过世了。我没能见到姑姑的最后一面。

这时候,我才发现人生有遗憾和感慨。人生果真没有彩排,说来就来,说走就走。我这才发现“坏脾气”姑姑其实都是为了我们好。只可惜,我的成长和努力姑姑已经无法看到了。但是我相信,姑姑一定会在天堂为我高兴,为我加油。姑姑让我更加明白了这个道理,我会更加珍惜每一次机会,珍惜和家人、朋友相处的时间。

有些人在他的短短的人生中获得了成功,赢得了掌声;有的人虽然没有做出一件非常震撼的事情,但是他快乐地度过了他的人生。虽然每个人的机缘不一样,但不要做出让自己后悔的选择,珍惜每一个珍贵的机会,因为错过了一次机会,它就不会再出现了。你虽然无法预测即将发生的事,但是如果你认真地珍惜这些选择的机会,认真地考虑,这样至少你不会后悔自己所选择的。

人生没有彩排,请珍惜每一次机会。

(本文获得第十届“原乡杯”台胞青少年作文竞赛初中组二等奖)

点评:

人生没有彩排,只有选择,人生不能预测,绝“不要做出让自己后悔的选择”,作者蕴含哲理的告诫,发人深省,也能引起读者的联想与共鸣。人生没有彩排——说得多好!人生只有选择,要珍惜每一次选择的机会,选择和家人、朋友相处的时间。文章穿插姑姑的事表明,如果再次面临选择,一定不会留下遗憾和感慨,可是人生既不能彩排,也无法预测,这告诫正是文章的深意。

为自己喝彩

上南中学　杨　吟

我们每个人都有自己的个性,都有自己的闪光之处。只要去发掘就能发现,我也一样,也有自己的闪光点。因此,我为自己喝彩。

我一直都是一个平凡的女孩,我没有夺人眼球的外貌,没有聪明的脑子。可有一次我却发现,我并不平凡,因为那份坚持和愿望。

从那以后,电脑前少了一个入了迷的学生;田径场上少了一个英姿飒爽的女将;教室少了一个接头交耳聊天的小女生。而在画室的一角,却多了一位拿着画笔在聚精会神画画的我。太阳快下山,天色渐渐变黑,意味着夜晚的来临,我一个人在房间,画着画着……

点点星星爬上了夜空,眨着它们的大眼睛。手好酸啊,脚麻了,背麻了,全身都麻痹了似的。不知不觉,一整天的时间就在我的画笔中悄悄流逝了。

"呀,已经那么晚了。"我应了妈妈,跑到餐桌边,匆匆往嘴里扒了两口饭,再一次"迫不及待"地跑回小屋。

手,像石头一样沉,都提不起笔来,眼皮,在打架似的,一个劲儿地往下掉,依旧坚持着……我揉了揉眼睛,想要赶走那酸涩的感觉。加油,还剩一点,这点小困难难不倒我的,继续努力,我相信我自己,加油加油。

作品交上去了,接下来的是漫无边际的等待……

比画画更难熬,一天了,两天了,一月了,两月了……捷报终于传来了。

"耶!太好了。我终于成功了!"我为自己喝彩,因为,我获得了成功。我为自己喝彩,我战胜了自己,战胜那平凡、默默无闻的自己。结果固然重要,可更重要的过程。一个滑冰者是如何成功的?那就是倒下了,站起来,在站起来的一瞬间,你就成功了。

还记得一次月考,我考得十分不理想。我几乎沦丧了斗志。但当我将错题一题题自己订正出来时。我为自己喝彩!我开始复习,整理,规划。当我被试题压住时,我会迎刃而解,冲了出来。我失败了,但我现在成功了。我为自己喝彩!

为自己喝彩,不要在乎别人说什么,失败的痛苦只让自己去品尝。在奋斗中,成也罢,败也罢,悲也罢,欢也罢,学会取舍,才会懂得生活;学会善待生命,才会宠辱不惊。从盲从中走出来,重新审视自己的定位,活出自己的精彩。即使再大的风,再大的雨,自己也会保持清醒,坚守自己的心灵,撑起一片属于自己的天空。

为自己喝彩,不必有半点的矜持和骄傲,完全可以大大方方、潇潇洒洒,只要你相信自己。

为自己喝彩,不是自我陶醉,不是故弄玄虚,不是阿Q主义,而是一种超脱、高昂的人生境界。

为自己喝彩,不要在意别人的目光,要记住:自己是自我生命最着意的欣赏者。

(本文获得第十届“原乡杯”台胞青少年作文竞赛初中组二等奖)

点评:

坚持用手中的画笔画画,我为自己喝彩,因为自己获得了成功;坚持将错题一题题订正出来,我为自己喝彩,因为我从失败中冲了出来。在奋斗中,学会取舍,才会懂得生活,再大的风雨面前,也会保持清醒,撑起一片属于自己的天空。为自己喝彩,不是自我陶醉,而是一种高昂的人生境界,为自己喝彩,不要在意别人的目光,自己应是自我生命最着意的欣赏者;文章有层次地铺叙,有条不紊,为自己喝彩,极具豪迈气概,标题即文题,即文章主旨,看来作者是有一定写作基础的。

两乡情

上海台商子女学校　王思叡

在这个地球上,我对两片土地有着特殊的感情,一个是台湾,一个是上海。无论我站在哪块土地上,心中都会思念着海峡那头的另一块土地。因为,它们都是我的家。

每年最开心的事就是回台湾了,无论是暑假还是寒假,我都暗暗掐指盼望着能回去的那天的到来。每当我坐在那归乡的飞机上,看着窗外渐渐清晰的那块土地,慢慢看见了山,弯弯曲曲的公路,还有那些密密麻麻的楼房,我会在心里说,我回来了。我回到了我出生的地方,承载我童年的地方。那些熟悉的场景,耳边响起的是上海听不见的轰轰作响的摩托车引擎声,竖着的繁体字招牌,街边的小吃摊上印着“黑轮25元”,简单的事物在我看来却是那么的可爱。我与父母拖着行李来到熟悉的家门前,等着许久不见的家人开门,见面后他们总是会说:欢迎回家!妈妈会絮絮叨叨地抱怨台湾闷热的天气,但她脸上的笑容总会透露她回到台湾的快乐。那些怀念的事物总会触发我激动的心情。走在喧嚣的骑楼下,路过那间开了好多年的摩托车行,还是那个秃头的老板,嚼着槟榔静静地修着车;隔壁那家从小最爱吃的卤肉饭店,生意越来越好,老板娘虽然忙碌却总带着开心的笑容;那个街边卖鸡蛋糕的老阿嬷,总是不亦乐乎地烤着鸡蛋糕,从好远的地方就可以闻到阵阵诱人的香味。其实有时会感到不可思议,因为昨天我还住在上海的家中,今天就站在了台北的街头,看见那么多令我魂牵梦绕的场景。穿着夹脚拖鞋,坐在小吃店里,一口气就点了好多。其实根本吃不下,只是怀念那些在上海吃不到的台湾味。一口蚵仔面线配一口四神汤,再来一盘卤味,头顶的电视在放着民视七点新闻,主播用闽南语播着新闻,这是一种别样的感觉。我喜欢这种感觉,这是回味你熟悉事物的感觉,这是想念好久的味道你终于尝到的感觉,这是被温暖环绕的感觉,这是回到家的感觉。就算离开了好多年,台湾永远都是我的家,这是我无法割舍的地方,我内心最深处的温暖。

我对海峡那头的上海也有别样的感情。在不知不觉中,我已从台湾搬来上海居住了好多年,习惯了这里的一切。如果说台湾承载了我的童年,上海也承载了我无数美好的回忆,从懵懂走向成熟,我在上海成长着,也结交了许多上海的朋友。我常常羡慕能生在台湾长在台湾的小孩,但反过来他们也该羡慕生在台湾却长在异乡的我,因为我接触了另一种截然不同的文化,我见识了他们所从未见识的东西,我结交了来自对岸的朋友。上海如今对我来说已不再只是我居住的地方,又或是爸爸工作的地方,上海已经成了我的第二个家。走过南京西路步行街,看过外滩的美丽夜景,品尝过城隍庙的小吃,看遍上海老街老巷中的别样情怀。在熟悉了上海后,才真正开始喜欢这个地方,接受这个地方的习惯和文化,我也成长了不少。与家人一起居住在上海这个地方,每天都很幸福,我真正感受到了在异乡生活每日知福惜福也是一种快乐。

两片土地,承载着不同的情怀,却是同一种温暖,我爱我的两个家,这是我的两乡情。

(本文获得第十届"原乡杯"台胞青少年作文竞赛高中组特等奖)

点评:

对台湾和上海充满了感情,写了台湾周边熟悉的场景,突出了台湾的小吃,那阵阵诱人的香味令人垂涎,听主播用闽南语播新闻,有一种回到家的感觉;对上海也承载了无数美好的回忆,作者结交了许多上海的朋友,对南京路步行街、外滩和城隍庙小吃留下了深刻印象,真正感受到在异乡生活每日知福惜福的快乐。作者的这种心情写得真切、自然而不做作,结尾点题,表达了文章的主旨。

不要怕

中芯学校　蔡至璇

不要怕——这是走出歧途后父母的关怀。

不要怕——这是受伤后朋友的勉励。

不要怕——这是“山重水复疑无路”时老师的警醒。

我在这句话的陪伴下已度过十几个春秋。然而现在的我发现,困难有时并不是一座岌岌可危的山,并不是要考验我们的坚持。而更是像一片迷雾森林,让我们陷入迷茫。森林中又是那样危机四伏。丛生的荆棘和遍地的石块使我们受伤跌倒,使我们流血流泪。也正是因为这样的恐惧不可避免,我们学会如何自我治愈,如何找到出口。

当我发表与众不同的见解时,同学或是嘲笑或是质疑的声音铺天盖地地传来,我告诉自己要坚持要证明。但我攀登的台阶越是高,就越是窄。这时我才领悟到苏轼所谓的“高处不胜寒”啊。当这段旅途上只有孤独的自己,甚至没有人愿意为自己点上一盏灯,我胆怯了。我害怕孤独,但是我想到了那位叫哥白尼的波兰人。几百年前全世界人们都相信“地心说”,相信“天圆地方”。在这样的时代,大家蒙蔽了双眼,如同被棉线控制的木偶。也是在这样的时代,哥白尼带着他的“日心说”想一改变人们对地球的旧观念。人们嘲笑他,威胁他,最终他在孤独中死去。然而后世人们却永远将哥白尼和他的学说谨记在心。忆起往昔的峥嵘岁月,于是,我明白,我不用害怕孤独,我要将孤独视为成长!

前几天考了第一名,老师赞美了,父母高兴了,自己也如沐春风。后几天被人推下了第一的位置,老师批评了,父母担忧了,自己的心情也一落千丈。我们身处一个无处不存在竞争的时代。竞争的道路上高手林立,你最在乎的人却布满了观众席,一举一动牵扯着他们的目光。我害怕竞争,耳边却响起孟子的话语:“然后知生于忧患而死于安乐也。”战国七雄,连年纷争,地处偏远的秦国却发愤图强,九年的时间就征服了六国。终于一个“车同轨,书同文,行同伦”的大秦帝国屹立于东方。翻看历史的长卷,我发现,我不用害怕竞争,我要将竞争对手当作财富!

小时候我害怕从台湾搬家到上海,后来我发现那只是一片海的距离。接着我害怕踏入中学校门的那一刻,怕自己适应不了新环境,后来我发现那些新交的朋友,如今已成了我的知己。前段时间我害怕的是中考,一百多天的紧张与忐忑结束了,而此刻的我正拿着笔在纸上来来回回地写着……请不要害怕。“人有悲欢离合,月有阴晴圆缺。”人生可能因为一个踉跄而改变,我在学会突破自我的同时学会适应变化。人生中总是磕磕绊绊,有些困难,有些恐惧是我们无法避开的。但是我知道,倘若有一天不再有了恐惧,也就不再有动力去战胜恐惧。

人生就像一份答卷,只要我们有时间有胆量,随时可以选择和修改。今天的我蓦然回首,才发现——不要怕——这声音不来自于别人,而只来自于我!

(本文获得第十届“原乡杯”台胞青少年作文竞赛高中组一等奖)

点评:

从叙述害怕到不要怕的心路历程,作者实际上在告诉我们自己是如何成长的,文章选用的实例较有针对性,叙议也显得集中,尤其是对害怕孤独、害怕竞争到不再害怕的叙述,“要将孤独视为成长”“将竞争对手当作财富”等，都蕴含了一定的哲理，文末揭示了“不要怕——这声音不来自别人，而只来自于我”，更突出了自我成长的主旨，也表明了作者的思想已到达了一个新的高度。

抗议

上海台商子女学校　姜汶瑜

我,是一棵树。以前的我朋友很多,但随着时光飞逝我的朋友就越变越少了。并不是因为它们老了,而是因为无情的人类为了贪图他们自己的利益不断地砍伐我们。正因为这个原因,所以我要抗议人类!

过去的我是很茂盛的,一点伤痕也没有。但如今却已遍体鳞伤,身上只要有什么值得可利用的他们就会全部拿走。他们不断地扒开我的树皮,砍去我的枝、根。身上的每一处无不感觉疼痛。我的身体在哀号,我的内心在淌血。我很想就那样放声大叫,可是我却一点声音都喊不出来。就算我多么的痛苦,他们也永远不会察觉到……

他们就像杀人不眨眼的坏蛋,砍伐我的同伴一点也不手软。他们的眼睛没有一刻是离开电锯的,看着电锯一次次,一刀刀地划向我的皮肤。他们总是毫无预警就来随意砍伐。我怕他们,怕他们又再次选上我;怕他们把我的同伴全都砍灭;怕他们不再给我这光明的世界。

为什么?到底是为什么?他们难道就不曾想过我们带给人类有多少好处?为了这个世界,我们几乎是奉献了一生。我们提供遮蔽处,让他们免于太阳光的照射;我们就像避风港一样给他们温暖;我们提供充足的氧气,吸走大量的二氧化碳,给他们最新鲜的空气;我们让这充满噪音的城市多些宁静。可现在的他们是在自己摧残地球,破坏我们所给予的美丽家园。我们被制成纸、居家用品、船只、筷子等所有需要用到木头的东西。

等到他们自己意识到时为时已晚。再怎么想办法也是徒劳。就算再有心,他们仍旧会继续伤害我们,人类的欲望永无止境。我这样的抗议究竟能争取到什么呢?就连我自己也不清楚。因为再过不久我也将变成为木桩。我不能强求非得把我们保护得无微不至,我只是希望人类能够合理地善用我们。如果人类做到了,那么我将会代表全世界的树木来向你们致谢,不再做这无声的抗议了。

但现在,我代表的是全世界的树来向你们抗议!因为我们都曾梦想过一起拥有这美好的家园,安详、宁静的美丽世界。我们一样都不希望地球变成一个没有生机,没有色彩的地方。虽然,我仅仅是一棵普通的树,可我想凭自己的能力来保护所有的树,来捍卫我们共有的地方,让这世界变得更加美丽动人。

即使我只是一棵树。

(本文获得第十届"原乡杯"台胞青少年作文竞赛高中组二等奖)

点评:

本文对人类无情伐树的抗议,义正词严,对人类砍伐树木的行径揭露具体,赞美了树木对人类的奉献,两相对比,更显得人类行为的可耻。作者说这是在"摧残地球",破坏我们的美丽家园,字字铿锵,一针见血!文章点到人类将会后悔自己的行为,作为善良人一种愿望,我想定会引起广大地球人深深的共鸣。

学会感恩

中芯学校　林于珺

落叶在空中旋转,写出一曲曲感恩的乐章,那是大树对滋养它的大地的感恩;白云在蔚蓝的天空中漫游,绘出那一幅幅感人的画面,那是白云对养育它的蓝天的感恩。

从婴儿出生到养育他长大成人,父母们花去了多少的心血与汗水,经过了多少个日日夜夜。感恩是发自内心的。父母,亲友为你付出的不仅仅是一滴心血,而是一片汪洋大海。感恩需要你用心去体会,去报答。感恩是有意义的。父母的付出远远比山高、比海深、比天宽,而作为还是孩子的我们,却只知消耗父母的付出。而似乎又有一条代沟,让我们变得自私自利,忘记了父母曾经的付出,忘记了那份快乐,学会去感激别人是自己的一份良心,一份孝心,因为如此才会有和睦,有快乐,有彼此间的关心。

感恩是敬重的。自古以来的伟人都会在特殊节日时,送上一束鲜花或一份感激。自古以来的伟人都怀有一颗感恩的心,感激不需要惊天动地,只需要你的一句问候,一声呼喊,一点关心,一丝感激……

当一个人懂得感恩时,便会将感恩化做一种充满爱意的行动,实践于生活中。从成长的角度来看,心的改变,态度就跟着改变;态度的改变,习惯就跟着改变;习惯的改变,性格就跟着改变;性格的改变,人生就跟着改变,愿感恩的心改变我们的态度,愿诚恳的态度带动我们的习惯,愿良好的习惯提高我们的性格,愿健康的性格收获我们美丽的人生!

我们要感谢父母一路走来的扶持,我们要感谢朋友一路陪伴我们走过风风雨雨,我们要感谢老师的谆谆教诲。正因为我们要感谢的人太多太多,所以我们应在心里默默地祝福他们所有人。不管是失去还是拥有,我们感念众生旷劫供我所需之恩,感念自然界,太阳供我光明与热能,空气供我呼吸,花草树木供我赏悦。学会感恩,会让我们懂得了生命的真谛,会让我们了解人生、理解人生、珍惜人生。

(本文获得第十届“原乡杯”台胞青少年作文竞赛高中组二等奖)

点评:

感谢父母,感谢老师,感谢亲友对自己成长的付出,感谢自然界的太阳给我光明,空气供我呼吸,花草供我赏悦,作者笔下的感恩发自内心,充满敬意;文章视野开阔,感恩不局限于一事一人一物,显然能引发读者的联想,作者说得好:“学会感恩,会让我们懂得生命的真谛。”这实际上是在告诫我们如何做人,作者说,学会感恩,便会将感恩化做一种充满爱意的行动,而用行动让人与人之间充满爱,这正是文章要表达的主旨所在。

且待落叶未尽时

建平中学　章臻瑶

又是樱花盛开之际,世界各地爱花人士慕名而行,只为欣赏到终于再次华美盛开的樱花。

无论是含苞待放之际,还是花开正艳之时,有樱花之处必是人头攒动。然而,花期一过,人海便退开潮去了。是啊,落花早已枯萎,又黄又焉,毫不入眼。

可是,即使樱花会落,她依旧是美丽迷人的。假使是一棵四季常青的松树,又有多少人会愿意携家带口地去到松树下去赏树呢?

美与丑总是相伴的,就像玫瑰唯一的缺点——有刺一样,离了刺玫瑰反而无法生存。樱花也正是因为她的不完美,才使得终有凋落之日的她得到珍惜。

常会有人想要长生不老,可是,如果我们真的可以永远活在这个世界上,那只会让我们无法学会怎样去珍惜。我们会厌烦世事变迁,会对身边稍纵即逝的美景麻木,会对生命失去期待好奇……唯有那些瞬息即逝的事物相遇,才能激起最美的火花。而这道理绝对不是仅限于樱花。纵使是路边一朵无名小花,也许明天,你就再也看不到她努力活着、努力生活的身影了。

记得初中时,我们学校操场边有一排樱花。每年到了花期,我们最快乐的时光就是午饭后邀上闺蜜,结伴走在落满樱花的羊肠小道上。

更多的时候,留在我记忆深处的并非是发现那些樱花有多美,有多少花瓣,而是在落花之际,牵着微风,携着幽香,享受一场美轮美奂的樱花雨。

第二年,待到樱花树再次含苞,摸着那些节眼,仿佛去年从这一处被微风吻落的小花儿的温度、姿态、香味一直都在。正是那些记忆,扶持着那些新生儿们带着羞涩之意慢慢成长。

没错,每朵花儿的盛开、每片叶子的凋落都绝不是毫无意义的。正如东山魁夷说的:"正是这片片黄叶换来了整个大树的盎然生机。这一片树叶的诞生和消亡正标志着生命在四季里的不停转化,新陈代谢。"

我想,花开花败,或许就是大自然最智慧、最完美的成就了吧。

看着那些"化作春泥更护花"的枯花萎叶,她们也许不曾活得多么轰轰烈烈,死得多么惊天动地,但至少她们曾经为了生命的美丽而努力地活过。

每一个生命就像我们人类一样,从刚一出生,就注定了将会死去。可是,大家毫无畏惧地活着。即使死亡是唯一的归宿,永远无法改变,但不可否认,正是因为人会死,人生才变得那样精彩和宝贵——正是死亡,才可以证明生命,曾经真实地存在过。

所以请珍惜生命吧,不论是你的生命还是别人的,甚至是动物的、植物的生命……千万别待到落叶已尽时才后悔曾经错过了多少美丽。

(本文获得第十届"原乡杯"台胞青少年作文竞赛高中组二等奖)

点评:

作者认为不是盛开的樱花才使人留恋,只在其枯萎凋落之日才值得珍惜,这个看法有其独到特奇之处,但作者用了实例和东山魁夷的话佐证自己的看法,又赞美"化作春泥更护花"的枯花萎叶,其实,作者是借此告诉人们:人的一生应该变得精彩和宝贵,但死亡是唯一的归宿,"正是死亡,才可以证明生命,曾经真实地存在过。"作者的结论是珍惜生命,"千万别待到落叶已尽时才后悔曾经错过了多少美丽"。可以说,本文思想深刻,见解超凡,分析也较有说服力。

后　　记

《“原乡杯”台胞青少年征文菁华集(2003~2012)》汇编了荣获第一届至第十届“原乡杯”台胞青少年征文竞赛特等奖、一等奖、二等奖的优秀作文。每篇作文均附有当届评委过传忠老师、金志浩老师的点评。两位老师的独到评语,堪称全书点睛之笔,使本书不仅具备主题广泛、内容丰富、可读性强的特点,创作指导性与教学示范性亦引人关注。借本书出版之机,我们对两位上海语文教学界前辈十二年来对“原乡杯”竞赛倾注的大量精力表示诚挚的感谢。

因本书的原始资料历经十年,卷帙繁芜,校讹编排任务繁重,对为本书审校、出版工作提供精心指导与大力协助的上海市人民政府台湾事务办公室顾祖华先生、常志康先生与上海教育出版社何勇先生,在此谨致谢忱。

上海市台湾同胞联谊会宣传部

二〇一四年十二月

图书在版编目(CIP)数据
"原乡杯"台胞青少年征文菁华集:2003~2012 / 上海市台湾同胞联谊会编. —上海:上海教育出版社,2014.12
ISBN 978-7-5444-6010-1

Ⅰ. ①原… Ⅱ. ①上… Ⅲ. ①作文—中小学—选集 Ⅳ.①H194.5

中国版本图书馆CIP数据核字(2014)第300525号

责任编辑 何 勇 易英华
封面设计 郑 艺

"原乡杯"台胞青少年征文菁华集(2003~2012)
上海市台湾同胞联谊会 编

出 版 上海世纪出版股份有限公司
上 海 教 育 出 版 社
易文网 www.ewen.co
地 址 上海市永福路 123 号
邮 编 200031
发 行 上海世纪出版股份有限公司发行中心
印 刷 上海市印刷十厂有限公司
开 本 700×1000 1/16 印张 27.75 插页 1
版 次 2014 年 12 月第 1 版
印 次 2014 年 12 月第 1 次印刷
书 号 ISBN 978-7-5444-6010-1/G·4889
定 价 45.00 元

(如发现质量问题,读者可向工厂调换)

ISBN 978-7-5444-6010-1